新卒採用基準

面 接 官 は こ こ を 見 て い る

廣瀬泰幸 著

東洋経済新報社

はじめに

私は、新卒でリクルートに入社して以降、さまざまな仕事をする中で、10年間、一貫して企業の新卒採用活動を支援する業務に携わってきました。

支援してきた企業は、ベンチャー企業から日本を代表する大企業まで多岐にわたります。業界も異なれば、企業の規模も大から小までさまざまな、歴史、風土、企業理念の異なる企業のお手伝いをさせていただきました。その数はトータルで1000社以上にのぼります。

このように数多くの企業の採用活動をサポートするうち、私は、あることに気がつきました。各企業の経営者や人事担当者が描く「採用したい人物」は、話を聞く人によってさまざまに異なりました。ある人は「コミュニケーション能力の高い人」が欲しいと言い、またある人は「チャレンジ精神がある人」を採用したいと希望し、また別の人は、うちが採りたいのは「問題意識が高い人」だと、さまざまな人物像が挙げられました（実際に伸び盛りのベンチャー企業の経営者と、歴史のある通信キャリアの人事担当者では、求める人物像はまるで違っていました）。

しかし、実際に選考を経て内定を獲得する学生を見ると、彼らには皆、「共通する人間性や能力」が備わっていたのです。

考えてみれば当たり前のことですが、どの会社であろうと、お客様だけでなく、同じ部署の人にも好かれ、メンバーとうまくやることは、仕事をする上で欠かすことはできません。また、人から指示されたことをやるだけでなく、自分の頭で考え、自主的に行動したり、実行しないと仕事になりません。

このように、たとえば「仲間と協調できる」ことや、「主体的に考え、自ら動ける」といった素養は、仕事をする上で、どの会社でも共通して求められる「仕事ができる人」の「基準」として存在しているのです。

このような「基準」は、必ずしも経営者や人事担当者が「自覚」しているわけではありません。いえ、無自覚であるがために、人によって言うことが違うのでしょう。しかし、自覚していないからといって、その要素が重要ではないことにはなりません。むしろ無自覚であるからこそ、「やっかい」な基準だと言えるのです。

その後、私はリクルート勤務時代にお付き合いのあった、ある一部上場企業の人事責任者として転職しました。

そこでは社内の人事規定の改訂や社員教育の仕事に携わる傍ら、年間500名の新卒・中途採用の最終面接を行ってきました。このときの採用活動で感じた一番大きな課題は、人事がいいと思った「優秀な人」ほど、しばしば他社に逃げられてしまうということでした。

新卒採用は、一定期間に同時にさまざまな会社が採用・選考活動を行い、内定を出します。採用する企業の立場から言えば、熾烈な人材獲得競争に勝ち抜いていかなくてはいけません。

企業は、自社の風土に合致した人を採用したいと考えますが、同時に「仕事ができる人」を採用したいと思っています。

そうした優秀な候補者をめぐり各社で争奪戦が行われている理由は、求めるレベル＝「水準」に合致した候補者がそもそも少ないことに加え、企業が求めている「基準」が同じであることにほかならないと、このときの経験を経て、私は確信するに至ったのです。

「新卒採用基準」を知らないことが、学生を苦しめている

こうした経験を経て、2010年より「就活コーチ」という、就活生の就職活動を支援する事業を始め、すでに1000名を超える学生の支援を行ってきています。成果の出方は人によって差は当然ありますが、おおむね高い満足感を味わってくださっていると自負しています。

「就活コーチ」で学生の支援を行っている過程で、私は3つのことに気がつきました。

1つは、学生たちがそもそも企業の「評価項目」＝「基準」を知らないということ。次に、その基準に照らして、自分がどのレベル（水準）にあるのかわかっていないこと。そして、それゆえ、自分を客観的に見つめ、長所を伸ばし短所を改善する絶好の機会である、「就職を考え始めてから実際に活動する時期」に、小手先の「就活テクニック」の取得に走る学生が非常に多いことです。

企業の採用活動と、就活生の就職活動の双方の支援経験を持つ私なので、自信を持って断言できますが、企業の求める基準と学生の努力には、大きなミスマッチが生じています。これは、企業と学生の両者にとって不幸なことです。

多くの学生は、企業が学生に求めているのは、「コミュニケーション能力」「主体性」「粘り強さ」だと言います。確かに、こうした項目は実際に企業が学生に求めている「基準」であることも事実です。

しかしながら、これらは、企業が求めている基準のほんの一部でしかありません。他にも企業が求めている大切な基準はたくさんあります。

一方で、企業がそれほど重視していないにもかかわらず、重視していると学生が勘違いしている基準もたくさんあるのが実情なのです。

学生にとって、企業が求めている基準の全体像を知ることは、その後の就職活動の成否を左右する一大事でありながら、そのことを正確に伝えるマスメディアもなければ、的確な情報源も見当たらないのが現実です。

そこで本書では、企業と学生の間のミスマッチを解消することを第1の目的として、あらゆる企業に共通する「新卒採用基準」をリスト化し、公開することにしました。それが、6～7ページの「新卒採用基準　自己分析表」です。

それぞれの項目の詳細は本文に譲りますが、このリストに沿って自らの能力を評価し、集計すれば、自分がどの程度の企業に合格できそうなのか、自分に足りない能力は何なのかが、すべてわかるようになっています。本書を読み通していただいた後、ぜひコピーをとって、ご自身でチェックしていただければと思います。

企業の「新卒採用基準」の中には、意識するだけですぐに伸ばせる「能力」がある一方で、そう簡単に伸ばすことのできない「資質」のようなものもあります。ですから、本書を読んだだけで、すべての「新卒採用基準」を伸ばすことは難しいかもしれません。

また、企業が求める能力があまりにも広汎なため、モチベーションが削がれてしまうかもしれません。

しかし、それでも、そういった基準を知っているのと知らないのとでは、大きな違いがあることは間違いありません。また、すべての基準を完璧に満たす必要はなく、自分の得意なところを引き上げ、苦手を少しでも克服することで、就職活動は必ず有利に運びます。

ぜひ、本書にじっくりと目を通し、企業が採用しようとしている人材に何を求めているのかを理解した上で、できる準備をしっかりとして、就職活動に向かってほしいと思います。

④就活スキル

			あてはまらない	ややあてはまらない	どちらとも言えない	ややあてはまる	あてはまる
事前準備スキル	自己分析スキル	自己分析を何度も修正、発展させることができる	1	2	3	4	5
	自己PRスキル	PREP、STARを利用して、自己PRをまとめることができる	1	2	3	4	5
	志望業界選定スキル	やりたい事業と仕事を意識し、業界を選定することができる	1	2	3	4	5
	志望企業選定スキル	自分の価値観に基づき、企業にエントリーすることができる	1	2	3	4	5
	会社OB・OG訪問スキル	会社訪問やOB・OG訪問の目標を達成することができる	1	2	3	4	5
	行動管理スキル	就活でPDCAを回すことができる	1	2	3	4	5
選考合格スキル	ES記入スキル	「事実」や「素材」を元に、自分の考えを的確に表現できる	1	2	3	4	5
	筆記試験スキル	「能力面」「性格面」の特徴を理解して的確に解答できる	1	2	3	4	5
	GDスキル	出題テーマやメンバーに関わらず、価値を発揮できる	1	2	3	4	5
	一般的面接スキル	どのような質問に対しても的確に自己表現できる	1	2	3	4	5
	コンピテンシー面接スキル	コンピテンシーレベル3～5の具体的行動を伝えることができる	1	2	3	4	5
	役員面接スキル	役員が気にする3点を理解した上で自己表現できる	1	2	3	4	5
			合計点				点
			④平均点（合計点÷12）				点

⑤+α

	大学・大学院名	旧帝・早慶＝5　マーチ=4　日東駒専=3　その他2 or 1　大学は例	1	2	3	4	5
	国際性　英語力	TOEIC 800以上=5 ～700=4 ～600=3 ～500=2 未受験=1	1	2	3	4	5
	読書量	月に4冊以上=5　3冊=4　2冊=3　1冊=2　それ以下=1	1	2	3	4	5
	新聞・ニュースとの接触度	毎日30分以上=5 毎日=3　ほとんど接しない=1 4と2は中間	1	2	3	4	5
	感謝の心	強くある=5　普通にある=3 ほとんどなし=1　4と2はその中間	1	2	3	4	5
			⑤合計点				点

総得点（①+②×③×④+⑤）　点

「新卒採用基準」得点と入社可能企業の目安

得点	ランク	割合(推定)	人数(43万人中)	入社可能企業の目安
171 ～ 200点	得S	0.2%	1,000人	最難関企業
126 ～ 170点	S	5%	21,500人	人気企業(200社)
101 ～ 125点	A	10%	43,000人	東証1部上場企業
76 ～ 100点	B	35%	150,000人	1000人超企業
51 ～ 75点	C	25%	108,000人	300人超企業
15 ～ 50点	D	25%	108,000人	300人未満企業 or内定なし

新卒採用基準　自己分析表

★以下の設問に対して、①②③⑤は現在の自分を、④は4年か修士2年の4～7月時点を想定してチェックしてください。

①人間性

			あてはまらない	ややあてはまらない	どちらとも言えない	ややあてはまる	あてはまる
自己肯定感	自分を肯定し、大切に思える感情	少なくとも人並みには、価値のある人間である	1	2	3	4	5
		いろいろな良い素質を持っている	1	2	3	4	5
		敗北者だと思うことがよくある	5	4	3	2	1
		物事を人並みには、うまくやれる	1	2	3	4	5
		自分には、自慢できるところがあまりない	5	4	3	2	1
		自分に対して肯定的である	1	2	3	4	5
		だいたいにおいて、自分に満足している	1	2	3	4	5
		もっと自分自身を尊敬できるようになりたい	5	4	3	2	1
		自分はまったくダメな人間だと思うことがある	5	4	3	2	1
		何かにつけて、自分は役立たない人間だと思う	5	4	3	2	1
他者軽視感	他者を軽視する感情	自分の周りには気の利かない人が多い	5	4	3	2	1
		他の人の仕事を見ていると、手際が悪いと感じる	5	4	3	2	1
		話し合いの場で、無意味な発言をする人が多い	5	4	3	2	1
		智識や教養がないのに偉そうにしている人が多い	5	4	3	2	1
		他の人に対して、何故こんな簡単なことがわからないだろうと感じる	5	4	3	2	1
		自分の代わりに大切な役目を任せられる有能な人は、私の周りに少ない	5	4	3	2	1
		他の人を見て「ダメな人だ」と思うことが多い	5	4	3	2	1
		私の意見が聞き入れられなかったとき、相手の理解力が足りないと感じる	5	4	3	2	1
		今の世の中を動かしている人の多くは、たいした人間ではない	5	4	3	2	1
		世の中には、常識のない人が多すぎる	5	4	3	2	1
			①合計点÷2				点

②仕事力

			あてはまらない	ややあてはまらない	どちらとも言えない	ややあてはまる	あてはまる
前に踏み出す力	主体性	物事に進んで取り組む力がある	1	2	3	4	5
	働きかけ力	他人に働きかけ巻き込む力がある	1	2	3	4	5
	実行力	目標を設定し確実に行動する力がある	1	2	3	4	5
考え抜く力	課題発見力	現状を分析し、目的や課題を明らかにする力がある	1	2	3	4	5
	計画力	課題の解決に向けたプロセスを明らかにし準備する力がある	1	2	3	4	5
	創造力	新しい価値を生み出す力がある	1	2	3	4	5
チームで働く力	発信力	自分の意見をわかりやすく伝える力がある	1	2	3	4	5
	傾聴力	相手の意見を丁寧に聴く力がある	1	2	3	4	5
	柔軟性	意見の違いや立場の違いを理解する力がある	1	2	3	4	5
	状況把握力	自分と周囲の人々や物事との関係性を理解する力がある	1	2	3	4	5
	規律性	社会のルールや人との約束を守る力がある	1	2	3	4	5
	ストレスコントロール力	ストレスの発生源に対応する力がある	1	2	3	4	5
			合計点				点
			②平均点（合計点÷12）				点

③表現力

			あてはまらない	ややあてはまらない	どちらとも言えない	ややあてはまる	あてはまる
Visual ビジュアル	姿勢	自信やエネルギーを相手に感じさせる姿勢がとれる力がある	1	2	3	4	5
	顔	自分から笑顔を発信する力　場に合わせた表情をする力がある	1	2	3	4	5
	目	目の動きで自分の意思を相手に伝える力がある	1	2	3	4	5
	手	手を使って、話を補完したりエネルギーを込める力がある	1	2	3	4	5
Vocal 声	呼吸	深い呼吸をすることにより温かみの伝わる声が出せる力がある	1	2	3	4	5
	スピード	安心感の伝わるスピードで話す力、効果的に間をとる力がある	1	2	3	4	5
	抑揚	声の高低や強弱を意識的に使い分ける力がある	1	2	3	4	5
Verbal 言葉	単語	相手にイメージが湧く単語を意図的に選択して使える力がある	1	2	3	4	5
	表現技法	相手が「わかりやすい」と実感できる言葉（数値等）を使える力がある	1	2	3	4	5
	強いコトバ	相手に、強い印象を与える表現技法（ギャップ法等）を使える力がある	1	2	3	4	5
	パーソナル・ストーリー	相手が感情移入できるよう自分のエピソードを語れる力がある	1	2	3	4	5
			合計点				点
			③平均点（合計点÷11）				点

『新卒採用基準』目次

第4章
新卒採用基準④ 就活スキル……203

第6章 山田君と新卒採用基準の全体像……327

序章

3つの誤解

「企業が求めるもの」の誤解

「新卒採用基準」の具体的な説明に入る前に、序章では「3つの誤解」を紹介します。「新卒採用基準」の説明を理解するための大前提ですので、少々遠回りに感じられるかもしれませんが、しっかりと読んでほしいと思います。

「基準」の誤解と「水準」の誤解

いきなりですが、図表序-1を見てください。

これは経済産業省が2009年に実施した「大学生の『社会人観』の把握と『社会人基礎力』の認知度向上実証に関する調査」から、企業が「学生に不足していると思う能力要素」と、学生自身が「自分に不足していると思う能力要素」を調べた結果を、比較したグラフです。

ちなみに、この調査は学生4000人、企業3000社を対象としており、この種の調査としては大規模なので、結果の信憑性はかなり高いと考えられます。

さて、図表序-1のデータからは、企業は学生に対し、「主体性」「粘り強さ」「コミュニケーション力」といった能力が不足していると感じているのがわかります。これらの能力に関して、学生自身はあまり不足しているとは感じていないようで、企業と学生の間には大きなギャップが存

図表序-1　自分／学生に不足していると思う能力要素

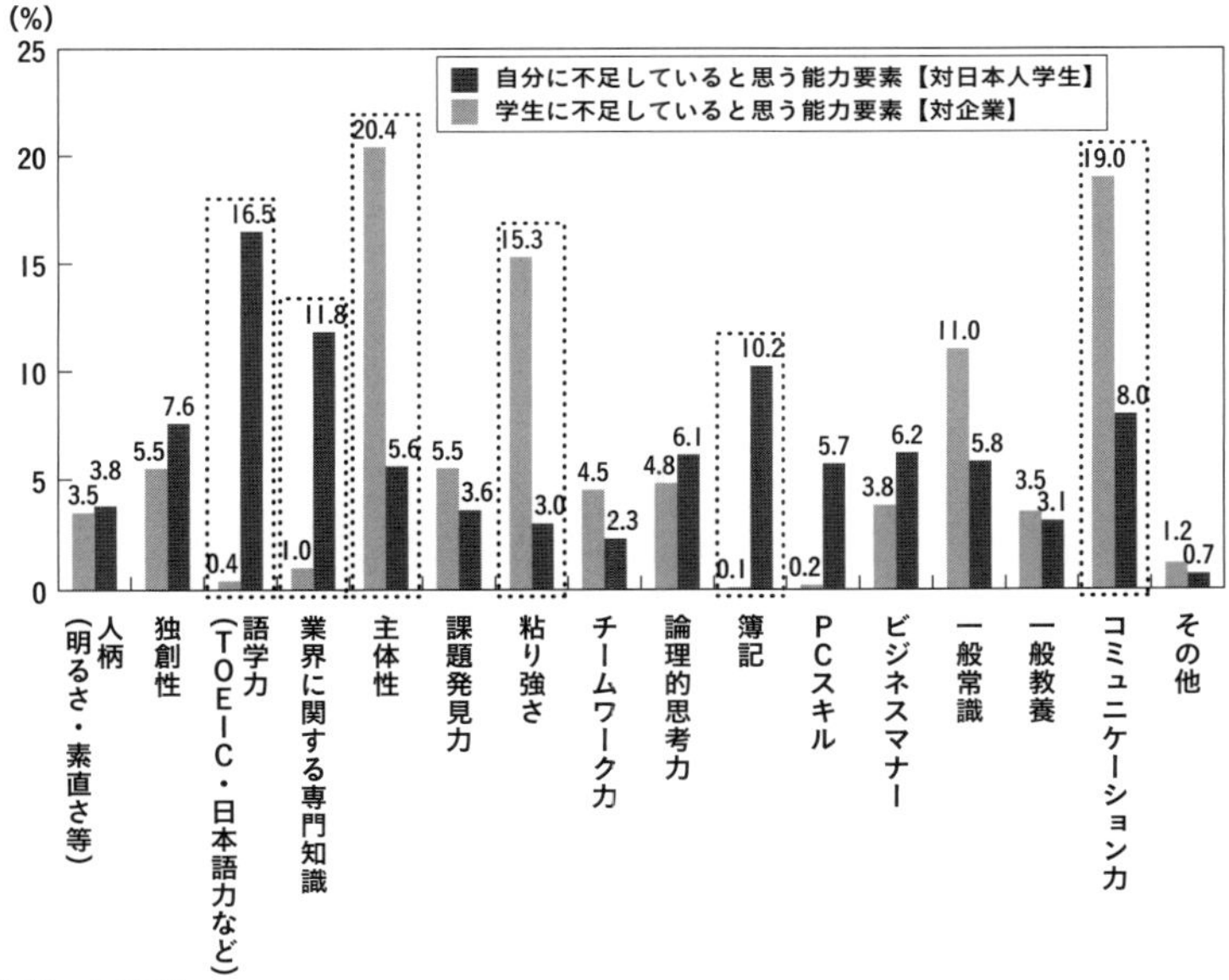

※上位3つまで回答

在しています。

このようにギャップが生じている理由は、企業が期待するレベルと、学生が「この程度で十分だろう」と考えるレベルに差があることが原因だと推察できます。

つまり、企業と学生の間には、ある能力に関して、求めるレベル（水準）の差が生じているのです。この3項目に関しては、企業は学生が考えている以上に高い水準を求めているのは明らかでしょう。

一方、学生は、自分自身について「語学力」「業界に関する専門知識」「簿記」といった、「知識」が不足していると考えています。

これらの能力に関して、自分に

図表序-2　自分／学生が既に身に付けていると思う能力

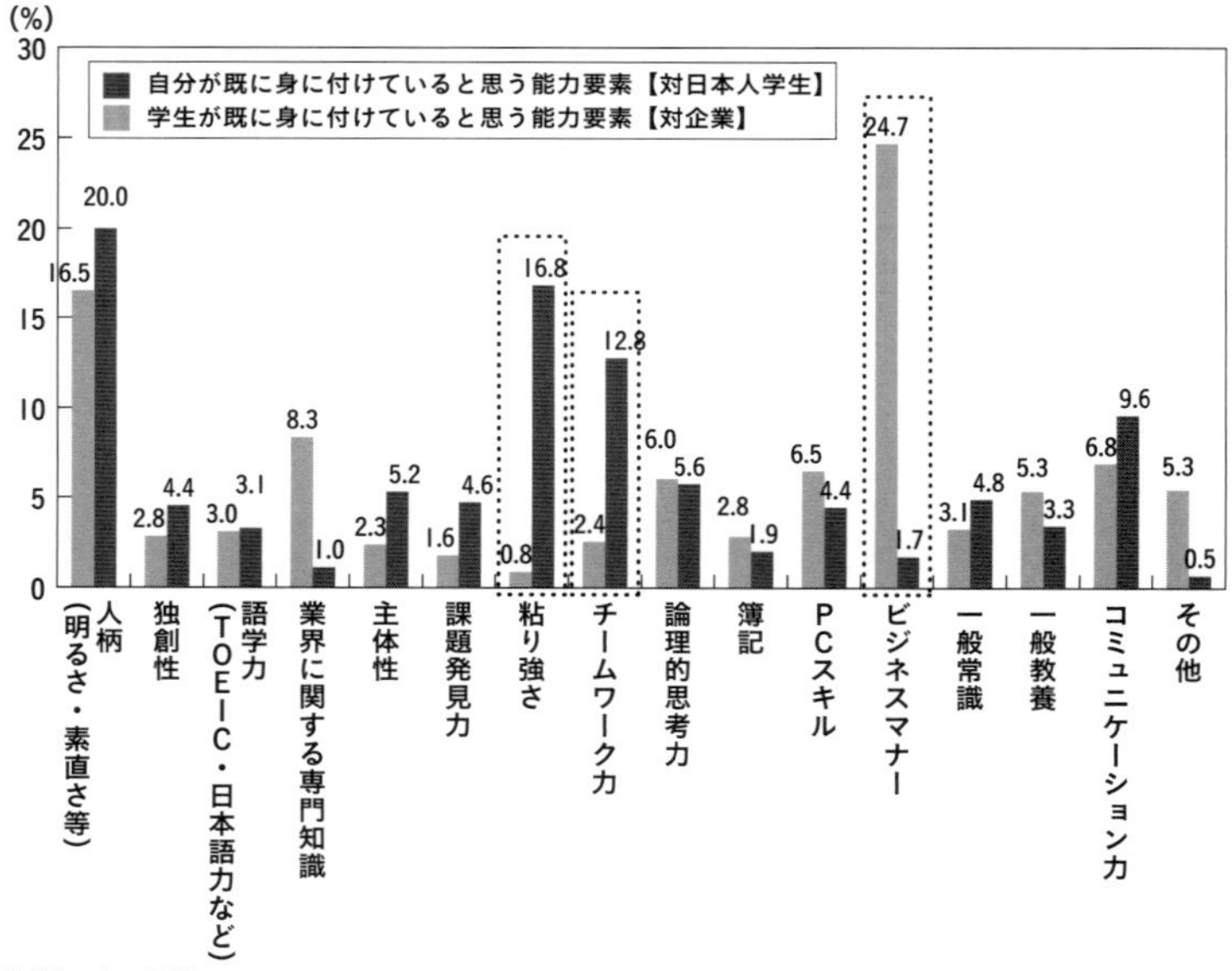

※上位3つまで回答

不足していると感じている学生は、それを補おうと努力するかもしれませんが、実はその努力はまったく実を結ばない可能性が大いに考えられます。

なぜなら、学生が不足していると考えている3つの項目は、まったくと言い切っていい程、企業の人事担当者は今の学生に不足しているとは考えていないからです。

このことに気がついていない学生は、無駄なことにパワーを注ぐことになるのです。なんとも切ない話です。

同じ調査の中には、「既に身に付けていると思う能力要素」について調べた結果も載っているので、そちらも見てみましょう（図表序-2）。

こちらのデータからは、学生自身は「チームワーク力」「粘り強さ」といった能力を既に身に付けていると考えているものの、企業はまだまだ十分に身に付いていないと考えていることがわかります。つまり、「チームワーク力」や「粘り強さ」に関しては、企業が期待する水準には、学生ははるかに達していないと評価されているのです。

また、「ビジネスマナー」に関しては、学生自身はまだまだ不十分だと考えているのに対して、企業は十分身に付けていると評価していることもわかります。

このように採用する企業と応募する学生の間には、重要と考える能力（基準）のミスマッチと、それぞれの能力をどの程度身に付けるべきかの、求めるレベル（水準）の2重のミスマッチが存在していることが、この調査の結果から見出されました。

なぜ誤解が生じているのか

企業と学生の間にミスマッチが生じている原因の1つは、学生の就活を支援する立場にあるものが、企業が学生に求める「基準」と「水準」を正しく伝えていないことにあるのではないかと考えています。

具体的には、巷に溢れている「就活本」がその一例です。

企業は、学生にいわゆる「小手先のテクニック」を求めているわけではありません。企業が知りたいのは、それぞれの学生に「仕事ができる力」があるのか否かだけだからです。

しかしながら、ほとんどの就活本に書かれている内容は、就活スキルの「ハウツー」の範疇に属するものばかりです。

誤解があるといけませんので、一言お断りをしておきますが、私は「就活スキル」を否定しているわけではまったくありません。それも学生が就活を成功させるための、大切な項目＝「基準」の1つだと考えています。しかし、多くの学生が「就活スキル」ばかりを気にしすぎるため、もっとほかの大切なことが見逃されてしまっているのではないかということを危惧しているのです。

実際、私が主催している「就活コーチ」に、学生が最初に訪れてきた際の要望は、「就活の『方法』を教えてください」という類のものがほとんどです。

「エントリーシートの『書き方』を教えてください」「グループディスカッションの『方法』や面接でうまくいく『方法』を教えてください」。女子学生の場合は、すでに十分すぎるほどマナーが身についているにもかかわらず、「『面接でのマナー』を教えてください」といった要望を多くの皆さんからお受けします。

これらの要望を受けた場合、私は「当然、それも大事だけど、他にもっと大切なことってないの？」と必ず聞き、「就活スキルの向上＝就活の成功」という枠組みに凝り固まった学生さんの頭の中を、まずもってほぐすことから始めています。

ところで、こうした学生と企業の求める基準のギャップについて書かれた書籍があります。マッキンゼーで採用マネジャーを12年間務めた伊賀泰代さんが2012年11月に出版された『採用基準』（ダイヤモンド社）という本です。

この本で、著者はマッキンゼーに応募してくる日本を代表する「優秀な応募者たち」には、以下の5つの誤解があると述べています。

①「ケース面接」に対する誤解
②「地頭信仰」が招く誤解
③「分析が得意な人を求めている」という誤解
④「優等生を求めている」という誤解
⑤「優秀な日本人を求めている」という誤解

著者は、経営コンサルティング業務の根幹は、企業経営者向けのサービス業と定義しています。したがって、その仕事は、①経営課題の相談を受ける、②問題の解決方法を見つける、③問題を解決するという3つのプロセスがあり、これらに対応することが経営コンサルティングに従事する者には求められる。しかし、この経営コンサルティングという仕事の本質を理解している応募者は極めて少なく、ほとんどの応募者が先に挙げた5つの誤解をしていると言います。

つまり、経営コンサルティング業務の中では、「②問題の解決方法を見つける」だけにとどまらず、「①経営課題の相談を受ける」や「③問題を解決する」ことが重要であるにもかかわらず、多くの「優秀な応募者」には、その理解が不足していることが誤解を招いている理由であると述べています。


この例はコンサルティング業界を志望する就活生と受け入れる側の企業の間に生じている認識のギャップを教えてくれていますが、他の業界でも似たり寄ったりのことが起きていることは、想像に難くありません。

就職活動を円滑に進めるためには、企業の「新卒採用基準」をきちんと理解し、自分のパワーを有効に注ぐことが重要なのです。

キャリアについての誤解

「キャリアセンター」の役割

リクルートに入社して最初の2年半、私は大学の就職部・課とリクルートとの関係を良好なものにすることをミッションとした部署に配属されました。そのために私は、大学の就職部・課に足を運び、職員の皆さんの仕事をサポートする日々を送りました。

ときには、学生向けの「就職講演」を依頼されたりすることもあり、ある体育大学で就職講演をさせていただいた際には、学生の私語がうるさくて思わず「うるさい！　静かに！」と声を荒げ、帰り際には「校門の前に怖い学生がいないかなぁ。大丈夫かなぁ」とひやひやしながら大学を失礼させていただいたこともありました。

ところで、当時の大学で学生の就職活動を支援する部署は、「就職部・課」という名称で呼ばれていました。皆さんに身近な「キャリアセンター」という名称が使用されたのは、１９９９年の立命館大学が初めてです。以降、２０００年代に入ると多くの大学が、名称を「就職部・課」から「キャリアセンター」へと変更しました。

「就職部・課」を「キャリアセンター」へ、単純に呼び名が変わっただけのように感じる方も多いかと思いますが、実は名称が変わったことで、「キャリアセンター」には新たなミッションが付け加えられたのです。

「キャリアセンター」のミッションは、当然ながら学生のキャリア形成を支援することです。では、学生のキャリア形成を支援するとはどういうことでしょうか？

一言で言うと、「学生生活並びに卒業後も、学生が自分のキャリアを考え、選択することができるように支援すること」です。

ここに、キャリアセンターの前身である大学の就職部・課とキャリアセンターの大きな違いがあります。就職部・課は学生の就活を支援することに機能を特化していたのに対し、キャリアセンターはより広い領域をカバーしているのです。

具体的には、大学の1年次から学生に卒業後のキャリアについて、その大切さを考えさせ、自分の目指すキャリアが実現しやすいように、履修科目やゼミ・研究室を選択するときなどに学生の支援をするという役割も、キャリアセンターは担っています。

キャリアデザインの3つの輪

それでは、「キャリア」について考えるとは、どういうことでしょうか？

図表序-3　キャリアデザインの3つの輪

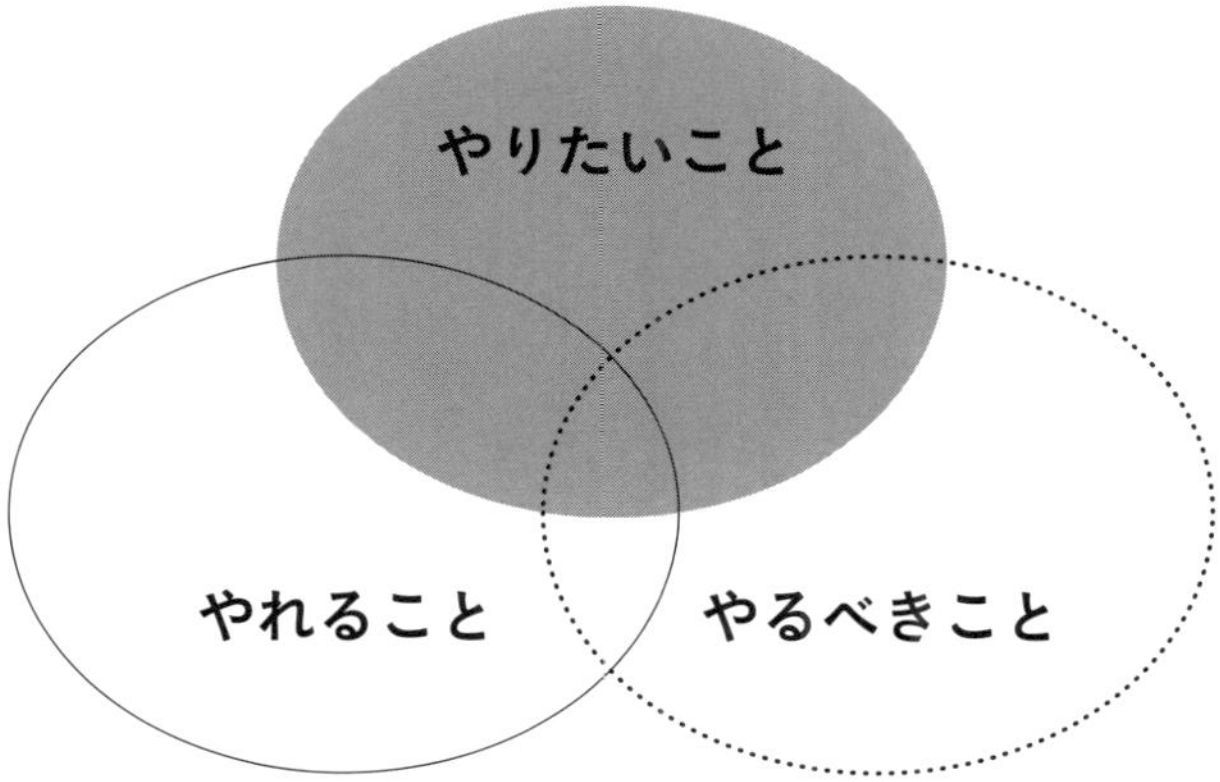

そのエッセンスは、「キャリアデザインの3つの輪」と呼ばれている図に表現されます（図表序-3）。

ここで言う3つの輪とは、「やりたいこと」「やれること」そして「やるべきこと」からなります。自分の「やりたいこと」を明確にし、それをやるために「やれること」の力をつけ、同時に周りから期待されている「やるべきこと」を果たしていくというのが、キャリアを考える際に大切だとされています。

この「やりたいこと」「やれること」「やるべきこと」の3つの輪の重なりの部分を大きくしていき、さらに輪自体を広げていくというのが理想的なキャリア形成の考え方です。

3つの輪の考え方を、就活の場面に置き換えて具体的に説明します。

やりたいこと

自分自身の持つ欲求や将来の希望や夢のことです。面接での質問で言えば、企業の志望理由、入社してやりたい仕事、世の中にどんな貢献をしたいかなどがこの輪の中に入ります。ここが明確になればなるほど、「モチベーション」が上がります。

やれること

会社や社会で活躍できる力のことです。もっと端的に言えば、「仕事をする力」です。これが、企業の人事担当者がもっとも気にしているポイントです。ここの力が身につくと、やりたいことが実際に実現できるし、成長感を味わえるために、「モチベーション」が上がります。

やるべきこと

周囲からの期待や役割のことです。学生生活の中では、ちゃんと勉強や研究をすること、部活やサークル、またはアルバイト先で自分の役割をきちんと果たすことです。就活の場面で人事担当者から期待されていることは、業界や会社のことを研究することであり、そのために会社説明会に出たり、ＯＢ・ＯＧ訪問を行い、それぞれの企業の事業内容や、仕事のことを理解することです。

社会に出てからも、自分の「やりたいこと」を明確にして、それをやるために「やれること」

図表序-4 就活生の頭の中はこうなっている

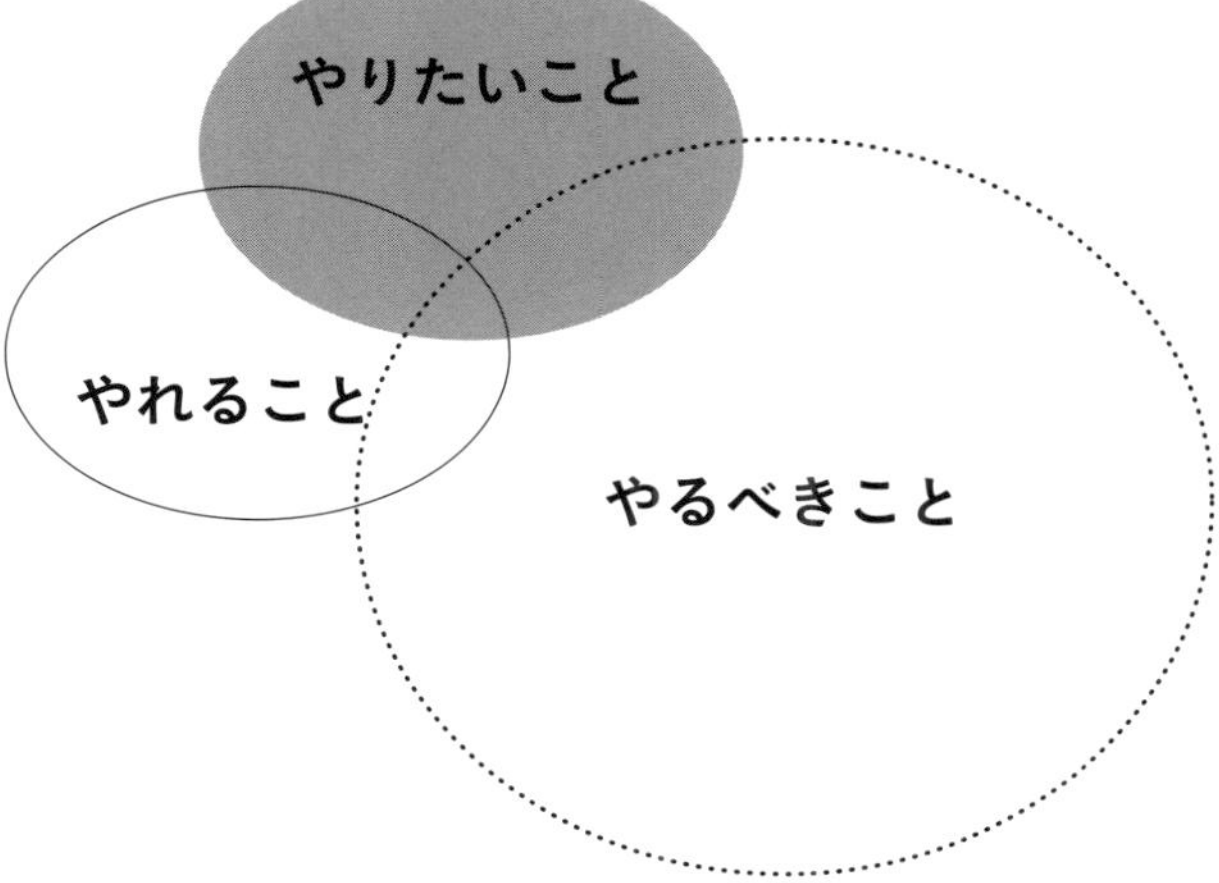

の力をつけ、同時に会社から期待される「やるべきこと」を果たしていくのが、皆さんのキャリアを考える上で大切なことです。

ところで、就活を考えている学生に3つの輪の話をし、「現状はどうですか？」と聞くと、ほとんどの人が図表序-4のようになります。

実際に私と初めて会ったほとんどの学生は、就活での「やるべきこと」に関心が偏っています。しかも、就活スキルをアップさせることのみに目を奪われていて、肝心の企業に入社して「やりたい」ことが決まっている人はほとんどいません。

もっとも、やりたいことを決めるためには、社会や企業のことをある程度知る必要があり、就活を進める中で決まっていくことも多いのが実際なので、「やりたいこと」が就活の初期の段階で決まっている必要は必ずし

図表序-5　採用担当者はこう見ている

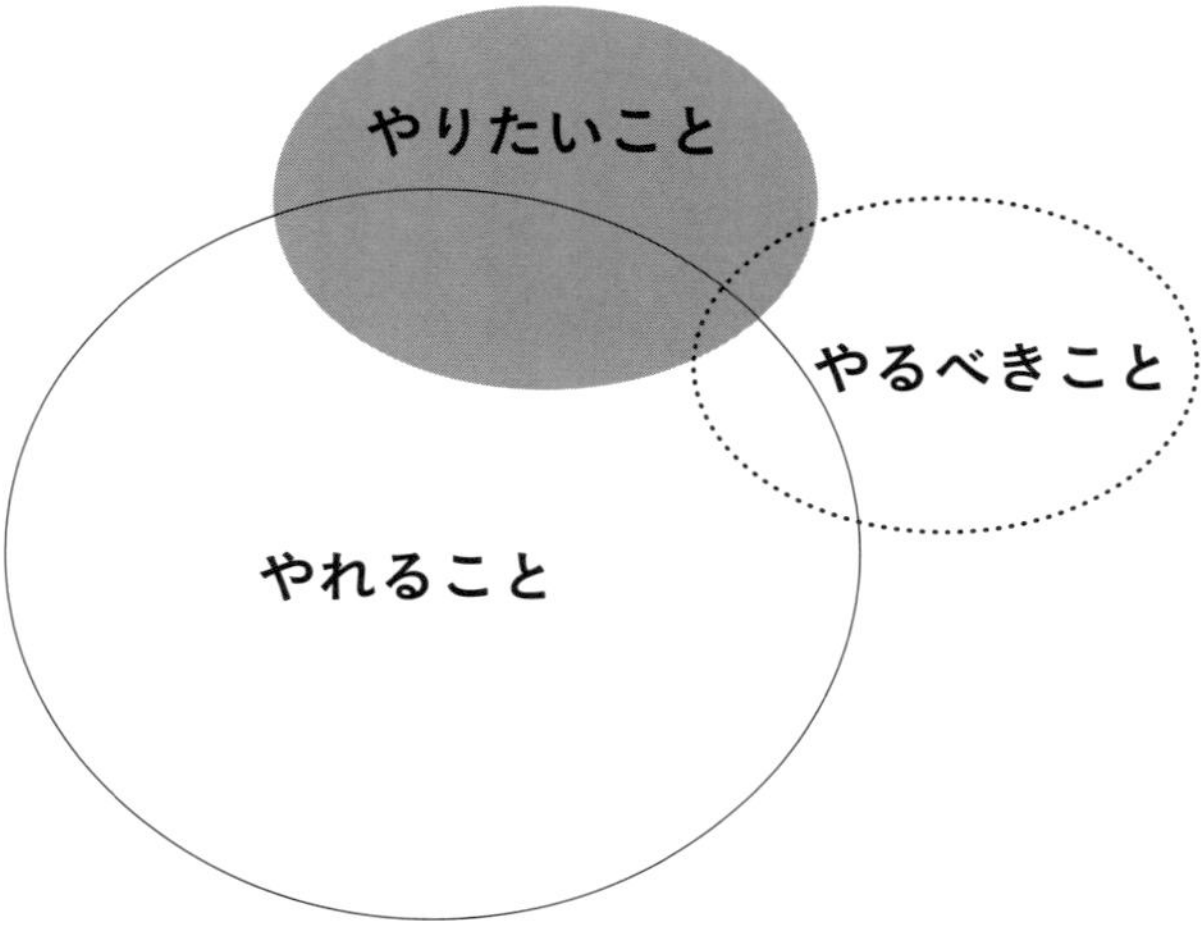

もないと考えています。

一方、会社が一番求めている「やれる力」を意識して高める大切さを理解している人もほとんどいないのですが、これに関しては大きな問題だと感じています。

なぜなら、企業が新卒採用で学生を見る際に、一番気にしているのがそれぞれの学生の「やれることの輪」だからです（図表序-5）。

その理由は、企業は新卒学生に対しても、早期に会社で有用な仕事をして、会社を一緒に成長させることや、社会により貢献することを期待しているからに他なりません。実際、新卒者に任せる仕事のレベルは年々高度化しています。

日本企業は、1991年のバブル崩壊以降、非正規雇用の社員を増やす人員策をとりました。以来、この傾向は延々と続いています（図表序-6）。

図表序-6　非正規雇用労働者の推移（年齢別）

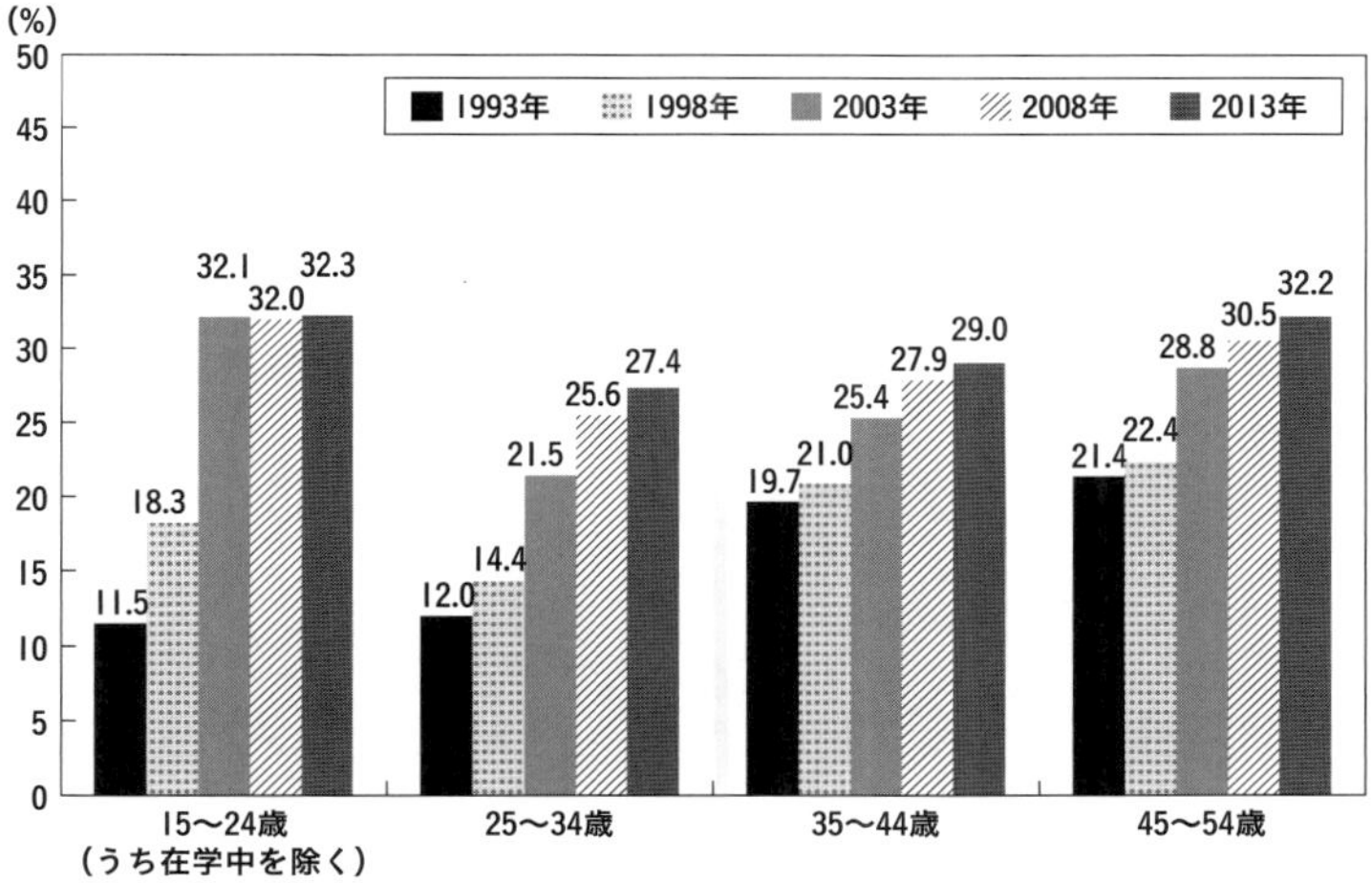

（出所）総務省「労働力調査（特別調査）」（2月調査）及び総務省「労働力調査（詳細結果）」（年平均）長期時系列データ

特に15歳から24歳までの非正規雇用率は、1993年には、10人に1人だったものが、2013年には3人に1人にまで増加しています。

裏を返せば、企業は、正社員として採用する新人には、即戦力とは言わないまでも、なるべく早く一人前になって、主体的に仕事を遂行することを期待しているのです。

つまり、主体的に仕事をする力に欠ける人は、企業の新卒採用基準に合致していないので、正社員として採用されづらくなっているのです。

ところで、先ほどの3つの輪に戻ります。リクルートで求めている人はもっと極端で、私が入社した時代の3つの輪は図表序-5よりも、もっと「やれること」の輪に主眼が置かれていました。

図表序-7　3つの輪を大きくすることが大切

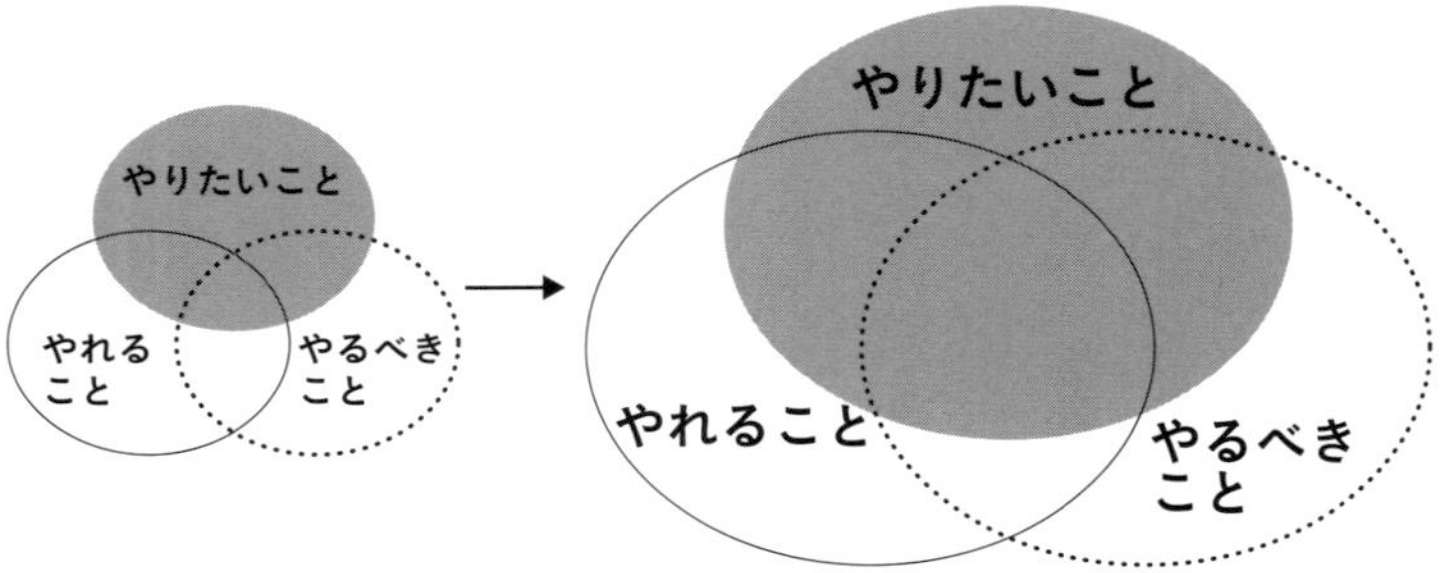

私は、リクルートが成長した原動力は、「やれること」の輪に重点を置いた採用活動を進めたことにあったと確信しています。

「3つの輪」を大きく育てる

3つの輪で大切なことをもう1つお伝えしておきます。先ほど、3つの輪では「やりたいこと」「やれること」「やるべきこと」の重なりの部分を大きくしていき、さらに輪自体を広げていくのが理想だという説明をしましたが、3つの輪そのものをどんどん大きくしていくことが重要なのです（図表序-7）。

3つの輪を大きくするには、2つの方向からのアプローチがあります。1つは、「やりたいこと」主導のアプローチ、もう1つが「やるべきこと」主導のアプローチです。

「やりたいこと」主導のアプローチは、まず、「やりたいこと」を明確にして、それをやるためにはどんな力を身につける必要があるかを明確化し、またその力を身につけるためには、どんなことを「やるべき」かを追求する。

そして、それができるようになったら、次にまた、どんなことを「やりたい」かを考え、それには、どんな「やれる力」を身につける必要があるのかを考え、そのためには必要な「やるべき」ことに取り組むといった順に、あらかじめゴールを明確化し、それを達成するために戦略的、計画的にキャリアをデザインし、構築していくアプローチです。

このアプローチは聞くと簡単にできそうですが、実際にやるのは結構難しいのが事実です。何が難しいかというと、「やりたいこと」がそもそも描けないことが多いのです。

実際、やりたいことが見つからないため、キャリアについて考えることを途中でやめてしまったり、放棄してしまう人は想像以上に多いのです。

そこで有効になるのが後者の「やるべきこと」主導のアプローチです。「夢中になってやるべきことに取り組んでいたら、いつの間にか新しいことができるようになり、その結果、やりたいことが見えてきた」という経験は誰もがお持ちかと思います。

目の前に課された周りからの期待やテーマに、一生懸命取り組むことにより、知らず知らずのうちに自分の力がついてくる。このように行動した結果、自分が意外にレベルアップ、スキルアップしているのにふと気がついたりする。そうすると、新たにやりたいことが見えてきたり、開けてきたりするのです。

いずれにせよ、大切なことは「やりたいこと」が見つからなかったとしても、キャリアについて放棄することなく、「やるべきこと」や「やれること」に意識を向けて取り組むことです。特に、最終的に「やりたいこと」が見つかっても、「やれる力」がないと「やりたいこと」も実現できません。そのために、キャリアについて考える上では、自分の「やれること」の輪について考えることが大切です。

「キャリアセンター」についての誤解

最後に、身近なキャリアセンターの機能について誤解している学生が少なからずいるようなので、一言お話ししておきたいと思います。

「就活コーチ」に相談にくる学生の中に、「うちの大学のキャリアセンターの皆さんはレベルが低くて……。だからこちらに相談に来ました」と、自分の通う大学のキャリアセンターについて不平不満を口にしたり、愚痴をこぼす学生が少なくありません。

大学で「就職部・課」という名称で学生の就活支援をされているならば、学生がそうした不満を口にすることも致し方ないのかなとも思います。しかし、「キャリアセンター」は先に説明したように、キャリアについての考え方を伝えたり、キャリア・カウンセリングを行うことがミッションです。「能力開発や能力アップ」はキャリアセンターのミッションではありません。

「キャリア・カウンセリング」と「能力開発」はまったく別の仕事で、異なった素養が要求されます。私にはキャリア・カウンセリングを仕事としている友人が大勢いますので、よく知っていますが、多くのキャリア・カウンセラーは「能力開発」の専門家ではありません。つまり、キャリアカウンセラーに、「やれる力」の向上策を求めることは酷な話なのです。

「やれる力」を強化したいのであれば、それは、プロスポーツの選手がやっているように、(たとえばテニスの錦織選手がチャン氏をコーチにつけたように) プロのコーチに相談することをおすすめします。

大学のキャリアセンターの皆さんには感謝することはあっても、学生が不満を抱くなどお門違いもいいところなので、よく覚えておいてください。

「面接」に対する誤解

就活本も先輩もあてにならない

私のところには、1年中、多くの学生さんが相談にやってきます。学生の相談の中でも多いのが、「面接が不安」「面接でうまく答えられないのでどうしたらいいでしょうか？」など、面接に関するものです。

初めて会う年長者、場合によって30歳も年の離れている人に面接されることは、多くの学生の場合初めての経験でもあり、多かれ少なかれ不安を感じるのは不思議なことではありません。

また、「うまく答えられなかったから落ちたので、面接力を改善したい」という相談に来る方もいらっしゃいます。一度失敗してしまったので、「何とかして次の面接ではうまくやりたい」と考える気持ちもよくわかります。

このように面接に対して不安をいだく学生は少なくないのですが、不安な気持ちの大元は、学生が「面接の裏側」を知らないことだという点に気がついている人はほとんどいません。

しかし、考えてみればそのこと自体は不思議なことではありません。現在の会社で行われている「面接の裏側」を体系的に語っている人はほぼゼロですし、多くの学生が手にする就活本にも一切紹介されてはいないからです。

実際に私はこれまで50冊ほどの就活本に目を通してきましたが、「面接の裏側」についてきちんと紹介している本はありませんでした。

このように就活本などのメディアが頼りにならない以上、学生の皆さんが「面接の実際」について情報を入手するには、大学在籍中の先輩やOB・OGなど、すでに入社試験の面接を経験した人たちに聞くしかないのではないでしょうか。

では、先輩やOB・OGの情報はどの程度、皆さんの就活に役立つものなのでしょうか？

先輩やOB・OGも可愛い後輩の皆さんの頼みですから、自分の個人的な経験は喜んで教えてくれるかもしれません。しかし、それらは曖昧な記憶をたどったものがほとんどです。

私のところに相談にくる学生から聞くところによると、先輩やOB・OGに面接について聞いても、「就活では、根ほり葉ほり聞かれたけど、学生生活を充実させていれば大丈夫だよ」程度のことしか語ってくれない人が多いといいます。

ですが、別に先輩やOB・OGが意地悪をして教えてくれていないとは思いません。なぜなら、実際に、それがその先輩にとっての真実だと容易に想像できるからです。

たとえ人がうらやむような人気企業に受かった先輩でも、自分がなぜ受かったのか、きちんと把握している人はほとんどいません。だから、後輩である皆さんに、ろくな情報を提供することができないだけなのです。

これは、スポーツの世界でよく言われている、「現役時代優秀な選手だった人が、必ずしも優秀なコーチになれるわけではない」ということと同じです。

いわゆる頭がいいと言われている人も、自分がなぜ頭がいいのか、その理由を説明できるわけではありませんし、運動が得意な人も、なぜ自分は運動が得意なのかを説明できる人はほとんどいません。自分がやれることと、どうやったらできるのかを人に説明することは、まったくの別の能力が必要です。人に上手に説明するためには、対象となる事柄の原理原則を理解し、努力して積み上げた経験が必要だからです。

結局のところ、身近にいる先輩やＯＢ・ＯＧからは、面接に関しては有用な情報をもらうことは難しいと考えるべきなのです。

「就活本もダメ、先輩やＯＢ・ＯＧもあてにならないんじゃ、僕たちはどうしたらいいんだ？」このような声が聞こえてきそうですが、心配はいりません。

ここから、入社試験の面接で、どんなことが聞かれ、何を評価されているのかについて、紹介していきます。

面接には2つの種類がある

企業の採用面接で行われている面接には、「一般面接」と「コンピテンシー面接」の２種類があり、評価の対象や質問内容などがまったく異なっています。図表序-8にそれぞれの面接の特徴をまとめましたので、参照してください（１つの会社でも数次の面接の中で、両方の面接を組

図表序-8　一般面接とコンピテンシー面接の違い

	一般面接	コンピテンシー面接
何を評価するか	優秀さ、仕事ができそうか?	再現性のある成果を 生み出す行動特性
何を聞くか	取り組んだことの概略 志望動機	取り組んだシーン・行動事実の詳細
評価基準	要素別絶対評価	コンピテンシーレベル
評価者による違い	主観的評価の為にバラツキあり	客観的評価の為にバラツキなし
質問手順の 構造化	なし （個々の面接官によって違う）	あり （どんな面接官でも同じ手順で実施）
一夜漬け的対策の 有効度	有効	無効

図表序-9　一般面接の評定表

評価項目	評価者コメント	評価点
第一印象		1　2　3　4　5
コミュニケーション力		2　4　6　8　10
行動力		1　2　3　4　5
課題解決力		1　2　3　4　5
リーダーシップ		2　4　6　8　10
協調性		1　2　3　4　5
ストレス耐性		1　2　3　4　5
志望理由		1　2　3　4　5
判定	合格　保留　不合格	合計　/50点

み合わせて実施している場合もあります）。

一般面接

まず一般面接について紹介します。一般面接では、図表序-9のような「面接評定表」を手に、面接官が候補者を評価していきます。

面接評定表は、人事部が候補者に求める評価項目（基準）を決め、その項目の優先度をウェイトづけして完成させます。

評価項目（基準）は、企業によっても異なりますが、「第一印象」「コミュニケーション力」「行動力」などが一般的に採用されているようです。

ウェイトづけというのは、評価点の配点のことです。図表序-9の面接評定表では、コミュニケーション力とリーダーシップが他の基準の2倍に設定されています。

この面接評定表に基づき、面接官は候補者に評価項目に関係した質問をし、その答えによってそれぞれの項目の評価点を決めます。

最終的な「判定」は、各評価項目の点数を足し上げた結果で決まります。図表序-9の場合、50点満点中40点以上ならば合格、35~39点ならば保留、35点未満ならば不合格といった具合に決まっていきます。

評価者コメントは、各項目に評価点をつけた根拠を記入しますが、会社によっては、各項目のコメントはなくて全体コメントだけの会社もあります（実際の評価項目やウェイトづけは、会社や採用職種によって変わります）。

一般面接のやりとり

さて、実際の一般面接の場面では、面接官と候補者の間では、以下のようなやりとりが交わされます。

面接官 学生時代に取り組んだことを聞かせてください。

A 君 はい。私は、学業では国際経済学のゼミに所属し、部活は体育会でサッカーを、アルバイトは居酒屋チェーンで仕事をしてきました。

面接官　それでは、その各々について、もっと詳しく話を聞かせてください。

A　君　ゼミでは、合宿係として夏休みと春休みに旅行代理店と打ち合わせをして、少しでも安く快適な合宿ができるようにしてきました。部活では、部長として部をまとめ、具体的な成果としては、過去3年間、2部リーグ4〜5位だったのですが、3年生の冬に準優勝を成し遂げました。アルバイトでは、1年次から料理とホールの両方をこなし、社員の人からは君がいて本当に助かると言われています。

面接官　それでは、一番力を入れた部活動の話についてもっと詳しく聞かせてください。

A　君　はい。私は、優勝を目指して全員が心を1つにする、一体感のある部作りを行いました。また、基礎体力と守備力を強化することが課題だと思い、部長になってからは自主トレによって体力を強化しながら、全員で守れる体制へとチームを作り替えました。

（中略）

面接官　最後に当社の志望理由をお話しください。

A　君　御社は、最近、アジア展開に力を入れられ……。実際に説明会でも……。したがって、自分のやりたいことにマッチしているし、企業風土に魅かれたからです。

こうした候補者とのやりとりの中で、面接官は頭の中で、このようなことを考えています。
「おっ、この学生はサッカー部の部活で部長として、部を率いて優勝するために厳しいトレーニングを頑張ってきたし、課題を設定して乗り越えてきたので、リーダーシップは10、ストレス耐性は5にしよう。

課題解決力や協調性もありそうだから4でいい。言葉もハキハキしているしコミュニケーション力もあるから、これも8でいい。ただし、第1印象は普通だし、志望理由はちょっと信憑性に欠けるところもあるから、それぞれ3にしよう」

そして、最後に「合計点は、42点だから合格でいいなぁ」と考えたり、「このままだと合計は39点だけど、みどころがありそうだから、印象を1点上げて40点にして合格で通そう」などと調整したりします（ここでは、雰囲気をつかんでもらうために、意図的に軽いタッチで書きましたが、実際に評価点をつける際には、面接官は真剣に、苦労しながら評価点をつけていますので、くれぐれも誤解しないでください）。

一般面接の限界

先ほど紹介した面接でのやりとりは、新卒採用面接で実際に多くの企業で行われているものを再現してみたものです。

実際に、候補者に対して、学生時代に力を入れたことや、志望理由を聞く企業は多く、先輩などから聞いて、自分の答えをあらかじめ用意し、本番でもきちんと話せるように練習する人がたくさんいます。

もちろん、自分が取り組んだことを理路整然と話せるように、練習することは大切なことです。しかし、中には、役職がないのは聞こえが悪いから副部長をやってきたことにする人や、本当は1回戦で負けたのにベスト8に入ったことにする人など、自分の経歴を脚色というか、改ざんする人が毎年少なからず現れます。先輩もそうしてきて、「バレなかった」ことが語られているからです。

そのため、面接官は候補者の繰り出す嘘を見破る能力も必要とされてくるのです。つまり、真の人物像を見抜き、正しい評価を下せる眼力を備えた方が面接官として起用されています。

それでも、面接官は数多くの学生と面接するために、ついつい画一的な評価に流されてしまうこともあります。

たとえば、「部長をやっていたのだから、リーダーシップがある」と判断したり、「準優勝したのだから、一生懸命苦しい練習に耐えた、つまりストレス耐性がある」といった判断に陥りがちなのです。

このように一般面接では、候補者1人ひとりの実力や仕事の適性を測るには種々の問題があると、以前から言われてきました。

実際に、倍率数十倍の難関企業と言われる人気企業でも、優秀で仕事ができそうだと判断された学生が、入社後、成果が出せない(=優秀ではなかった)ケースが1990年代の後半に続出し、配属先の部署から人事部にクレームが入ることが、さまざまな企業で頻発したのです。

この背景には、厳しい経営環境の下、企業間の競争が激しさを増す中で、入社後早期に仕事を新人に任せ、活躍してもらう必要が高まってきたことがあります。

もちろん、期待した成果が上げられなかった人が続出したのは、採用した人事部だけの責任ではないのですが、現場からクレームが上がってしまった原因の1つに、面接のやり方があるようにも考えられます。

たとえば先ほどの面接の例で登場したA君は、体育会の部長でしたが、部長になった理由は、他の人より運動能力が優れていて、他の部員よりも活躍していたことが主たる理由かもしれません。

運動能力が優れていることと、リーダーシップがあることとは別ですし、ビジネスの現場で成果を出せることともほとんど無関係です。

また、大会で準優勝したのは、他の部員の力に負うところが大きかったからかもしれませんし、A君が面接で披露していた部活の強化方針も、もしかしたら他の部員が発案したものだったのかもしれません。

このように、候補者の自己申告のみが判断材料となる一般面接は、企業にとって有望な人材を選択する方法として限界があると意識されるようになってきたのです。

コンピテンシー面接

このような状況への対応策として、日本企業で2000年代初頭に導入されたのが、もう1つの面接であるコンピテンシー面接です。入社倍率が数十倍以上と言われている企業では、現在で

図表序-10　コンピテンシー面接の評定表

評価項目	定義	コンピテンシー・レベル
スピード	……	1　2　3　4　5
粘り強さ	……	1　2　3　4　5
独自性・独創性	……	1　2　3　4　5
的確さ	……	1　2　3　4　5
チャレンジ	……	1　2　3　4　5
緻密さ	……	1　2　3　4　5
ストレスへの対処法	……	1　2　3　4　5
判定	通過　保留　不採用	

〔メモ欄〕

は主流の面接方法になっています。

コンピテンシーという言葉は、学生の皆さんにとって、耳慣れない言葉だと思いますが、辞書を引くと「能力」という意味であると紹介されています。

ただし、能力を意味する英語はAbilityやCapacityのほうが日本語の意味と近く、Competencyは、「成果を生み出す行動特性」と訳したほうがもともとの英語の意味により忠実です。

コンピテンシー面接では、図表序-10のようなチェックシートが使われます（もちろん統一のものがあるわけではなく、企業によってそれぞれ異なったものが使われています）。

コンピテンシー面接の評価表が、先ほど紹介した一般面接とはまったく違っているのは、一目瞭然かと思いますが、１つひとつ見ていきましょう。

コンピテンシー面接の特徴

まず、評価項目ですが、コンピテンシー面接では、「成果を生み出す行動特性」を評価することを目的としているので、一般面接とはまったく異なり、「第一印象」や「志望動機」は含まれていません。

また、日本語で言う能力（英語ではAbility）にあたる「コミュニケーション力」「行動力」など、「○○力」といった言葉を使った評価項目も存在しません。

なぜなら、コンピテンシー面接では、「行動力」は「スピード」や「粘り強さ」といった具体的な行動内容として評価するからです。また、一般面接では、「ストレス耐性」といった概念的な言葉を使用するのに対して、コンピテンシー面接では「ストレスへの対処法」（正式には、コーピング）、すなわち行動を判定するよう設計されています。

また、一般面接では、学生の話した内容を面接官がメモをとることは通常しませんが、コンピテンシー面接は、発言内容を記録するのが原則です。その記録をもとに、合否・保留の判断が行われます。

さらに、一般面接では、あらかじめ設定した「評価基準」すべてに点数をつけ、「総合得点」の高さで合否・保留を判定しますが、コンピテンシー面接では、総合得点の高さを評価しているわけではありません。そのため、面接中に評価項目に該当する話題を聞き出せなかったとしても

図表序-11 コンピテンシー面接の手順

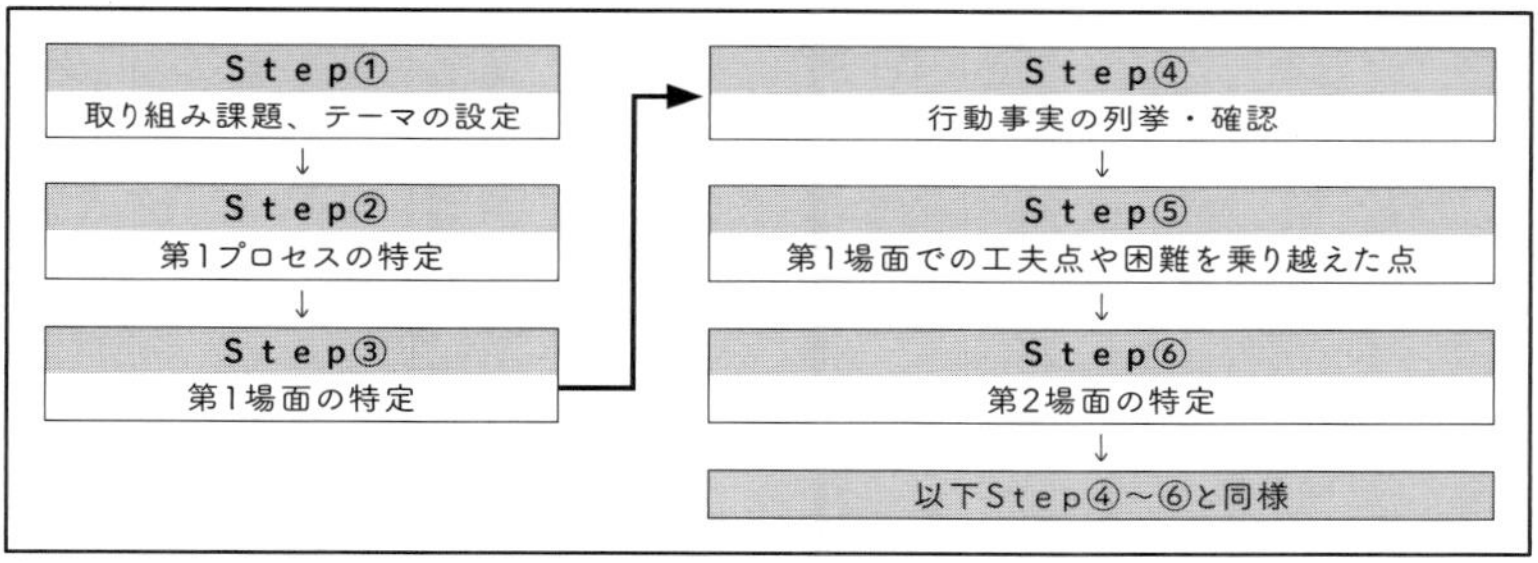

（出所）川上真史・齋藤亮三『コンピテンシー面接マニュアル』弘文堂

問題は生じません。

実はコンピテンシー面接では、面接官による質問手順が原則、決められていて、図表序-11に示した順番で面接が進行します。

たとえば、学生が答える内容としては下記のような内容になります。

Step①　学園祭でチャリティコンサートを実施し、成功した

Step②　コンサートの企画提案をした

Step③　部室で部員に作成した企画書に沿ってプレゼンテーションを行い、議論して賛同を得た

Step④　イベント実現のために、役割ごとの担当者を決めた↓自分は、その中で予算管理、会計係となって、コストを見積もり、予算を作成することになった。↓予算編成のための情報収

集方法を話し合った

Step⑤ 収益源多角化のために、コンサートのパンフレットに広告を入れることを提案し、そのための営業チームを新たに編成する賛同を得た

コンピテンシー面接では「第1場面」という聞きなれない言葉が出てきていますが、これは具体的に成果を上げた行動の中で、特に工夫したり、苦労した場面のことを指しています。たとえば特定のミーティングや打ち合わせシーン、誰かとの対面シーン（交渉や折衝、接客、販売など）、プレゼンテーションを行っているシーン、ゼミや合宿でのシーンなどなどが考えられます。

詳しくは、第4章の「人事面接」で質問例を紹介しますが、面接を受ける側は、自分が体験した具体的なシーンを思い出しながら、5W1Hの質問に答えていくことになります。つまり、面接を受ける学生は、質問に対して「考えて答える」のではなく、「思い出して答える」スタイルになるので、「ごまかし」や「脚色」ができにくくなっているのです。

コンピテンシー面接の評価方法

コンピテンシー面接の概要については、大体ご理解していただけたかと思いますので、次にこの面接の評価の方法について説明します。コンピテンシー面接では、通常、図表序-12に示したように、各候補者の行動を5段階に評価をします。

図表序-12　コンピテンシー面接の評価レベル

レベル5　⇔　パラダイム転換行動 まったく新たな、周囲にとっても意味ある状況を作りだす行動	レベル：高
レベル4　⇔　創造、課題解決行動 独自の効果的な工夫を加えた行動、状況を変化させよう、打破しようとした行動	
レベル3　⇔　能動・主体的行動 明確な意図や判断に基づく行動。明確な理由のもと選択した行動	↑
レベル2　⇔　通常行動 やるべきことをやるべき時にやった行動	
レベル1　⇔　受動行動 部分的、断片的行動　人から言われて受け身な姿勢でやった行動	レベル：低

（出所）川上真史・齋藤亮三『コンピテンシー面接マニュアル』弘文堂

各レベルは、以下のとおりです。

・レベル1：「1つひとつの行動を誰かに言われてやった」「やらざるを得ない状況に追い込まれたからやった」という、主体性のない他律的、場当たり的な行動です。たとえば居酒屋でアルバイトをしていた人の場合、「とにかく社員の指示に従って真面目に仕事をした」「忙しいときにも気合で乗り切りました」「社員から怒られないように頑張りました」などの発言から下される判定がこのレベルになります。

・レベル2：定められたマニュアルや作業手順を意識して能動的に行動しているけれど、この状況であれば普通はそのようにするのが当然だと考えられる行動です。居酒屋アルバイトの例ならば、笑顔で接客し、注文をとり、オーダーを通し、料理をお客様に提供し、正確なレジを打つなどといった、自らの工夫の余地が見られない行動が、このレベルに判定されます。

・レベル3：ある状況において、複数の選択肢の中から最適と考えられる方法を選択してとった行動です。外的基準を守りながらも、自分なりに新しい工夫を主体的に行ったか否かが問われます。居酒屋アルバイトの例では、マニュアルに即した行動をとるだけでなく、お客様のご要望にお応えできない場合に、代替案を提案するなど、主体的に働きかけて問題を解決するなどの行動はこのレベルに判定されます。

・レベル4：条件や状況に即した行動から1歩踏み出し、それに働きかけ、変革する行動です。第2章の「仕事力」で述べるPDCAサイクルをセルフマネジメント・サイクルとして回して初めて、可能になる行動のことを示します。居酒屋アルバイトの例では、店舗の売上向上を目標として捉え、対策を店長に提案するために近隣の店舗を調査し、その結果から導き出した提案をお店に実行させて、成果を上げるなどの行動がこのレベルに判定されます。

・レベル5：これまでの状況をひっくり返し、皆がこちらに寄ってくるような「マグネット」的な行動です。目の前の状況を離れて、それとはまったく異なる状況を作り出すことが問われます。居酒屋アルバイトの例ならば、たとえば「俺のイタリアン」のように、従来の食材原価率の倍程度の料理を立食で出すといった、これまでの常識では考えられなかった新業態を経営者に提案し、実験店舗を出店して成果を上げるなどのことです。

ちなみに、レベル5の判定を受ける学生は、1000人中1人（0・1％）と言われています。現在、約43万人の学生が毎年民間企業への就職活動を行っていますが、その中のわずか430人しかレベル5に判定される学生はいない計算になります。

また、レベル4の学生も5％と非常に限られており、就活を行う全学生のうち2万1500人程度と推察されています。そして、この2万1500人という人数こそ、私が試算した日本の人気企業200社に採用される数とほぼ符合します。

逆に言えば、人気上位の200社に入社するためには、コンピテンシーレベル4の行動がとれていることを、面接の場で、面接官に認めさせることが必要となるのです。

コンピテンシー面接対策で能力向上を

以上が、現在行われている「一般面接」と「コンピテンシー面接」の実態です。ちなみに2種類の面接はどちらも一長一短があり、どちらがよりよい方法だということを決めることはできません。そのためか、多くの企業では、数次の面接の中で、両方の面接手法を組み合わせて実施しています。

ここで皆さんに覚えておいてほしいのは、学生の大半が面接といえば「一般面接」のことだと信じ込み、「コンピテンシー面接」のことを知らないという事実です。

知らなければ当然、自分のコンピテンシーレベルを自問自答することができませんし、コンピテンシーレベルを向上させる取り組みを新たにスタートさせようとも思いません。

面接トレーニングをすでにスタートさせている学生でも、「一般面接」対策ばかりやっていてコンピテンシー面接の対策はおざなりになっているのが実情のように感じています。

私は、一番力が伸びる就活を迎える時期に、こうした取り組みしかできないことは、とてももったいないことだと思います。まだ準備をスタートしていないのでしたら、すぐにコンピテンシー面接の対策準備も始めてください。やり方は、第2章で詳しく説明します。

第1章

新卒採用基準① 人間性

いよいよここから、「新卒採用基準」の説明に入ります。「新卒採用基準」は、「人間性」（第1章）、「仕事力」（第2章）、「表現力」（第3章）、「就活スキル」（第4章）、「＋α」（第5章）で構成されます。まずは「人間性」から、順番に見ていきましょう。

「自己肯定感」と「他者軽視感」

少し前までの企業の新卒採用では、「自信があり、明るく元気で、さらには素直で、人に好かれる人」が、第一の条件になっていました。つまり人柄が最重要視され、そういう好ましい人格の持ち主の中から、「頭のいい人」が優先して選ばれてきたのです。

実際、1991年にバブルが崩壊するまでは、多くの企業で「人柄」重視の採用活動が行われていたというのが、私の実感です。

もちろん、現在でも「人柄」を重要視している企業は少なくありませんし、前章で紹介した経産省の調査でも、「人柄」は企業の採用基準として決して低くはありません。

しかしこの「人柄」重視の採用方針にまったく問題がないかというと、決してそうではないと私は思います。

先ほども紹介したように、企業にウケのいい人柄といえば、「自信があり、明るく元気で素直で、人に好かれる」などが考えられますが、今現在そうでない人に、いくら「自信を持ちなさい」「明るくなりなさい」「元気になりなさい」「素直になりなさい」「人に好かれるようになりなさい」と言っても、誰もがそうなれるわけではないからです。

実は、「明るさ」や「元気さ」は「声」や「表情」などのトレーニングによって変えることは可能です（方法については、第3章の「表現力」で詳しく説明します）。学生の皆さんも、俳優や女優、歌手や声優、アナウンサーの皆さんがボイストレーニングをされていることは、ご存じだと思います。

しかし、「自信」や「素直さ」「人に好かれる」点に関してはどうでしょうか？

これらの素養を身につけることは、就職活動を有利に進める上で、大変重要なことですが、これまで「就活」の世界では、誰ひとり正面から取り扱ってこなかったテーマのように思います。

私が運営している「就活コーチ」にも、見るからに「自信」がなく、「一緒に仕事をすると大変だ」と思わせてしまうような雰囲気を持った人が少なからず相談に来られています。そうした皆さんの悩みは、深刻です。

「就活でうまくいかなかった私は、人としてダメな人ではないか」という根源的テーマに直面して、希望の光が見出せないからです。

この悩みを抱えたすべての人に効く万能薬というものは、正直言って存在しないので、私自身も悩みながら、個々の相談者にコーチングを続けてきたというのが偽らざるところです。

幸いなことに、多くの事例では、「就活スキル」がアップすることにより少しずつ自信をつけ、彼ら、彼女らの心の悩みも薄れていきました。また、話をじっくりと聴かせてもらうことにより、だんだんと元気を取り戻し、結果としてほとんどの学生は就職先を決めることができています。

このように手探りで相談者に対応する過程で、私は、さまざまな本を読み、考え続けました。そして企業が採用の際に重視している「自信」「素直さ」「人に好かれる」という素養を身につけるための糸口を見つけました。

それが、これから紹介する「自己肯定感」と「他者軽視感」です。

自己肯定感

私自身、これまでたくさんのコーチング研修を受けてきました。その中で、特に印象に残っているセッションとして、「自分の長所や、いい点を短い言葉で、3分間にできるだけ多く書き出す」というものがありました。

たとえば、「優しい。温かい。論理的。分析力がある。リーダーシップがある。几帳面。物事を深く考えられる。人をサポートできる。おしゃれ。体力がある。音楽が好き……」などを、多少重複しても構わないから、思いつくままいくつでも挙げてください、というものです。

所定の時間が経過すると、講師が会場にいる30人に尋ねます。

「はい。それでは、いくつ書けたか、数を数えてください」

そして、その上で、「それでは、ちょっと挙手してください」と言われます。

「30以上書けた人？（2人の手が上がる） 20以上書けた人？（5人の手が上がる） 10以上書けた人？（15人の手が上がる） 5以上書けた人？（6人の手が上がる） じゃあ、5未満の人？（2人が恥ずかしそうに手を上げる）」とまぁ、このような感じで進みます。

その後、講師は続けます。

「私は毎年100回以上のコーチング研修をしてきて、大概はこのセッションをやっています。実は、会場に入ってきて皆さんの顔を見ただけで、どなたが30以上書けるか、大体いつもわかります。また、失礼ながら、どなたがあまり書けないかも大概わかります」と。

このセッションの目的こそ、「自己肯定感」（自尊感情）の大切さを伝えることです。

自己肯定感とは、「自分を肯定し、大切に思える感情」です。「自信」にも近いのですが、優越感やプライドのように他者との比較で成り立つ感情とは違っています。

「自分は大切な存在である」「自分はかけがえのない存在である」という感情で、心理学用語のself-esteem（セルフエスティーム）を日本語に訳した言葉です（ちなみに、対比語は、「自己否定感」です）。

この分野の研究では、アメリカの心理学者ローゼンバーグ博士が有名です。博士の主導により、2008年にカナダ、フィンランド、台湾、日本を対象に、「自己肯定感」を持つ人の割合を調査したところ、カナダが一番高く、日本は最下位だったという報告がされています。

図表1-1　自己肯定感チェックリスト

下記の設問に対して５段階で〇をつけて下さい。		あてはまらない	ややあてはまらない	どちらともいえない	ややあてはまる	あてはまる
1	少なくとも人並みには、価値のある人間である	1	2	3	4	5
2	いろいろな良い素質を持っている	1	2	3	4	5
3	敗北者だと思うことがよくある	5	4	3	2	1
4	物事を人並みには、うまくやれる	1	2	3	4	5
5	自分には、自慢できるところがあまりない	5	4	3	2	1
6	自分に対して肯定的である	1	2	3	4	5
7	だいたいにおいて、自分に満足している	1	2	3	4	5
8	もっと自分自身を尊敬できるようになりたい	5	4	3	2	1
9	自分はまったくダメな人間だと思うことがある	5	4	3	2	1
10	何かにつけて、自分は役立たない人間だと思う	5	4	3	2	1
		合計				点

「自己肯定感」とは

私自身、数多くの大学生と会っていますが、自己肯定感の高い人と低い人の違いは一目瞭然です。自己肯定感の高い人は、「自信」が体全体から溢れているように見える一方、自己肯定感の低い人からは「自信のなさ」が漂って来るような印象を受けます。

自信のある人は、普段の生活の中でも人に積極的にアプローチします。一方、自信のない人は籠りがちになります。また、自信のある人はのびのびとしているように見えますが、自信のない人は逆に萎縮しているように見えるのです。

このように見かけからして違っているので、コーチングの講師でなくても、何となく、自信のある人かそうでない人かは、ある程度判別がついてしまいます。

一般的に企業は「自信のある人」を採用したいと考え、「自信のない人」はそれだけで採用することに躊躇する傾向にあります。このように、自信のありなしによって、同じような能力の人でも企業の評価が変わってしまうのです。そして、この自信の有無を決定しているのが「自己肯定感」です。

つまり「自己肯定感の高低」は、採用に直結する、非常に重要な要素だと言うことができるのです。

図表1-1を見てください。これは先ほどご紹介したローゼンバーグ博士が開発した「自己肯定感」を測定する表です。一度自分の得点を算出してみてください。自己肯定感の平均は30点です。35点以上ならば「OK」、25点以下の方は「要注意」と言えます。

他者軽視感

「他者軽視感」というのは、読んで字のごとく、他人を軽視する感情です。先ほどの「自己肯定感」とは逆に、「他者軽視感」は排除しておかないと就活の妨げになるので、注意が必要です。

会社という組織で仕事をする以上、人との協力は欠かせません。人と協力して何かを成し遂げ

図表1-2　他者軽視感チェックリスト

	下記の設問に対して５段階で〇をつけて下さい。	あてはまらない	ややあてはまらない	どちらともいえない	ややあてはまる	あてはまる
1	自分の周りには気の利かない人が多い	1	2	3	4	5
2	他の人の仕事を見ていると、手際が悪いと感じる	1	2	3	4	5
3	話し合いの場で、無意味な発言をする人が多い	1	2	3	4	5
4	智識や教養がないのに偉そうにしている人が多い	1	2	3	4	5
5	他の人に対して、何故こんな簡単なことがわからないのだろうと感じる	1	2	3	4	5
6	自分の代わりに大切な役目を任せられる有能な人は、私の周りに少ない	1	2	3	4	5
7	他の人を見て「ダメな人だ」と思うことが多い	1	2	3	4	5
8	私の意見が聞き入れてもらえなかったとき、相手の理解力が足りないと感じる	1	2	3	4	5
9	今の世の中を動かしている人の多くは、たいした人間ではない	1	2	3	4	5
10	世の中には、常識のない人が多すぎる	1	2	3	4	5
		合計				点

るのが会社での仕事である以上は、前提として、まず自分が他人を認めることが必要です。自分の中で、他者を自分と同じようにかけがえのない存在として認め、他者を軽視しない＝「他者軽視感」を持たないことが大切です。

名古屋大学名誉教授で、現在は中部大学で研究されている速水敏彦教授という発達心理学の先生がおられます。先生は、この分野の第一人者で、「他者軽視感」を測定する表を開発されました。図表１‐２がその表ですので、一度自分の得点を算出してください。

ちなみに、他者軽視感の平均も30点です。25点以下ならば「ＯＫ」、35点以上の方は「要注意」と言えます。

「人間性」の4タイプ

先の速水先生によると、人は以下の4タイプに分けられます（図表1-3）。

この図は、縦軸に「自己肯定感」を、横軸に「他者軽視感」を記したものです。自己肯定感が高く他者軽視感が低い左上が「自尊型」、自己肯定感・他者軽視感ともに低い左下が「萎縮型」、自己肯定感・他者軽視感ともに高い右上が「全能型」、自己肯定感が低く、他者軽視感が高い右下が「仮想型」と言われます。

「仮想型」は、わかりやすく言えば、自分も他者も肯定できない人のことです。

速水先生が、この仮想型タイプに関連して述べられていることを引用します。

> 人間には、もともと何かを達成すること自体が喜びで、それを目指して頑張ろうとする気持ち＝「達成動機」があります。（中略）達成動機を高めるために不可欠な「自信を持つ」ということは、人間関係の中で、他人に評価される中で生まれてきます。自分の評価軸だけでは、決して自信というものは生まれません。日本の若者には、この自信が薄れてきているように思われます。この自信のなさを、自分以外の他者を軽視することでカバーし、世の中を渡っていこうとする若者が増えてきている感じがします。（中略）私は、そういう他人軽視の

感覚を「仮想的有能感」と呼んでいます。この仮想的有能感では、行動や考えのベースが他者との比較になります。したがって、学力や思考力を育てるためにも、よいはずがありません。（中略）

この「仮想型」の学習に対する動機づけは、まさに他人から強制、指示されて行動する「外的動機づけ」や失敗すると恥ずかしいので承認されるために行動する「取り入れ的動機づけ」が極端に強く、他方、自分にとって大切なことだからするという「同一化的動機づけ」や、やること自体が楽しいから行動する「内発的動機づけ」が低かったのです。この4種類の動機づけは後ろに行けば行くほど自律的になるのですが、「仮想型」の人はむしろ逆の他律的な動機づけに支配されていることになります。（中略）また、仮想的有能感の高い人は、（中略）学習量志向も低いのです。ここでは可能なかぎり努力はしないで済む行動を選択する方向性が見出されました。（中略）

本来、自己有能感と言えば、自分にも他人にも満足している「自尊型」がイメージされがちですが、そうではない形での有能感を持つ人が増え、まさに自分にも他人にも不満な「仮想型」こそ、本来の有能感の低さを、他人を軽視することで、仮想的に有能感を生み出す特異な現代的傾向として、私は注目しているのです。

（経済産業省『社会人基礎力育成の手引き』より）

速水先生には直接お目にかかり、取材もさせていただきました。その際、図表1-3の4タイ

図表1-3　人間は4つのタイプに分けられる

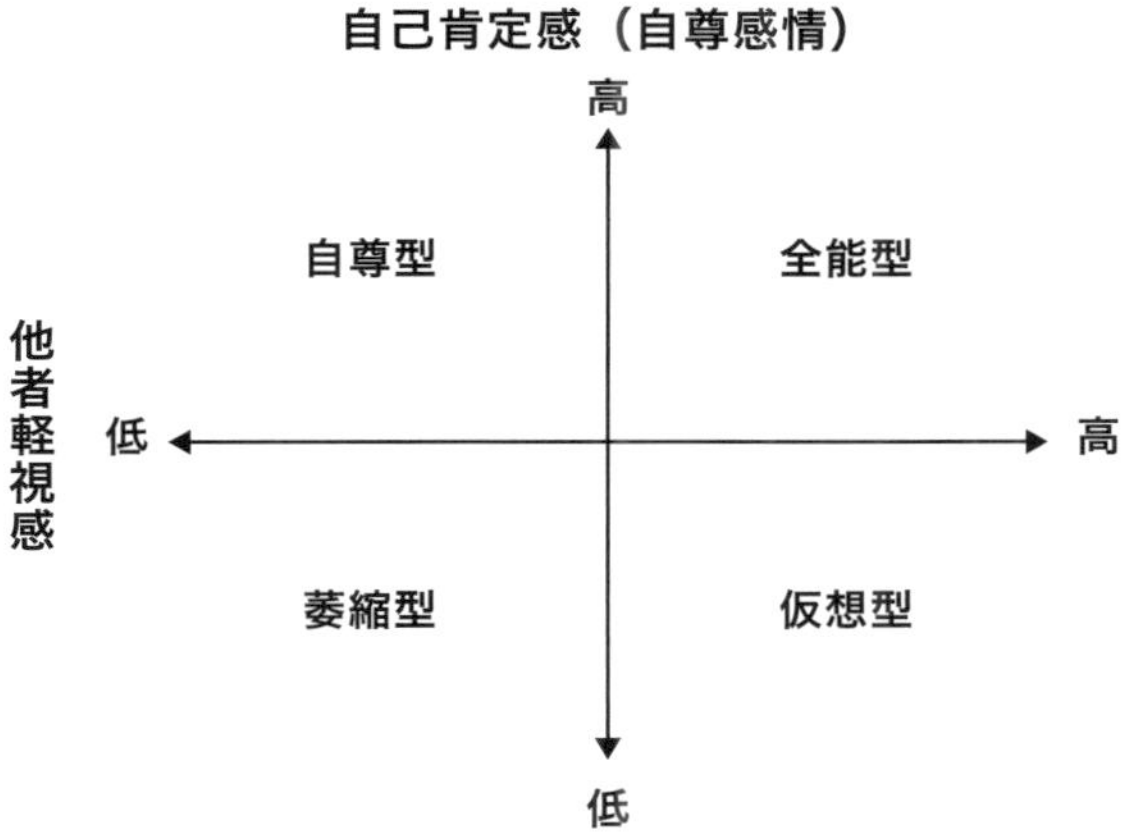

図表1-4　ドラえもんに見る4タイプ

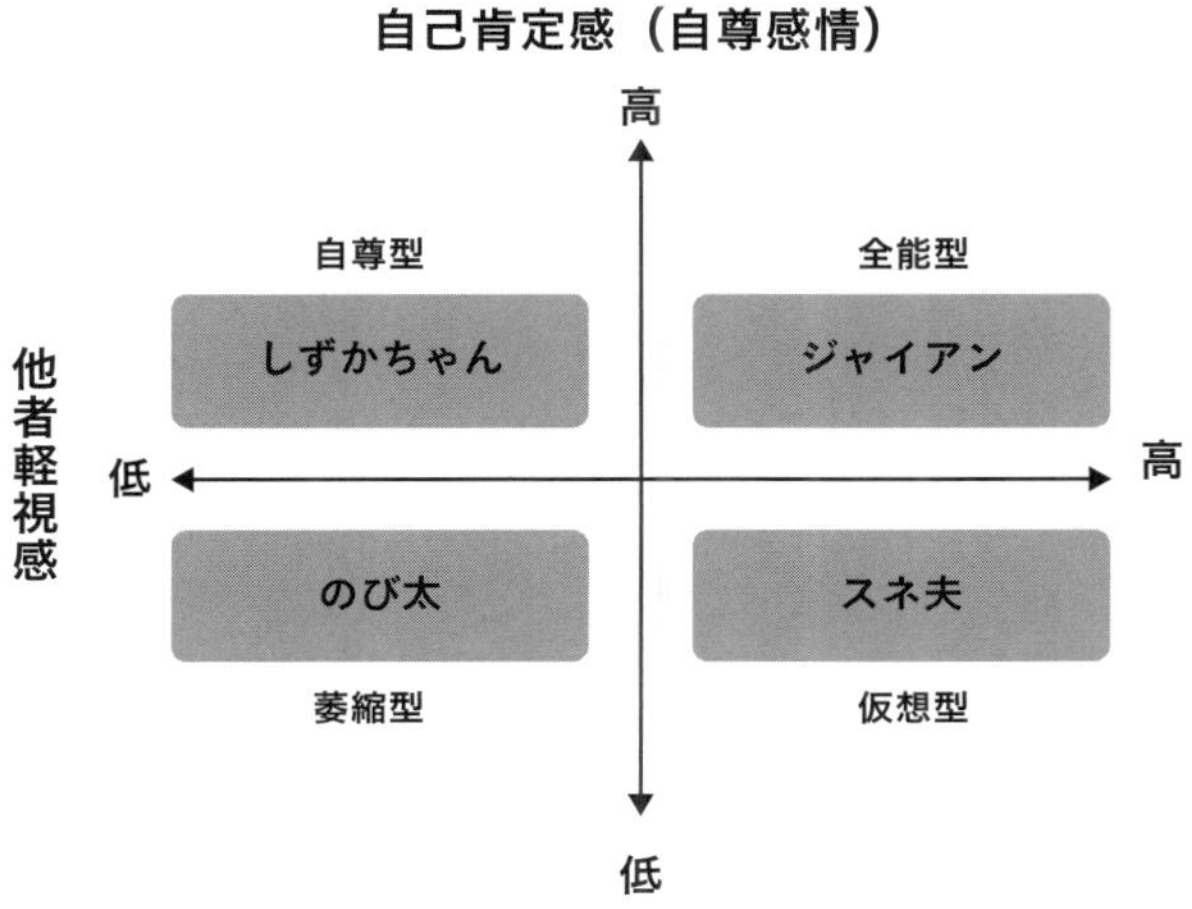

プにどういう人物が当てはまるか、わかりやすく示す身近な例を教えていただきました。それは、漫画「ドラえもん」に登場する4人のキャラクターです（図表１－４）。

日本人には「自尊型」が少ない

速水先生からは、また、ショッキングな調査データを教えていただきましたので、紹介します（図表１－５）。

これは、速水先生が、２００７年に各国の大学生を対象に、それぞれの国でのタイプ別の割合を調べた調査の結果です。

日本では、「萎縮型」に分類される割合が34・１％ともっとも高く、実に３人に１人を超えています。「萎縮型」がこれだけ多いのは、この調査の対象になった国では日本だけで、他国の割合を大きく引き離しています。このデータは、日本に「いい人だけど、自分に自信のない」（自己肯定感、他者軽視感ともに低い）学生がいかに多いかを如実に物語っていると言えます。

また、この調査の結果では、「仮想型」（自己肯定感が低く、他者軽視感が高い）学生も３人に１人の割合です。合わせると、「自己肯定感」の低い学生は、３人に２人となり、いかに他国の学生に比べて、日本の学生が「自信がない人」が多いかがわかります。

台湾人が日本人と同じように「自己肯定感」が低い人が多いことや、自己肯定感、他者軽視感ともに高い「全能型」が、北米人や韓国人に多いことなどもこのデータからわかります。この辺

図表1-5 大学生の4タイプの割合（国・地域別など）

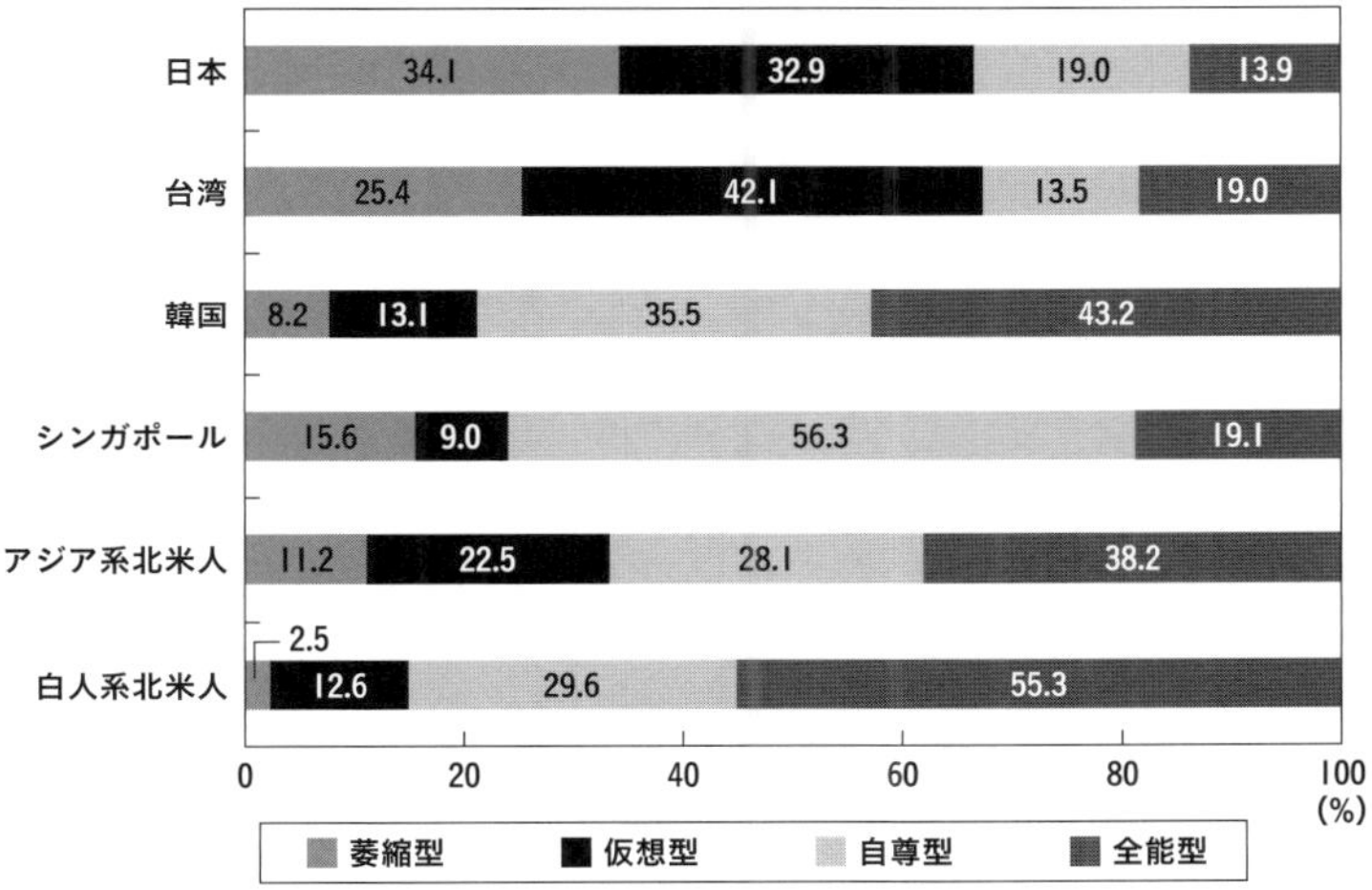

（出所）速水敏彦『仮想的有能感の心理学』北大路書房

は、何となく感じていた感覚と近いものがあるのではないかと私自身は思いますが、皆さんはどうでしょうか？

学生世代で、このように違っているのであれば、当然、社会人世代も日本人は自分に自信が持てない人が多いと考えるのが妥当です。

今や、国際社会の中で、日本企業が世界の企業と熾烈な競争を行っていますが、ライバルとなる欧米人や韓国人に対峙して、堂々と渡り合っていけるのか？　この調査の結果を見て、とても不安になった次第です。

調査結果では、日本の学生のうち「自尊型」はわずか19％しかいません。企業が採用したいと考えているのは、まさにこの「自尊型」人間です（あなたが採用担当者だったら、ジャイアンとしずかちゃんのどちらを採用したいと思いますか?)

「自尊型」の学生が少ないということは、ある意味、皆さんにとってもチャンスが大きいということができます。仮に今自分自身は「自尊型」でないとしても、意識して「自尊型」になるように努めること。これが、他の学生と少ない採用枠を競い合う就活では、極めて有効なのです。

「自尊型」になるためにすべきこと

企業の新卒採用基準として「人間性」と一言で片付けられてきた「自信」や「素直さ」「人に好かれる」といったことが、「自己肯定感」と「他者軽視感」の2軸で整理することにより、クリアになったのではないでしょうか。

先ほどの4つのタイプのうち、企業からもっとも敬遠されるのは「仮想型」のタイプの学生です。どの企業も他人を軽視し、人と協力してうまく仕事ができない人や、他律的動機づけの人とは、一緒に仕事をしたくないからです。

一方、企業から歓迎されるのは、「自尊型」の人材であることに、疑問を挟む余地はありません。

ではどうしたら健全な「自尊型」の人間になることができるのでしょうか?

先に紹介した速水先生は、「自尊型」の人間になるためには、まず、「自己肯定感」を高めることが大切であるとおっしゃっています。

そして、自己肯定感を高めるためには、集団で力を合わせて、何かに取り組むことが必要であり、また「緊密なコミュニケーション」のとれる環境の中に身を置くことが大切で、皆で意見をぶつけ合って喜んだり悲しんだりして、お互いの「熱き心」に触れ合うことが大切であるとおっしゃっています。

僭越ながら私もまったくそのとおりだと思います。

では、就活に取り組む皆さんは具体的に何をするべきなのか？「自尊型」になるための方法を紹介します。

まずは、「セルフマネジメント・サイクル」としての「PDCA」サイクルを回すことです（この「PDCA」サイクルに関しては、次章以降で詳しく紹介します）。

次に、自分の能力を開発するテーマを決めて、21日間継続的に取り組み、習慣化する。21日間という期間は、抵抗なく習慣化するための日数です。能力の開発テーマは、次章以降の「仕事力」「表現力」を参考にしてください。

最後に、日々の生活習慣の中で、「1対1」あるいは「1対2（相手）」での対話を重ねることです。相手は、身近なご家族や友人、先輩、後輩、アルバイト先の皆さん、大学の指導教授など、誰でも結構です。「話題」は、個人的なことや社会で起きていること、就活のことなど、何でも大丈夫です。とにかく、対話の機会を増やすことが大切です。

第2章

新卒採用基準②仕事力

「仕事」について考える

「仕事」とは何か

企業の採用選考の目標は、自社で仕事をして成果を上げられる人を選別して、入社につなげることです。

このような目標を持った企業に採用してもらうためには、「仕事とは何か？」また「仕事をするにはどんな能力が必要なのか？」ということを深く理解しておくことが重要です。本章では、まずそれを説明します。

『広辞苑』で「仕事」を調べると、「する事。しなくてはならない事」と書いてあります。しかし、そう言われても今ひとつピンときません。

そこで、私は自分が社会の中で実際に仕事をしてきた経験から、「仕事」をこう定義しています。

仕事とは、「目標を達成すること」および「目標達成を目指して行う思考と行動」。

会社に入ると、給与がもらえます。それによって、生活基盤を確立できます。ほとんどの日本

図表2-1　仕事の概念図

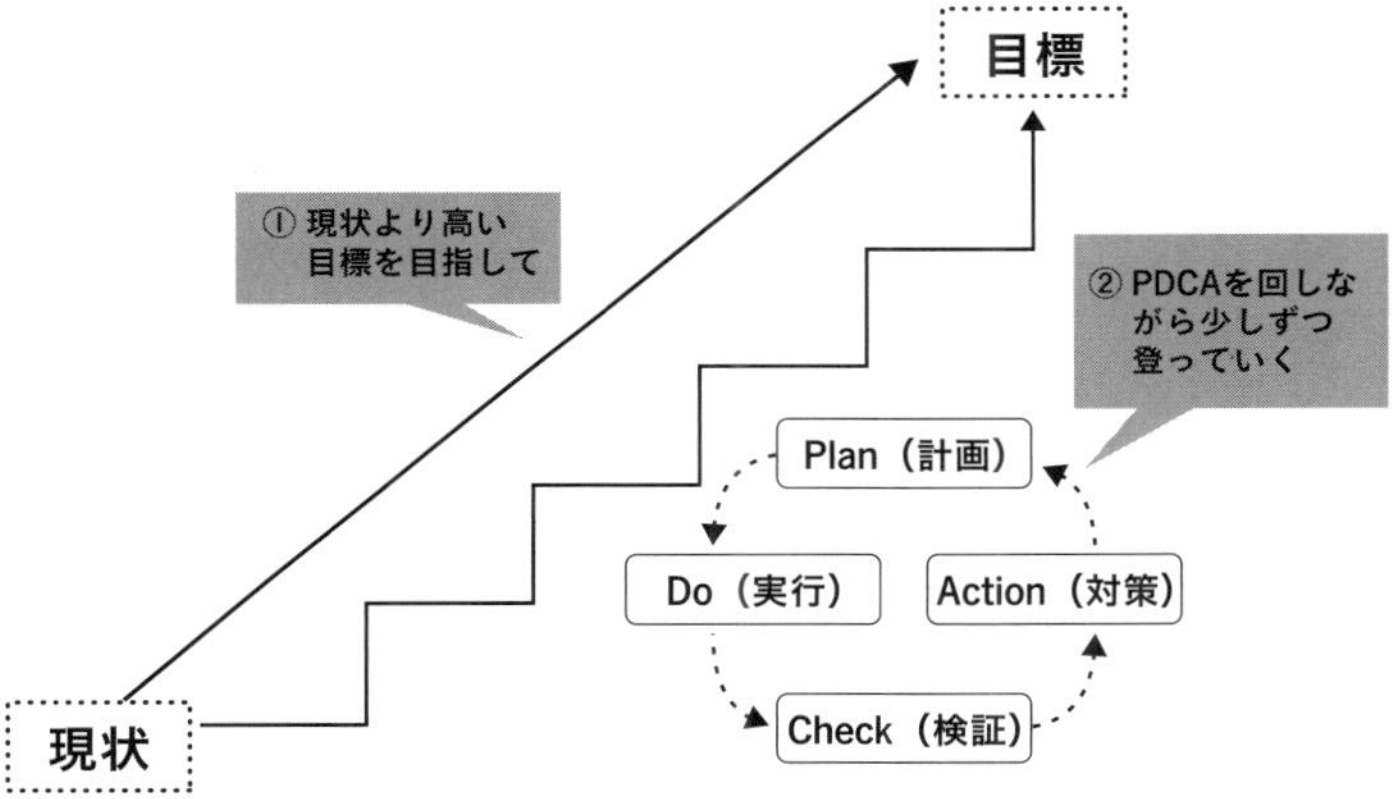

企業では同期で入社した社員の給与は同額でスタートしますが、数年すると差が出て、高い給与をもらえる人ともらえない人が出てきます。

給与の差は、「目標」を達成したかどうかによって決まります。目標には「定量」（数値化が可能）と「定性」（数値化が難しい質的なもの）がありますが、いずれにしても、会社に入って求められるのは「目標達成」なので、それに向かって行う思考と行動が「仕事」だということができます。

もう少しわかりやすくすると、図表2―1のようになります。

仕事とは目標達成を目指してＰｌａｎ（計画）、Ｄｏ（実行）、Ｃｈｅｃｋ（検証）、Ａｃｔｉｏｎ（対策）のサイクルを回すことです。

このＰＤＣＡサイクルについては、新入社員研修で教わり初めて知る人が多いのですが、実は学生時代から、すでにこのサイクルを回している人もいます。特に、理系学生が実験に取りかかる時期になると、指導教官から教えられることが多いようです。

具体的には、最初に実験目的と大まかな全体計画を作成し、次に最初に行う実験計画を立て（P）、実際に実験を行い（D）、その実験により予定していた結果が得られたかどうかを検証し（C）、うまくいかなかった場合にはその原因を考え対策を立て（A）、さらに次なる実験の計画を立て（P）……といった具合に進めていきます。

また、体育会の部活で、きちんとしたコーチの指導を受けている組織に所属している人も、PDCAサイクルを回し、効率的なトレーニングを行っています。大会や競技会で優れた実績をあげるためには、このサイクルを回すことが有効だからです。

たとえば半年後の大会で優勝するためには、3カ月後には○○ができる必要があり、それができるような練習計画を立て（P）、実際に練習し（D）、その成果が上がっているかを練習試合で検証し（C）、その結果を踏まえて改善策を立案し（A）、次の課題をクリアするための計画を立案し（P）……といった具合に活用するのです。

このようにPDCAサイクルは、企業のみならず、さまざまな分野で、目標達成や業務改善のツールとして使われている手法です。PDCAサイクルについて初めて知った方や、「名前は聞いたことがあるものの、自分の生活には取り入れてはいない」という方は、ぜひとも「今から実行」してほしいと思います。

私も就活コーチの受講生には、後で紹介する「ドラゴンノート」というノートを作り、PDC

ＡサイクルをⅠ回してもらっています。ＰＤＣＡサイクルを回す日々を送ることが、学生生活を充実させると同時に、就活に成功するためのもっとも重要な事柄の１つと言っても過言ではないからです。

仕事をする上で欠かせない「目標」と「目的」

「目標」とは何か

日本企業では、ほとんどの会社で「目標管理制度」が導入されています。従来、目標とは会社から与えられるものでしたが、現在は会社の要請を前提として、社員自らがどのような目標を掲げるか問われています。

図表2-2を見てください。

もともと会社の期待レベルがＢだったとすると、目標設定はＡが一番望ましいのは自明です。Ｂの目標を掲げる人は普通、Ｃならば困った人とみなされます。

図表2-2　目標は高いほうがいい

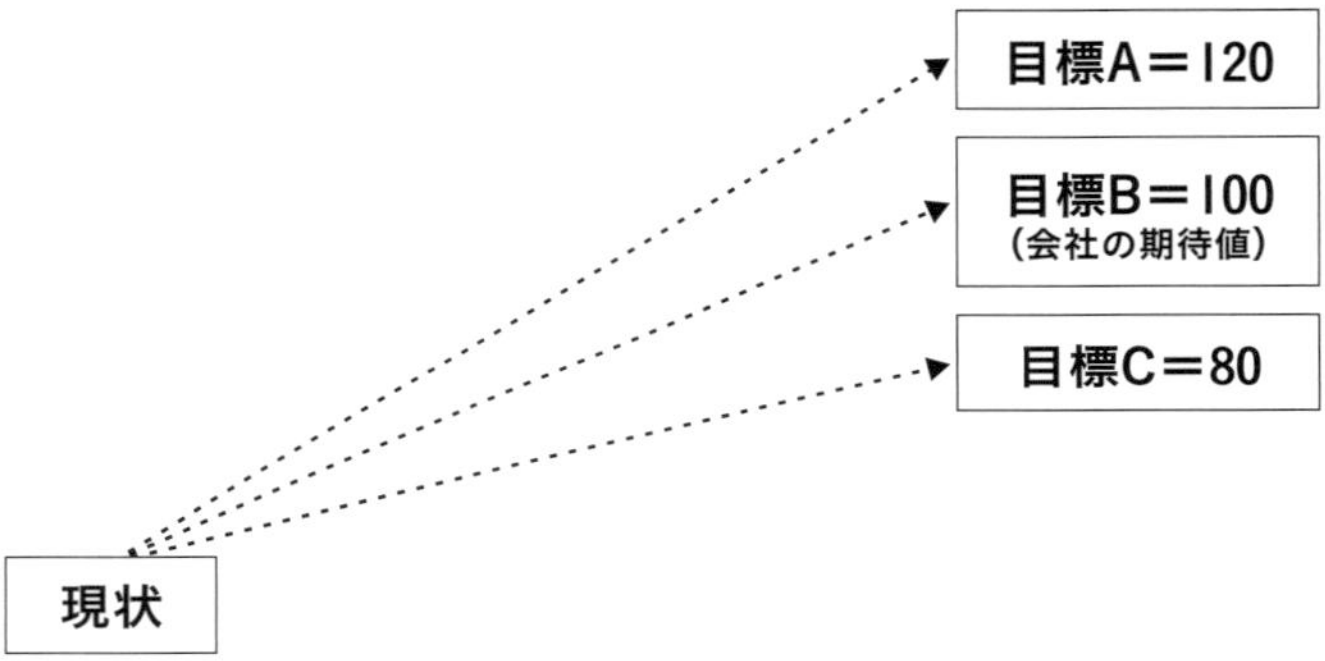

もちろん、会社の期待レベル以下の目標を設定することは、会社のしくみ的にはやりづらいものの、実際に働く社員の心の中では、「会社の目標はそれとして、まあ、自分はこのぐらいやればいいか」「もともと会社の目標を達成することなどこの環境下では難しいから、まあこのぐらいやっておけばいいか」「同期のやつらも、まあ、そこそこにやろうとしているだけだから」など、会社の期待レベルよりも低い目標を設定していることは、不思議なことでも、珍しいことでもありません。

会社の評価は基本的に、「目標の難易度」×「達成度」で下されます。たとえば、Aさん、Bさん、Cさんという3人の社員がいたとします。

その3人の目標難易度と達成度が以下のようだった場合、

・Aさん：目標の難易度＝120　達成度＝90％
・Bさん：目標の難易度＝100　達成度＝100％
・Cさん：目標の難易度＝ 80　達成度＝120％

図表2-3　面接では、高い目標を掲げた経験が問われる

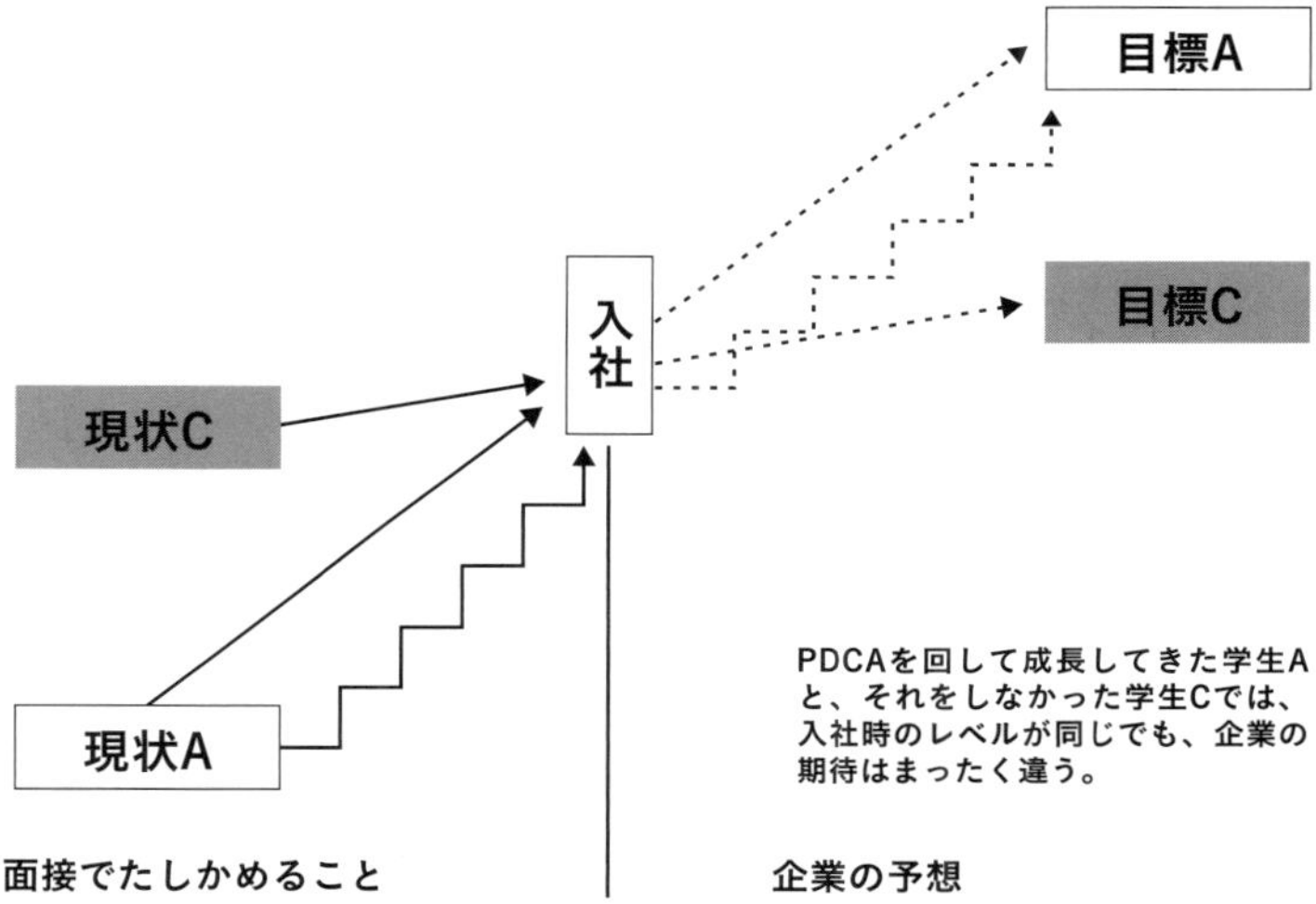
目標A
目標C
入社
現状C
現状A
PDCAを回して成長してきた学生Aと、それをしなかった学生Cでは、入社時のレベルが同じでも、企業の期待はまったく違う。
面接でたしかめること
企業の予想

会社の評価は、こうなります。

Aさん：目標の難易度１２０×達成度90%＝結果１０８

Bさん：目標の難易度１００×達成度１００%＝結果１００

Cさん：目標の難易度80×達成度１２０%＝結果96

Aさんは結果として目標を達成できなかったものの、目標を達成したBさんやCさんよりも会社からは高く評価されます。つまり、まずは「高い＝困難な目標」を自ら設定する人のほうを、会社は高く評価する傾向があるのです。

実は、採用面接の際、企業の面接官が候補者たちに、「学生時代に取り組んだこと」を詳しく聞く理由がここにあります。

図表2-3は、学生時代の取り組みと、企業に入社後の仕事への取り組みを簡単に表したものです。

学生時代に低い目標設定をしてきた学生は、会社に入ってからも同じように低い目標を設定しがちだと受け止められます。なぜなら、会社に入社したからといって人間は急には変わらないからです。そのため、学生時代に低い目標設定をしてきた人が入社しても、自ら高い目標を設定し、その目標達成に向かって努力することはないと、企業の人事部は考えるのです。

逆に、志を高く持ち、自らに高い目標を課して学生生活を送った人は、会社に入っても目標を高く設定し、その目標を達成するために物事を考えて行動するだろうと受け止められます。

そのため企業は、学生時代に高い目標を持って何かに取り組んだ経験を持つ人を採用し、低い目標設定しかしなかった学生や、そもそも目標達成に取り組んだ経験のない人を、採用したがらないのです。

というわけで、就職活動を有利に進めるために学生時代にやっておかなくてはいけないことは、自ら高い（困難な）目標を設定し、その達成に向かって努力することなのです。

「目標」と「目的」の関係

次に、「仕事とは何か」を考える上で「目標」と同様に大切なことを説明しておきましょう。それは、「目標」と「目的」の違いを明確に区別し、両方の達成を目指すことです。

図表2-4 目標と目的

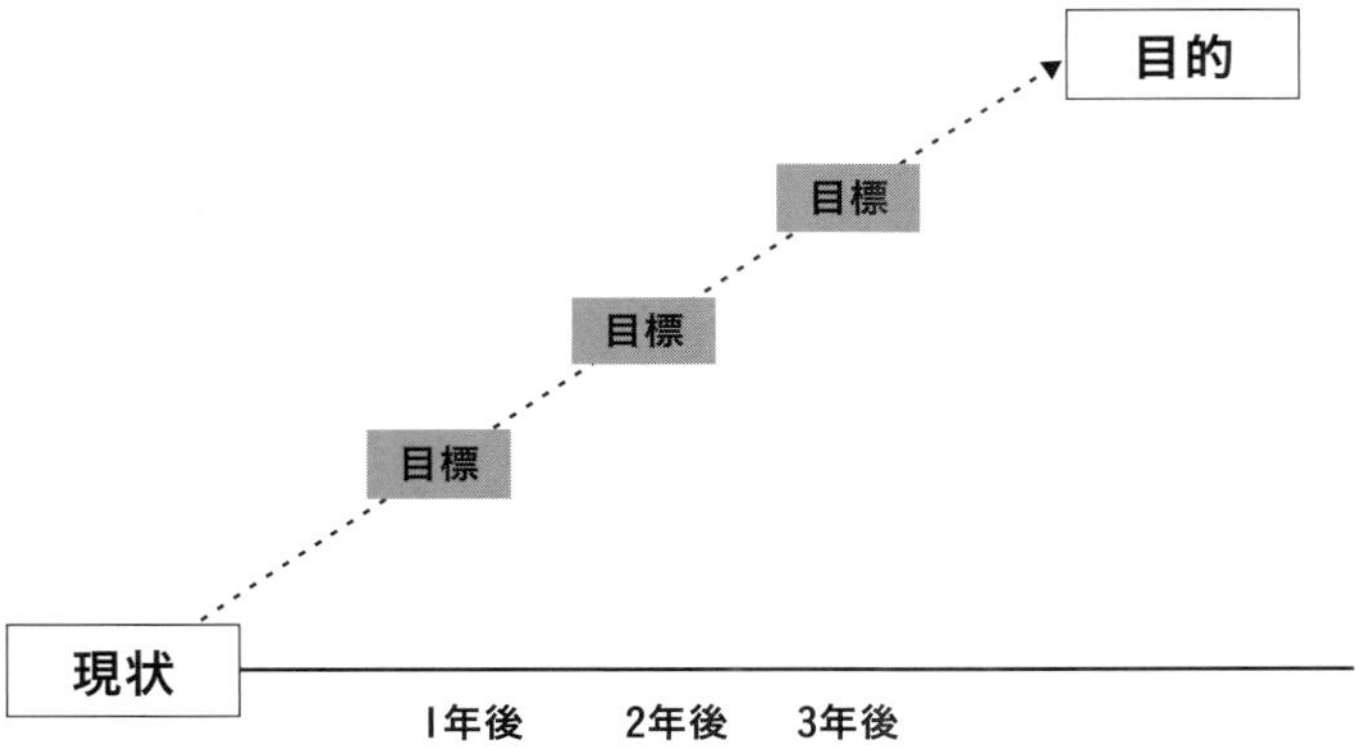

図表2-4を見てください。これは、目標と目的を図示したものです。

目標というのは、目指す「標」（しるし）と書きます。つまり「ある一定の期間において、達成できたか否かを明確にするもの」です。

会社の場合なら、1年に1度決算をしますから、目標は、1年間に上げた売上額と利益額です。上場企業の場合には、株主総会で株主に今期の達成率を報告するのと同時に、来期に目指す数字を発表しますが、これが目標です。

これをブレイクダウンして、会社の事業部または部や課に、同じように1年間の売上・利益目標が設定されるのです（部署によっては、定性目標のみの場合もあります）。

学生の場合なら、たとえば3年次にはいくつのAをとるとか、何かの大会やコンクールで入賞するとか、いずれにしても達成したのか否か、結果がはっきりするものが目標です。

一方、目的は、目指す「的」(まと)です。つまり「永遠に追い求めるもの」で、会社であれば、「企業理念」や「ミッション」がこれにあたります。個人で言えば、「幸せな家庭を築く」「人の役に立つ」「自己の成長」などが目的となり、就活に当てはめると、「志望理由」「座右の銘」などが目的になります。

明確な「目的」を持つと、モチベーションを高めることができます。人は、自分の今やっていることに「意義」や「意味」を見出すと、モチベーションが高まるからです。

たとえば私は企業研修で、こんな話をよくします。

道を歩いているとレンガを積んでいる老人に出会いました。

「おじいさん、何をしているんですか?」と尋ねると、おじいさんはこう言いました。「見ればわかるだろ。レンガを積んでいるんだ」

また、少し歩いていくと、また、レンガを積んでいる老人に出会いました。

「おじいさん、何をしているんですか?」と尋ねると、今度のおじいさんは、こう言いました。「教会を作っているんです。みんなが日曜日に集まって、神様にお祈りする場所をね」

最初に会ったおじいさんは、疲れた表情で、目がうつろでしたが、後から会ったおじいさんは、楽しそうに目を輝かせていました。

同じレンガを積むという行為をしているのにもかかわらず、この違いは、自分の行動の目的を意識しているかいないかの差です。つまり、人がイキイキと生きていくためには、「目的」を持つことが欠かせないのです。

「目標」と「目的」は車の両輪

人には「達成動機」がありますから、具体的な目標を達成するとガッツポーズが出ます。学生の皆さんも、大学受験で目指す大学の合格発表を目にしたときには、体中で喜びを味わった人が多いはずです。中には喜びのあまり飛び上がった人もいるでしょう。他にも、今までの生活の中で、試合に勝ったり、コンクールで入賞したら、飛び上がる程嬉しかったという経験をしたことがある人もいるでしょう。

一方、目的だけを追求している人は、目の前のことが疎かになりがちになるため、「目標達成」の喜びが味わえません。ガッツポーズが出ないのです。

逆に、目標だけを追いかけている人は、仕事に意義が見出せないため、仮に達成できたとしても、それはひと時の喜びでしかありません。達成できなかった場合には、くやしさや疲れが出てきます。

つまり、仕事をする上では、「目標」と「目的」の両方がセットになっていることが重要で、常に車の両輪のように意識することが大切なのです。

自転車は、ほとんどの人が乗れますが、一輪車になったらどうでしょうか？　不安定ですね。

仕事でも同じです。

仕事を考える上で「目的」と「目標」の両方を意識する大切さは、おわかりいただけましたでしょうか？

「仕事力」とは「社会人基礎力」こそ仕事力の根幹

ここからは、「目標を達成する力」＝「仕事力」について説明します。

企業の選考では、実際に目標を達成する能力があるかどうかが、一番に問われます。

たとえば、何かの大会で勝つためには、いくら勝ちたいと強く願っても、実力がなければ勝てません。また、何かのコンクールに入賞するには、技術がなければ、いくら誰よりその賞を欲しいという気持ちがあっても無理です。

仕事でも同じです。いくら気持ちでは「頑張ろう」と思っていても、能力が足りなければ、会社が期待するような結果を出すことはできません。

会社というところは、結果を出して初めて評価されるところなので、「能力」のない人材は不要なのです。


私は、独立してから数年間、リンクアンドモチベーション社で研修講師を務める傍ら、日本を代表する企業のアセスメント（能力評価）の仕事をしてきました。

アセスメントとは、集団討論や個人面接のほか、70ページほどあるケースを読み込んで、自分なりの見解をまとめさせ、個々の能力を評価する試験のことです。まるまる2日かかり、受講者、判定者、双方にとって大変ハードなプログラムです。

こうしたアセスメントは、もともとアメリカから導入されたもので、日本においても従業員数が数千人以上の大企業では実施している会社が多くあります。このように従業員が多い会社では、人事部が社員の能力を正しく判断するのが難しいため、客観的な評価を導入しているのです。

このように人間の能力を評価する仕事の経験を踏まえ、就活コーチを始めてからの1年間、私は、企業が学生の能力を評価するには、どんな項目を基準とするのがふさわしいのかを、模索し続けました。

何度も自分なりに評価基準を作り、周りの研修講師仲間にも相談するという日々を送り、ついに見つけたのが、経産省がまとめ上げた「社会人基礎力」という能力基準でした。

最初に見たときは、正直「簡単すぎる」と思いましたが、その内容を深く吟味するにつれ、「まさに、これがいい。いや、これでいい。深い」という想いに変わり、以来、「社会人基礎力」が私がコーチングを行う際の基準になりました。

先にも述べましたが、仕事をする力は、企業が候補者の合格・不合格を決める際の判定基準となる大事な力です。

では、どんな力が会社で仕事をする上で必要となるのか？　その問に対する答えを求めて、2

000年代初頭から先進国を中心に、「企業や社会で求められる力」は何かを研究しようという試みが始まりました。

そのような世界的な動きを受けて、日本でも2006年2月に、経産省が産学の有識者による委員会を設け、「職場や地域社会で多様な人々と仕事をしていくために必要な基礎的な力」としてまとめ上げたのが、「社会人基礎力」です。

この「社会人基礎力」がまとめ上げられた背景や、今後の方向性についてよく知る人は、ほんのひと握りしかいません。

企業が求める人材像を把握するために非常に重要なことだと思いますので、どのような考えで「社会人基礎力」が作られたのか、当時の経産省の企画官・林揚哲氏がまとめられた一文を、『社会人基礎力の手引き』（河合塾）より抜粋して紹介します。

私たちの社会を取り巻く環境は、今、大きな変化の波を受けています。

例えば、「企業を取り巻く環境」という目線で見ると、業務のＩＴ化や効率化、さらにはスピード化やグローバル化が急速に進んでいます。それに伴って、社会に出たばかりの若い人材に求められる仕事の質も高度化してきています。さまざまな考え方の人達の強みを持ち寄り、自分が主体性を持って物事を前に進めていく力が求められていると言えるでしょう。

また、「若者が育つ環境」という目線で見ると、携帯電話やインターネットなど、個人と個人をダイレクトに結ぶツールの普及、核家族化や地域コミュニティの変化などにより、「異なる価値観をフェイス・トゥ・フェイスでぶつけ合う機会」が減少してきていることが挙げられます。（中略）「社会人基礎力」の成長にはゴールはありません。日々意識しながら思考や行動を積み重ねていくことで成長し続けるものです。

社会で必要な力を分解する

結局、すべては「社会人基礎力」に帰する

ここからは、社会人基礎力を含めた「職場や地域で活躍する上で必要となる力」について考えてみます。

職場で活躍するために必要となる力の基本は、思いやり、公共心、倫理観といった「人間性、基本的な生活習慣」です。

もちろん読み書き、計算ほか基本的なＩＴスキルなどの「基礎学力」、また仕事に必要な「専門知識」も仕事をする上では不可欠です。

図表2-5 社会人基礎力の位置づけ

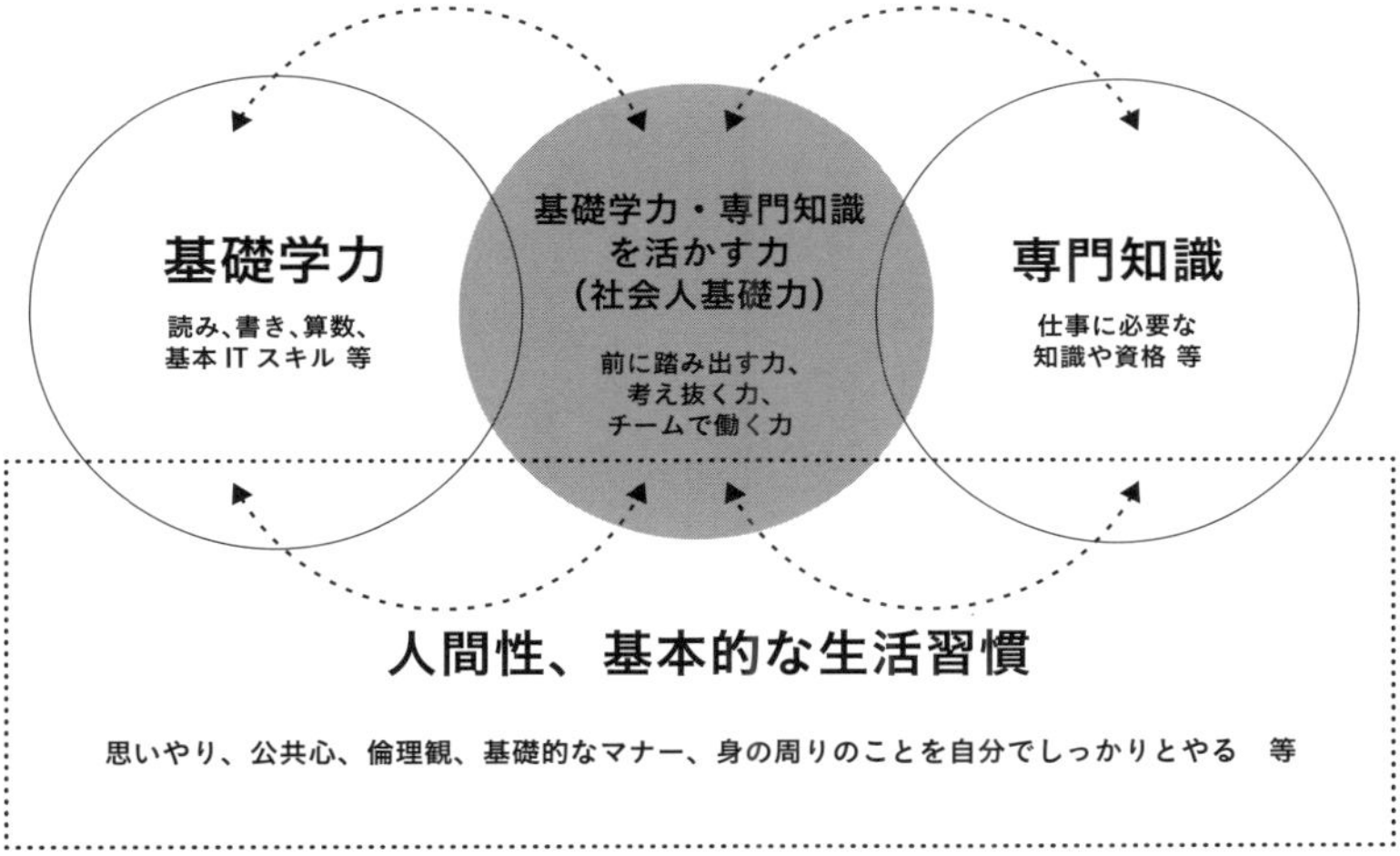

(出所) 経産省HP上の図を一部修正

それらに加えて、必要となるのが「社会人基礎力」です。しかも、「社会人基礎力」は今説明した、職場で活躍する上で必要となる力の中核なのです。

図表2-5を見てください。ベースにある「人間性、基本的な生活習慣」、社会人基礎力の左右にある「基礎学力」と「専門知識」の輪が「社会人基礎力」と重なる部分があり、かつ矢印でつながっていることに注目してください。

この図では「人間性、基本的な生活習慣」「基礎学力」「専門知識」は、「社会人基礎力」と相互に影響し合いながら、循環的に向上することが表現されています。

「社会人基礎力」の特徴の1つは、個人としての能力に加えて、「チームで働く力」が柱になっていることです。そのための前提として、人に迷惑をかけてはならないので、規律力が重要とされています。

規律力は「基本的な生活習慣」と切っても切れない関係です。また、人とうまくコミュニケートする力の向上は、自分自身の価値観やあり方を問うことにつながり、それは人間性の向上を意味します。

チームで働く上では基本的なＩＴスキルが欠けると支障が生じますから、自分自身のＩＴスキルを向上させようとする意欲にもつながります。

このように「社会人基礎力」は、職場で仕事をする上で欠かすことのできない、中核の力と位置づけられるのです。

ところで、新卒の採用選考では「専門知識」の有無については、修士卒までは、限定的な専門職として応募しないかぎり問われません。

たとえ研究開発職に応募したとしても、研究開発の深さや能力が問われるだけで、専門知識が問われているわけではありません。

日本企業は、「専門知識」は企業へ入社した後に養っていけばいいと考えており、また、専門知識を重視した採用は、中途採用者に期待しているからです。

したがって、新卒生の採用選考時に問われるのは、ベースとしての「人間性」(主として心の領域)と、基礎学力と社会人基礎力です。

基礎学力はＳＰＩを中心とした各種テストで判定されますから、面接時に問われるのは「人間性」と「社会人基礎力」ということになります。そして、人間性も「チームで働く力」とは深い関係があります。なぜなら、人は人によって触発され磨かれるからです。

このように考えると結局のところ、仕事をする力は「社会人基礎力」であるという結論に達するのです。

なぜ「リーダーシップ」は「仕事力」の構成要素ではないか

それでは、「社会人基礎力」とは具体的にどういうことなのでしょうか?

図表2-6を見てください。「社会人基礎力」は、「前に踏み出す力」「考え抜く力」「チームで働く力」の3つの能力に分けられます。また、それぞれの「力」を発揮するために必要な能力要素が、合計12挙げられています。

図表2-6で確認していただくと、皆さんが大切だとお感じの「リーダーシップ」が入っていないことにお気づきになられると思います。

一体どうしてでしょう?

結論から言えば、リーダーシップは「社会人基礎力」に挙げられている能力要素すべてを持ち合わせて、初めて発揮される能力だからです。

リーダーは、目標を指し示したり、率先垂範の行動と的確な判断を下す人であり、多くの人を巻き込める人です。方向を示すには、課題を発見し、新しいものを生み出す力(創造力)が必要

図表2-6　社会人基礎力＝3つの能力と12の能力要素

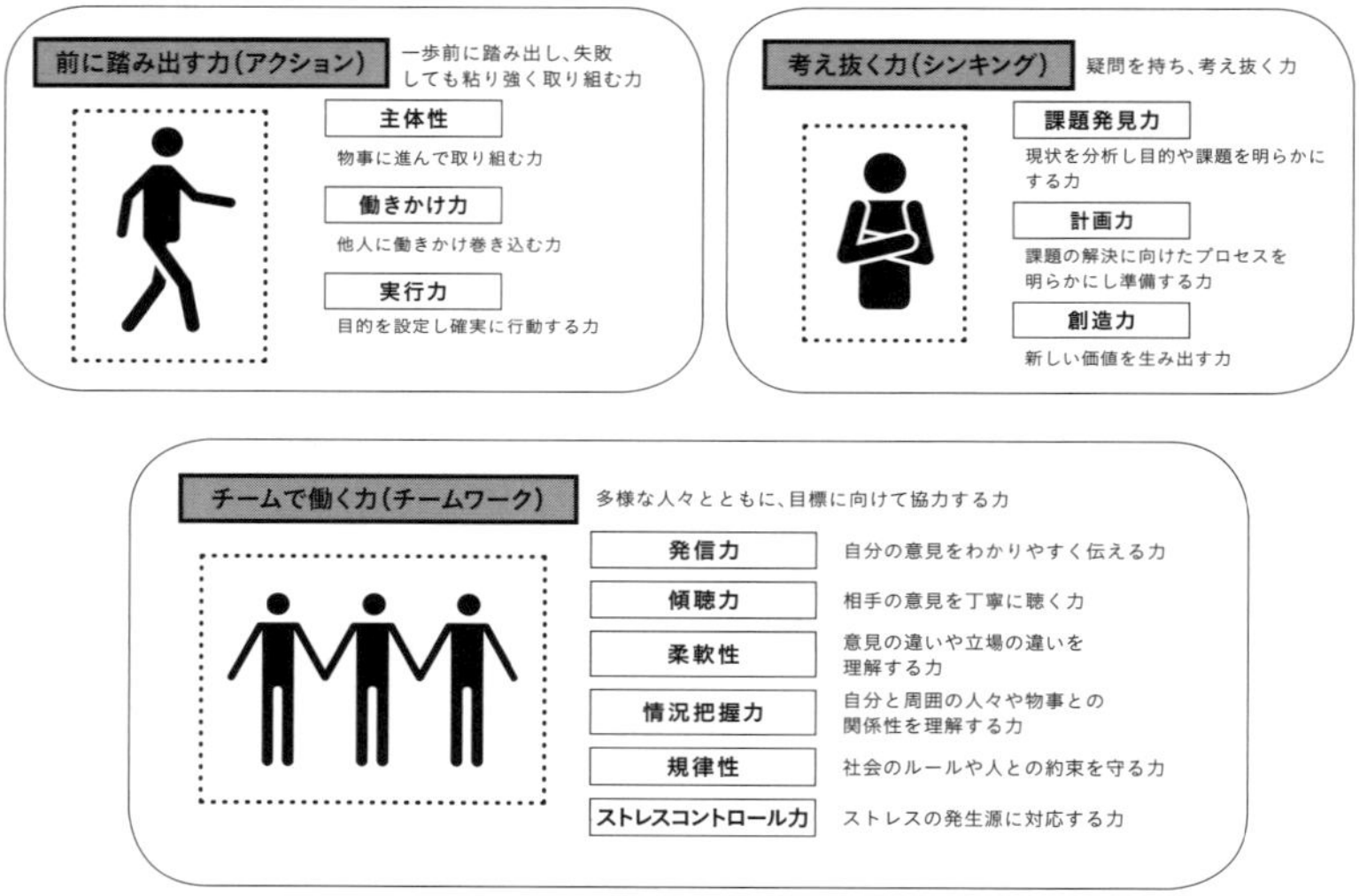

（出所）経産省HP上の図を一部修正

です。また計画的方向付けも必要です。率先垂範行動のためには、主体性、実行力、規律性、ストレスコントロール力がなければなりません。的確な判断を下すには、柔軟性や情況把握力が必要です。多くの人を巻き込むためには、働きかけ力や、発信力、傾聴力が問われます。能力のベースにある「豊かな人間性」を持ち合わせていることも大切です。

つまり、リーダーは、社会人基礎力の12の能力要素すべてを持ち合わせている人なのです。逆に言えば、優れたリーダーになりたい人は、このすべての能力基準をもとに、各々の水準（レベル）を向上させることが必要なのです。

「社会人基礎力」完全理解

「社会人基礎力の3つの能力と12の能力要素」は、どれ1つとして疎かにはできない能力基準です。そこで、各基準の「意味する内容」「発揮できた例」「よくある誤解」の3点についてもともと定義された概念をベースに、コンピテンシーを意識した私なりの解釈や考えを紹介していこうと思います。

前に踏み出す力（アクション）＝一歩前に踏み出し、失敗しても粘り強く取り組む力

「意欲・やる気」といった個人の内的レベルから、実際の目標達成など効果が目に見えて表われるレベルまで、いわば能動的行動に関する領域をつかさどる力です（図表2-7）。

主体性＝物事に進んで取り組む力

自らの行動は自分で考えて行う。これが主体性の文字通りの意味です。さらに主体性は、自立性から積極性、さらに自己理解・管理・評価能力までをカバーする非常に幅広い領域の力です。また、主体性は、自ら目標を設定し、その目標を達成するために必要な思考を働かせ、行動し、自らを管理・制御する能力まで含みます。

図表2-7　前に踏み出す力

前に踏み出す力（アクション）
一歩前に踏み出し、失敗しても粘り強く取り組む力

主体性
物事に進んで取り組む力

働きかけ力
他人に働きかけ巻き込む力

実行力
目的を設定し確実に行動する力

発揮できた例

・学生生活の中で難易度の高い目標を設定して、ＰＤＣＡサイクルを自主的に回した
・就職活動においても、ＰＤＣＡサイクルを自主的に回している
・自らの「能力開発テーマ」を設定し、ＰＤＣＡサイクルを自主的に回している

よくある誤解

・授業では、わからないことを積極的に教授に質問した。自分でわからないところを調べた
・サークルでは、積極的にさまざまなイベントに参加した

ここで挙げた例は、「積極的に進んで物事を行おうとする性質」によるところが大きいものですが、それだけでは十分ではありません。

主体性とは、「目的」「課題」「難易度」を意識し、「目標を自ら設定し、ＰＤＣＡサイクルを自主的に回す」ことで発揮される能力であると捉えてください。ＰＤＣＡサイクルを自主的に回すことが、自ら計画、行動し、管理、制御することそのものだからです。

働きかけ力＝他人に働きかけ巻き込む力

他人に何かを頼んだり、勧誘すること、また、リーダーシップを発揮することや交渉したり、協力・提携をもちかけることです。働きかけの対象は、個人・チームの両方にわたり、働きかけの場面も組織内・組織外の両方のケースが含まれます。

発揮できた例

- 会議やミーティングの席上、周囲のメンバーに同意や協力を取り付けた
- 1対1、あるいは、1対2（相手）の席上、自分の考えを伝え、同意や協力を取り付けた
- チームや集団の中で、自分のビジョンや方向性を語り、同意や協力を取り付けた

よくある誤解

- 組織の代表としてチームや組織をまとめ上げた
- 渉外係として、他のチームと協力した

これらは、一見すると働きかけ力を発揮した事例として捉えられがちですが、代表や渉外係という役職に就くことと、「働きかけ力」とはまったく別ものです。

働きかけ力とは、実際に働きかけを行う「行為」そのものだからです。また、フォロワー・リーダーシップという言葉があるとおり、リーダーとしての立場や役職を持っていなくても、リーダーシップや働きかけ力を発揮することは可能です。

実行力＝目的を設定し確実に行動する力

実行力とは、設定した目的や目標を着実に行うことです。この実行力で大切なことは、「粘り強さ」です。粘り強さには、能力に加えて、「必ず実現しよう」という意志も含まれていることが大切なポイントです。さらに、自分の思考や感情、行動を制御する「自己マネジメント力」も内包されています。前出のＰＤＣＡサイクルのＤｏを行うことが、実行力です。

発揮できた例

・目標を達成するまで、困難な局面に遭遇しても諦めずに取り組み続けて、成果を上げた
・スピード感を持って物事に取り組み、成果を上げた
・常に進捗状況を確認し、ミスや問題の発生を解決した

よくある誤解

・9年間野球をやっている
・7種類のアルバイトを掛け持ちしている

何か1つのことを継続的に取り組んだということは、「継続力」ですから、実行力とは異なる概念です。また、多くのことを行うことと、実行力とも別ものです。

実行力は、「成果」と切っても切れないものです。したがって、実行力を能力として捉えるためには、具体的な「成果」は何であったかを考えるとわかりやすくなります。

考え抜く力（シンキング）＝疑問を持ち、考え抜く力

「人間は考える葦である」と言われるように、考える力は誰もが持っている力です。社会や企業が環境に適応し前に進むためには、多くの問題を解決しなければなりませんが、その問題には多くの複雑な要因が絡み合っています。ちょっと考えた程度では解決の糸口が見えません。考え抜く力（図表2-8）が特に必要とされているゆえんがここにあります。

課題発見力＝現状を分析し目的や課題を明らかにする力

問題解決プロセスは、どのような問題でも、現状を理解、分析して、その中から問題点を発見

図表2-8　考え抜く力

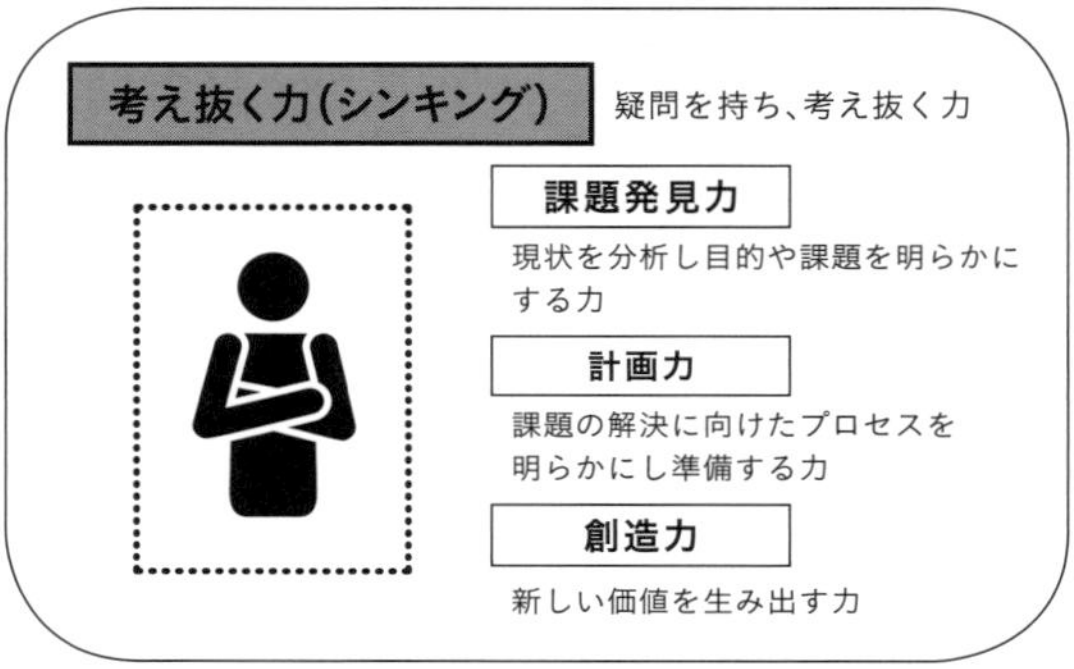

し、その問題を生じさせている課題を検討します。また、目標と現状との乖離を検討し、解決策を立案するという過程をたどります。それゆえ、問題解決の成否は、問題の理解の方法によって決まると言っても過言ではありません。それを発見、もしくは仮説立てする力が、課題発見力です。

発揮できた例

- 現状を正しく認識するための情報収集や分析をして、資料をまとめ上げた
- 現状を形成している要因を複数の要素を検討して、ロジックツリーを作成した
- 現状を分析して、その中から仮説立てを行い、実際の行動へと結びつけた

よくある誤解

・アルバイトの中で、目にとまった問題点を指摘した
・サークル活動の中で、問題となっていることを皆と共有した

問題発見力は、課題発見力と誤解されがちですが、大切なことは、現実に起きている問題と原因となっている真の理由（課題）との違いとを、分けて考えることです。

たとえば、居酒屋でアルバイトをしている際に、売上が落ち始めたとしましょう。他店が近くにオープンしたことが原因として思い浮かぶかもしれません。しかし本当の課題は、近くに他店がオープンしたことではなく、ライバル店に比べて当店に魅力がないことです。また、アルバイト間の仲が悪いために、人がすぐに辞めることや、アルバイトの時給が他店に比べて低く人が定着しないことなどが、売上が落ちている真の理由かもしれません。このように現状で起きている問題の、真の原因を突き止める力が課題発見力なのです。

計画力＝課題の解決に向けたプロセスを明らかにし準備する力

課題が理解され解決の方向が見えているとき、そして実際に課題解決や目標達成に向けて行動を起こすときに必要となるのが「計画力」です。

これは、目標をブレイクダウンして、実行する際の優先順位をつけたり、実行のためにやるべきことや手順を明確化する段取りの能力とも言えます。また、あらかじめ、何が起きるかを想定

して、その対処法を考えることも計画力に含まれます。

発揮できた例

・行動や作業のプロセスを明らかにして優先順位をつけ、実現性の高い計画を立案した
・あらかじめ不測の状況を想定して、複数の計画を検討し立案した
・常に計画と進捗状況の違いに留意し、状況によって柔軟に計画を修正した

よくある誤解

・行き当たりばったりの性格だから、計画を立てなくても何とかしてきた
・計画を立てると自分を追い込むことになるので、計画は立てないようにしている

「計画力」のなさを自分の「性格」のせいにする人や、計画を立てることが達成感につながることをよく理解していない人がいます。

計画力は性格と切り離して、「能力」として捉えてください。また、計画を立てることと、自分を制約したり追い込むこととは、別ものであることも理解しましょう。

創造力＝新しい価値を生み出す力

創造力とは、ゼロから何かを作り出すことと捉えられがちですが、実はゼロから何かを作り出

すというよりも、既存のものを組み合わせたり、変更・修正して新たなものを作り出す力のことを指しています。

日本社会は欧米のまねをして成長してきたと言われた時代がありましたが、まねをもとに新たな価値を作り出すことも重要な創造力です。

発揮できた例

・複数のもの（もの、考え方、技術）を組み合わせて、新しいものを作り出した
・従来の常識や発想を転換し、新しいものや解決策を作り出した
・成功イメージを常に持ちながら、新しいものを生み出すヒントを探した

よくある誤解

・小さい頃から、創造力が欠けている
・新しいことを発想することが苦手だ

創造力は天賦の力と誤解している人が多いようですが、そんなことはありません。新しいものを作り出すには、たとえば既存のものを「転用」「応用」「変更」「拡大」「縮小」「代用」「置換」「逆転」「結合」することでも可能ですので、創造力は意識的に高めることができるのです。

また、創造力を発揮する場面は、何か特別な場面と勘違いしている人も多く見られますが、想

像力は日常のさまざまな場面で発揮できる能力です。

チームで働く力（チームワーク）＝多様な人々とともに、目標に向けて協力する力

集団の中で、その集団をよりよいチームに作り上げていくための力です（図表2-9）。広い意味では、よりよい人間関係を構築していくための力も含まれます。これは、社会的動物と言われる人間の基本条件です。

この中の能力要素の中には、もともと備わっていなくても比較的短時間で習得できる能力もあれば、そもそもそれぞれの人に備わっている、いわば資質に近い要素で、短時間では変わりにくい能力もあります。

発信力＝自分の意見をわかりやすく伝える力

スキル的側面が強い能力です。チームで働く場合に問われる力として、聞き手の意向を汲み取りながら、自分の意見や意思を説得力を持って伝えることができる能力です。また、発信力には、チームをスムーズに運営するために必要な、報告・連絡・相談（ホウ・レン・ソウ）を自ら積極的に行うことも含まれます。

図表2-9 チームで働く力

チームで働く力（チームワーク）	多様な人々とともに、目標に向けて協力する力
発信力	自分の意見をわかりやすく伝える力
傾聴力	相手の意見を丁寧に聴く力
柔軟性	意見の違いや立場の違いを理解する力
情況把握力	自分と周囲の人々や物事との関係性を理解する力
規律性	社会のルールや人との約束を守る力
ストレスコントロール力	ストレスの発生源に対応する力

発揮できた例

・3つのV（詳しくは「表現力」参照）を意識して発信し、相手に受け入れられた
・聞き手がどのような情報を求めているかを理解して伝え、相手に受け入れられた
・Verbalの4つの技法（詳しくは「表現力」）を使って相手に伝え、受け入れられた

よくある誤解

・しゃべることが好きで、よく人とおしゃべりするので、発信力には自信がある
・しゃべることそのものが苦手だから、発信力がない

「発言頻度」と発信力とを混同している人を非常にたくさん見かけますが、たくさんしゃべることと発信力は必ずしもイコールではありません。寡黙な人でも発言が的を射ていたり、説得力のある発言をされるのであれば、その人の発信力は高いと考えていいでしょう。

発信力を高めるためには、「伝える≠伝わる」を理解することが大切です。伝えたつもりの内容が、受け手にはそのとおりに伝わっていないことを意識していない人は非常にたくさんいます。

また、発信力を発信する内容（中身）のみだと捉えることは、間違いです。発信力は、言語的だけでなく、非言語的な要素も含んだ能力です。

比較的短期間に向上させることが可能なスキルであるにもかかわらず、苦手意識を持っている人が多いのがこの力です。

傾聴力＝相手の意見を丁寧に聴く力

コミュニケーション力のベースがこの傾聴力です。相手としっかりコミュニケーションをとるためには、発信する前に、まず相手の気持ちや論旨をきちんと理解する必要があるからです。

また、チームの中で働く能力としての傾聴力は、相手からその人が言いたいことを引き出したり、相手の言いたいことを整理し、その人やチームの力になれるかどうかも含まれます。他者軽視の傾向が高い人は、この力を十分に発揮しづらい傾向にあります。

発揮できた例

・質問のスキル（詳しくは「就活スキル」参照）を駆使して、質問した

・あいづちやうなずきにより、相手が話しやすい状況や雰囲気を作った

・相手の話を掘り下げて聴くことにより、相手に気づいてもらうことができた

よくある誤解

・人の話を聞いてばかりいるから、傾聴力は高いほうだ
・人に話すよりは、聞くほうが好きだ

傾聴力を「頻度」や「指向」で捉えている人が多いのですが、それは誤解です。また、発信力が低いと認識している人は、自分は傾聴力が高いと思っている傾向が見られますが、それも誤解です。傾聴には、積極的傾聴と受動的傾聴があり、ただ聞いているだけの受動的傾聴をしているだけの人は、決して傾聴力が高いとは言えません。

傾聴力は、人を動かす力につながる能力であり、発信力と同じように意識して訓練することにより、短期間で一定水準まで向上させられる力であることを覚えておきましょう。

柔軟性＝意見の違いや立場の違いを理解する力

人と人が共働、協力する際に問われる力です。チームプレーの場合には、自分が思ったとおり前に進むことはむしろまれなことです。価値観や方向性、事実や物事に対する解釈の異なった人の意見を尊重し受け入れ、適切な対応をとれる力が柔軟性です。また、予期せぬ出来事や状況への対応力もこの柔軟性に含まれます。

発揮できた例

・自分の意見を持ちながらも、他人のよい意見を共感を持って受け入れた
・立場、価値観の異なる相手の背景や事情を理解し、適切な対応をとった
・状況や環境の変化に応じて、適切な対応をした

よくある誤解

・チームや組織の方向性に、自分を合わせることができる
・頑固だから、柔軟性に欠けている

もともと自分の意見や方向性がないのに、相手の意見やチームの方向性に従っているだけで柔軟性があると思っている人が少なくありません。柔軟性は傾聴力と同じで極めて積極的な概念なので、人に従っているだけでは柔軟性が高いとは言えないのです。

また、「自分は頑固だから、柔軟性に乏しい」と勘違いしている人も多く見られます。「頑固さ」はあくまでも性格的な特性で、「柔軟性」は「能力」です。そのため「頑固さ」と「柔軟性」は両立します。

状況把握力=自分と周囲の人々や物事との関係性を理解する力

情況把握力は、非言語コミュニケーションの領域の能力で、人間関係の中で、周りの情況を読み取り、対応していく力です。人は言葉だけでコミュニケートしているわけではありません。言葉には表現されなくても、そのときの情況を察知して、期待されている自分の役割を正しく理解したり、情況をよりよいものに変えていく力がこの能力に含まれます。

チームスポーツの中で、相手の情況を瞬時に読み取り適切な対応をとるなども、この力です。

発揮できた例

・期待されている役割を果たすだけでなく、チームが成果を上げる情況を作り出した
・自分がすること、人に任せることを的確に判断し、シナジー効果を発揮した
・周囲の人の情況（人間関係・忙しさなど）に配慮して行動した

よくある誤解

・周りの空気を読むことが得意だ
・ミーティングの席上では、客観的に人の意見を聞くようにしている

「空気を読む」ことを情況把握力だと勘違いしている人が少なくありません。空気を読めることも大切なことですが、それは、いわば「観察力」の一環です。

情況把握力とは、あくまでも観察した結果、その対応策として「的確な行動」をとることで

す。

また、チームの中で「客観的に人の話を聞いていること」を情況把握力だと勘違いしている人も少なくありませんが、情況把握力はチームの成果に積極的にコミットする力です。

規律性＝社会のルールや人との約束を守る力

規律性は、能力というよりむしろ人間性や生活習慣に近いものですが、チームワーク力の基礎となるものですから、あえて社会人基礎力の１つの能力要素として掲げたものです。

「ルールや約束、規律を理解し、守ることができる」だけではなく、チームの中で、ルールが曖昧なときにでもチームを正しい方向にリードできる力も含まれます。

発揮できた事例

- 相手に迷惑をかけたり、相手に不快な気持ちを抱かせていない
- 相手に迷惑をかけたとき、心から謝罪し、適切な対応や行動をとった
- ルールが曖昧なときにでも、チームが正しい方向に向かうように促した

よくある誤解

・マナーを重視した行動を心がけている

・自分は人との約束を守っている

よくある誤解は、マナーと規律性とを混同することです。特に就活では、服装やマナー、礼儀に対して関心が高いようですが、これらは入社後に教えられますし、規律性とは概念を異にするものです。

また、自分はルールや約束を守っているため、ルールや約束を守らないメンバーに対して、冷ややかな視線を投げかけたり、心の中では軽蔑する人も少なくありません。そうした、「自分がルールを守ってさえいればいい」という心がけだけでは、規律性が高いとは決して言えないと考えてください。

ストレスコントロール力＝ストレスの発生源に対応する力

ストレスをコントロールする方法は、直接原因に働きかけたり、原因を取り除いたり、建設的な解決策を考え出したりする積極的な方法と、別のことに気持ちを向けてストレスを発散する一時的で消極的な方法、また、前向きに考えることや楽観的に捉えることで思考を切り替えるなど、いろいろな方法があります。

これらは、どれがいいということではなく、複数のコントロール方法を身につけ、その時々でストレスにうまく対処することが必要です。

発揮できた例

・ストレスの原因を見つけて、自力、または他人の力を借りて取り除いた
・他人に相談したり、別のことに取り組んだりしてストレスを一時的に緩和した
・ストレスを感じることは当然のことと考え、重く受け止めすぎないようにした

よくある誤解

・ストレスの発散は得意だ
・ストレスがかからないような生活をしている

「ストレスは発散するものだ」としか捉えていない人が多いようですが、ストレスへの対処法はそれだけにとどまりません。

もちろんストレスを発散することも、メンタルヘルスを保つ大切な1つです。ただし、ここでいう「ストレスコントロール」とは、ストレスの発生源に働きかけてストレスの原因を積極的に取り除くことや、ストレスに対する自分の解釈を変えることにより、ストレスをコントロールすること（コーピング）も含まれています。

ストレスがかからない生活を送ることは、学生時代ならば可能ですが、ビジネスの現場では難

しいものです。そのため、積極的にストレスをコントロールする力を早くから身につけることが大切です。

以上のように、「社会人基礎力」は、「経産省」が作成した1枚の全体図だけではわからない、奥の深いものです。またこの力は、ここで私が紹介した内容にとどまるものでもありません。まさに「日々成長し続ける」内容なのです。

そうした視点に立って、この12の能力要素と向き合い、自分の能力を高めてほしいものです。

大企業に取り入れられる「社会人基礎力」

育成に活用する

次に、「仕事力」に関して、経産省が発表して以来、学生を採用する企業が「社会人基礎力」をどのように受け止め、実際の採用現場でどのように活用しているのかをご紹介します。

社会人基礎力は、２００６年2月にその概念が発表された後、多くの企業や大学の先生、学生を巻き込んで大きな広がりを見せています。

その一例として、この能力の取得を促進するための「社会人基礎力育成グランプリ」というイベントが毎年開催されています。このイベントは、富士通、Ｈｏｎｄａ、資生堂など、日本を代表する企業の協賛・後援実績があり、これら一流企業が学生の「社会人基礎力」向上に期待を抱いていることが推察されます。

中でも富士通は、採用選考の段階から社会人基礎力を活用していることを公言しています。また、入社までの期間に社会人基礎力を養う「ＡＴＴチャレンジ」というプログラムを作り、同社に内定した学生に導入しています。

ＡＴＴとは、社会人基礎力の３大能力である「前に踏み出す力（Action）」「考え抜く力（Thinking）」「チームで働く力（Teamwork）」の英語の頭文字をとった略称で、社会人基礎力の英略語として用いられる言葉です。

同社は、周知のように16万人を有する日本最大のＩＴ・コンピュータ・通信企業です。このような日本を代表する企業が、採用選考の段階から社会人基礎力をなぜ重視しているのかを知っておくことは、学生の皆さんにとって、「企業の新卒採用基準」を理解する大きな手がかりになることでしょう。

そこで、私は同社人材採用センターの梅津未央氏に取材を行い、お話を伺ってきました。同社の採用ホームページ上で公開されている内容と共に、以下で紹介します。

まず、同社の採用ＨＰ「RECRUITING SITE F-Square」に掲載されている文章から抜粋して紹介します。

> 成果を出すためには「行動すること」が必要です。行動にはさまざまな種類が存在します。ビジネスの世界では、自ら動きだし、考え抜き、周りを巻き込みながら行動することで初めて成果が生まれます。その富士通の考えと合致した行動の指標が、経済産業省が提唱している社会人基礎力です。（中略）ポイントは、単に行動をとればよいということではなく、行動を継続し成長させているかどうか、ということです。行動の質を上げることで成果の質が高まり、さらに継続した成果の創出（再現性）につながります。そして行動を継続し、成長するための効果的な考え方がＰＤＣＡサイクルです。

ここに書かれている内容は、本書でこれまで私が皆さんに伝えようとしてきたことが凝縮されています。

富士通の採用ＨＰには、社会人基礎力の３つの能力と12の能力要素が紹介されています。しかし、同社の採用選考での「社会人基礎力」の活用場面は、それだけにはとどまりません。

実際に応募する段階になると「社会人基礎力セルフチェック」表にて自分の社会人基礎力の現状を１～９の水準でチェックできるしくみまで作られているのです。しかも、自分がどの水準に当てはまるかどうかを、日頃の行動レベルに照らし合わせてチェックできるようになっています。

そのため、具体的でわかりやすく、現在の自分の水準を測定し、強み・弱みを考え、強みを伸ばし、弱みを改善するのにとても役立つ内容になっています。

大企業内定者の取り組み

次に、インタビューで伺った内容について紹介します。

同社が内定者を対象に、「ＡＴＴチャレンジ」プログラムを開始したのは２００８年からで、現在でも継続されています。

同社に内定した学生は、入社までの期間において、まず、自らが取り組むべきテーマを設定します。それは、たとえば「文化祭実行委員として文化祭を成功させる」「英語力を強化して、海外の人と英語で簡単にコミュニケーションがとれるようになる」「国際学会で英語で論文を発表する」などさまざまです。

選ぶテーマは、チームの一員としての活動でも、個人で行う活動でもどちらでもＯＫとされています。ただし、「やらされている」「やらなければならない」ものではなく、自分自身が「やりたい」と思うテーマにすることを重要視しています。

その後、決定した活動テーマを「構造分解」します。イメージがわきやすいように一例をご紹介します（図表2-10）。

図表2-10　構造分解の例

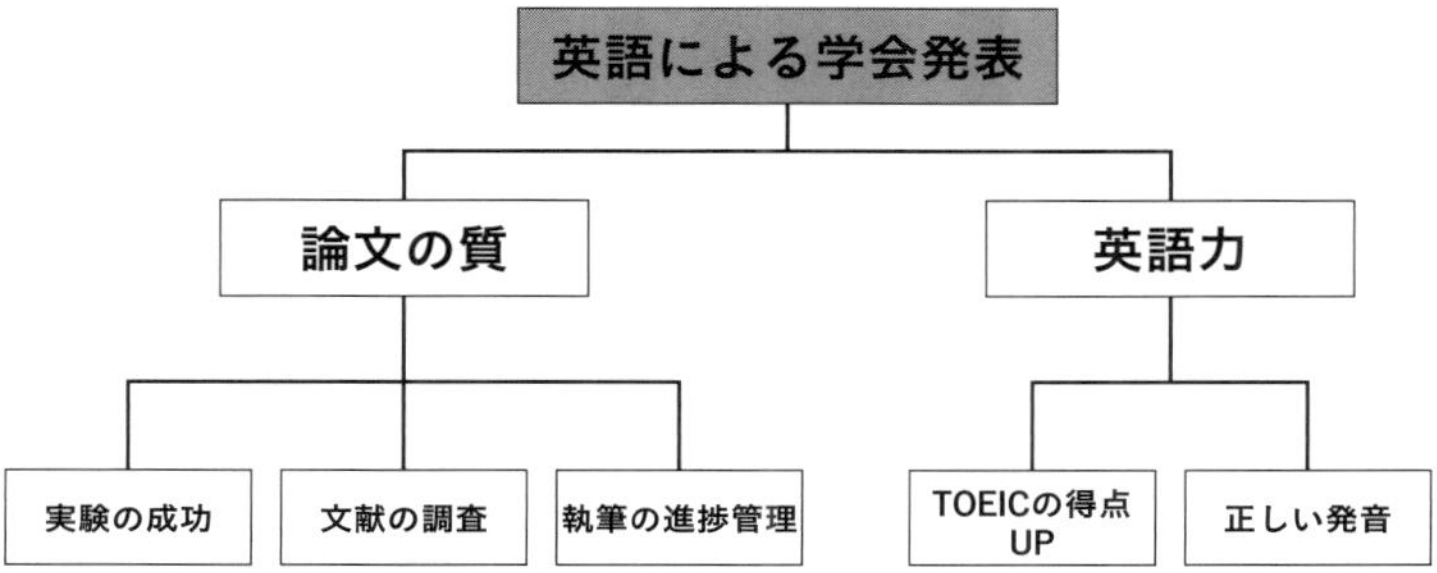

このように、構造分解をした後、各要素が「どのような状態になれば達成したとみなすのか」というバロメーターを設定し、それに向けて有効なアクションを考え、実際に行動に移すという流れです。

残り少なくなった学生生活を送りながら、自分なりにPDCAサイクルを回し、入社までの間で4回、活動状況を内定者専用サイトで人材採用センターへ報告し、自身の活動を振り返ります。

送られてきた報告に基づいて、クラスメンターと呼ばれている、人材採用センターの社員が、PDCAや能力向上に関するアドバイスやフィードバックを行います（クラスメンターに対する相談は、PDCAサイクルを回す途中のプロセスの中でいつでもできます）。

このプログラムの目的は、内定者が「充実した学生生活」を送ることをサポートすることと、入社後に仕事をして成果を上げやすくする（＝活躍する）ためにPDCAサイクルを回すことを習慣化させること、さらには、実際に仕事をするための能力を高めることです。

継続的な成果を上げるために、セルフマネジメント・サイクルとしてのＰＤＣＡを回すことと、「社会人基礎力」をベースに自分の能力を高めることを、同社がいかに大切にしているかがよくわかると思います。

仕事力を高める「自己プロジェクト」とは

続いて、私が主催している「就活コーチ」で、受講生が仕事力（社会人基礎力）を高めるために、どのような取り組みをしているのかご紹介したいと思います。

経団連の倫理憲章の変更により、採用選考の本番が後ろ倒しになったことに伴い、２０１６年卒以降の皆さんには、学生生活をより充実させることが特に期待されています。本書を手にとっていただいた皆さんには、ここで紹介する先輩の事例から、何か充実した学生生活を送るヒントを見つけていただければと思います。

「就活コーチ」では、受講生が仕事力を高めるための「自己プロジェクト」として、自分がチームのリーダーとして主体的に「目標」を決め、実際にチームを前に進めるためにＰＤＣＡサイクルを回すことを支援しています。

その際の私の役割は、コーチとして、取り組むべきテーマや目標を一緒に決め、途中途中で本人が直面する課題を解決できるように支援することです。

自らPDCAサイクルを回す

ドラゴンノート

テーマ決めを行った後には、学生がＰＤＣＡを回すのを支援するために、「ドラゴンノート」というノートを作ってもらっています。

ドラゴンノートの名称は漫画『ドラゴン桜』からもじったものです。また、就活に取り組むことによって、人として大きく成長し、「龍のように高く昇ってほしい」という願いを込めています。

ドラゴンノートの内容は極めてシンプルです。まず、はじめの2ページは、図表2-11の項目を記載します。

・テーマ：受講生と私が一緒に考えます。成果や目標は、数字（達成できたかできなかったかがわかるもの）を記入します。プロジェクトの終了日は、原則として、採用面接が始まる1カ月前までにしました。２０１６年以降卒業の皆さんならば、余裕を見て6月末が最終日と考えていただくのがいいでしょう。

図表2-11　ドラゴンノート①

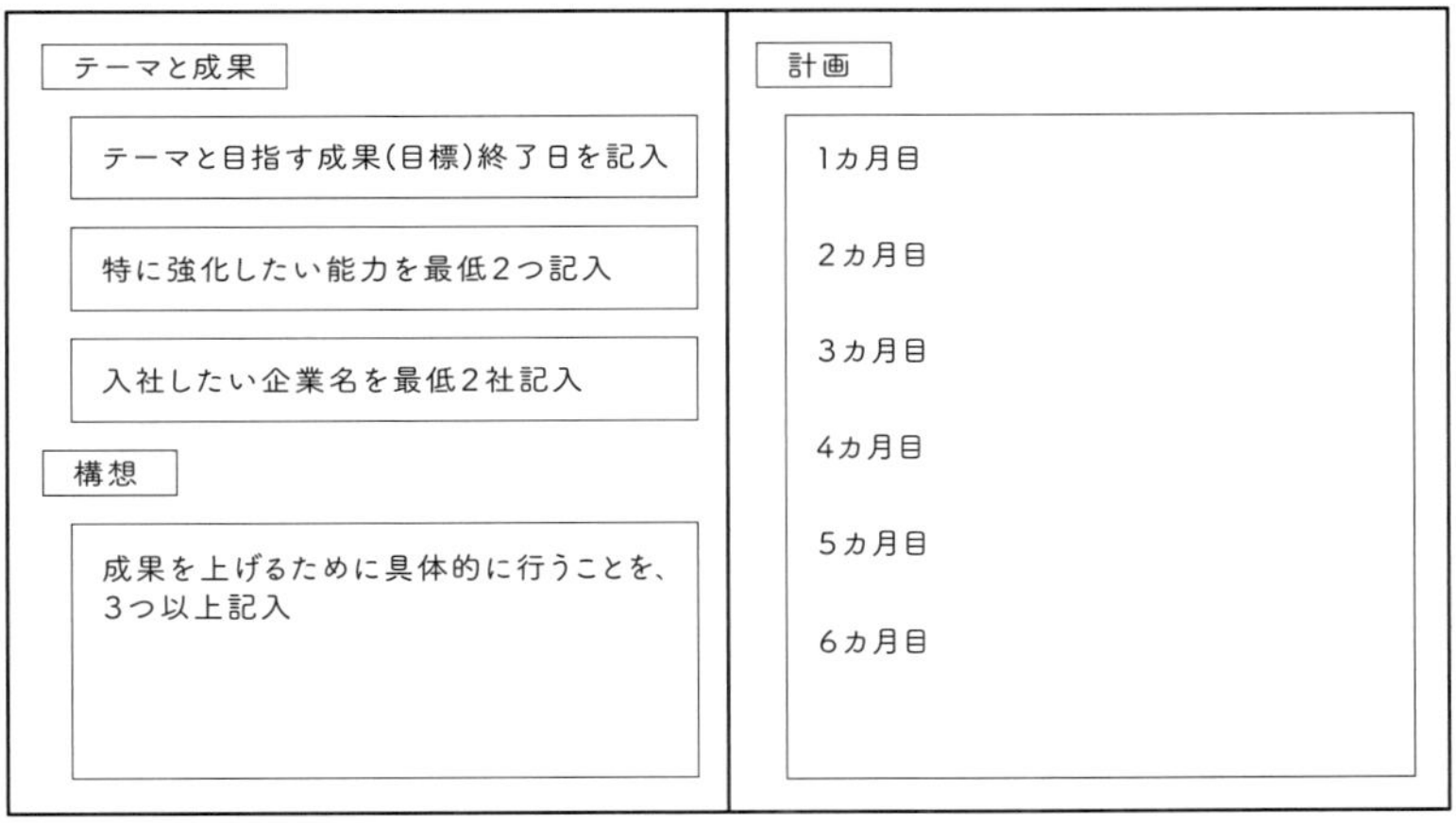

・特に強化したい能力：社会人基礎力の中から、自分が強化したいものを抽出します。

・入社したい企業名：最初の段階では思いつかなければ、空欄のままでOKです。

・構想：成果を上げるためにまず着手することを、3点以上具体的に書けるように話し合って決めています。

・計画：人によって、最初の1カ月の計画だけを決め、随時、書けるようになったら記入する人と、あらかじめ最後まで記入する人に分かれましたが、どちらでもOKです。

・プロジェクトの期間：人によって違っていますが、4カ月〜半年が多いです。

図表2-12　ドラゴンノート②

今週の目標(P) ●プロジェクト ●能力開発 ●就活	木 金 土
行動の結果(D) 月 火 水	振り返り(C)(A) ●プロジェクト ●能力開発 ●就活

そして、次の2ページは空欄として、いつでも思いついたことを記入できるスペースを確保します。その次の2ページ目からは、1週間ごとに見開き2ページを使い、図表2-12の項目を記入します。

・土・日（月）曜日の中で1時間程度かけて、今週の目標（P）をプロジェクト、能力開発、就活の3テーマごとに記入します。

・行動の結果（D）は、毎晩、その日にあった出来事を5分で記入します。

・振り返り（C）（A）は、原則土・日（月）曜日に、1週間をそれぞれのテーマごとに振り返ります。

ドラゴンノートは、記入を開始する段階で、プロジェクトの終了日までの1週間の枠を作成

図表2-13　行動は「重要度」と「緊急度」で理解する

緊急度＼重要度	低	高
高	B 緊急だが重要ではない →次にやる	A 緊急かつ重要 →最初にやる
低	C 緊急でも重要でもない →息抜きをしてしまう	D 緊急ではないが重要 **→最後まで手付かずに！**

します。たとえば、４カ月かかるプロジェクトの場合、17週分あらかじめ作成しておきます。

このようにしておけば、終了日まであと何週間なのかが明確になり、緊張感を高めることができます。30枚つづりのノートを用意すれば、半年分は余裕で記入できます。

「緊急でないが重要なこと」に取り組む

次に、自己プロジェクトを継続するためのポイントを説明します。

図表2-13を見てください。これは、物事を「緊急」度と「重要」度の軸で分類したマトリクスです。

このマトリクスに従ってまとめると、物事には「緊急かつ重要」なこと（A）、「緊急だが重要ではない」こと（B）、「緊急でも重要でもない」こと（C）、「緊急ではないが重要」なこと（D）の４つに分けられることがわかります。

普通の場合、「緊急かつ重要」なAにまず取り組みます。次に「緊急だが重要ではない」Bに取り組みます。

その次は、「緊急ではないが重要」なDに取り組むべきだと思われますが、人間というのはそんなに勤勉ではないので、Bが済むと「緊急でも重要でもない」Cをやってしまう傾向があります。

「緊急でも重要でもない」こととは、休んだり、遊んだりすることです。緊急のことばかりに対応すると疲れてしまうので、無理もないのですが、問題なのはいつまでたっても、「緊急ではないが重要」なDに取り組まないことです。

自己プロジェクトに取り組むことは、まさに「緊急ではないが重要」なDにあたります。つまり、何もしないとついついサボりがちになってしまうので、毎週、今週の「振り返り」をチェックし、次週の目標を確実にやり遂げるためには、あらかじめそのための時間（1時間程度）をスケジュール帳に確保しておくことが重要になるのです。

就活コーチの受講生の多くは、見開き2ページの1カ月のカレンダーに予定を記入していただけだったので、日々のタイムスケジュールが記載できるスケジュール帳を使用するよう促し、PDCAをチェックする日時を1週間の最初に決めるよう指導しています。

「自己プロジェクト」の具体例

次に、皆さんの先輩が具体的にどのような「自己プロジェクト」に取り組んで、仕事力の向上を目指したのかを紹介していこうと思います。

先輩たちは、①ゼミ・研究室、②部活・サークル活動、③アルバイト、④ボランティア活動の4分野から、1つもしくは複数のテーマを選びました。

プロジェクトのテーマは、それまで所属していたチームや組織の活動の延長として新たに取り組むことでも、まったく新しい組織やチームで行う（場合によって、自分で作り上げる）ことでも、どちらでもOKとしています。

ゼミ・研究室での取り組み

人気ゼミプロジェクト

自分が所属している「ゼミの人気」を高めるため、ゼミ生全員のプロフィールや飲み会・合宿風景、取り組んでいるテーマについて紹介するHPを作った先輩がいます。そのHPをゼミ説明会のときに紹介したところ、ゼミへの応募者が倍増し、一躍人気ゼミになりました。

他の例では、ゼミ生の選考のシステムを変更した先輩がいます。従来は、教授だけが面接をして選考していたのですが、教授と相談の上、事前に入ゼミ志望書と自己紹介をレポートとして提出させるシステムに変更しました。また、実際の選考では3年生も入ゼミ志望者と面接をして、その結果を教授の面接結果と擦り合わせて、人選を行うしくみに変更したのです。

今紹介した、どちらの取り組みも、教授には好評で、大変喜んでいただけました。また、後輩たちを自分たちの力で呼び込み、選考する経験を積んだことで、これらのプロジェクトに取り組んだ本人たちのゼミに対するロイヤルティーや愛着も高まるという副次効果も確認できました。

小集団プロジェクト

ある先輩は、ゼミでの課題への取り組み方を変革しました。それまでは、ゼミ生1人ひとりが単独でレポートを作って発表し、それに対して質疑応答を行っていたのですが、チームで研究・発表を行うように変更しました。

具体的には、課題に対して3人1チームで取り組むようにしました。従来は、自分の課題のときにしか力を注いでいなかったのですが、チーム制に変えたことにより、事前に3人で集まり議論するようになりました。また、発表回数が以前よりも増加したことにより、自然に今までよりみんなが熱心にゼミに取り組むようになりました。

結果として、ゼミ生の発信力やチームワーク力が高まったり、事前に集まって自主的に協議するようになったことで、多様な観点で物事を捉えることができるようになるなど、プラスの効果が生まれました。

交流プロジェクト

ゼミ活動に他大学との交流を持ち込んだ先輩がいます。それまでのゼミ活動は他大学との連携は一切なかったのですが、担当教授が以前に他の大学で准教授をされていたという情報を入手し、元の大学のゼミ生と交流するプロジェクトを開始しました。また、教授にお願いして教授の知り合いの先生のゼミとも、互いの研究テーマを発表し合うプロジェクトも始めました。

他大学の学生と交流することにより、研究テーマが広がったり、新たな人脈ができたため、ゼミ生がより積極的にゼミ活動に打ち込むようになりました。

OB・OG会プロジェクト

OB・OGとのつながりを作り、レストランやホテルのパーティ会場を借り切って、OB・OG会を開くというもので、比較的多くの学生がこのテーマのプロジェクトに取り組みました。

OB・OGに集まってもらう名目は、ゼミ・研究室創立○周年記念同窓会や、教授のお誕生日をお祝いする会です。1つ上の先輩から順に代々の先輩をたどっていく中で名簿を整備し、その過程で年長のOB・OGに会長や副会長、幹事を引き受けていただきます。

これにより、卒業後は同学年の人としか交流のなかった先輩にも縦のつながりができ、参加したOB・OGにも好評を博し、教授にも喜んでいただきました。

実は、このプロジェクトのオリジナルのアイディアは、私が学生時代の友人と飲んでいる席で思いついたものです。友人の所属していたゼミは、毎年同窓会を開いているらしいのですが、あるとき、ゼミの先輩である企業のオーナーに自己所有のクルーザーに招待してもらい、豪華なお料理と船上での演奏会を楽しませてもらった上、帰りにはお土産と自宅までのタクシーチケットをもらったという話がヒントになったものです。

ＯＢ・ＯＧとのつながりができると、就活のときにもすでに知り合いのＯＢ・ＯＧを訪問することができます。また、実際にゼミの先輩がリクルーターとして活動していることもあるので、就活に直に役立つプロジェクトだと言えます。

部活・サークル活動での取り組み

新歓プロジェクト

サークルや部活でもゼミと同じように、新人勧誘のためさまざまな取り組みをした先輩がいます。

特に、部活の場合には、最近はハードな部活よりも楽で楽しめるサークルを希望する学生が多く、体育会のどの部も新人を思ったように獲得できなくて困っていました。

そこである先輩は、新人勧誘の時期にサークルと差別化するために、チーム分けを行い、チームごとに獲得人数を競わせるなど、部員１人ひとりに部活見学会への動員目標を設定しました。また、ＰＲのためのチラシを工夫して体験入部を促進したり、その後の飲み会を充実させるなどの工夫を行いました。

「入部者の獲得＝接触人数×接触（説得）の質」なので、質を高めるために自分の部活動の魅力を再考することにも取り組みました。このプロジェクトの目標は、ゼミの例と同じく「新人の入部人数」としました。

ちなみに、この新歓プロジェクトは、準備そのものは、年明けから始めましたが、実際の新人勧誘活動は4月からなので、2015年以前に卒業した学生にとって、採用選考の本番時期と重なっていました。しかし、面接では、今まさに力を入れていることを、臨場感たっぷりと話せたので、面接官の受けはとてもよかったようです。

入賞プロジェクト

サークルの活動内容を充実させるためのプロジェクトに取り組んだ先輩もいました。

体育会の部活であれば、もともと1部リーグ昇格やリーグ優勝といった、具体的な目標を掲げて取り組んでいますので、目標にチャレンジする環境は整っています。しかし、サークルの場合には、そもそもそうした具体的な目標を掲げていないケースが多いので、運動系・文化系にかかわらず、具体的な目標を設定することに取り組みました。

たとえば、それまで大学のテニス大会に参加していなかったサークルに所属していたメンバーが、代表や他のメンバーに働きかけて大会へ参加し、団体戦3位以内入賞を目指した例などがあります。

ミッション&新規プロジェクト

ある先輩は、サークルの活動内容そのものを再検討し、サークル活動に変革をもたらしました。

ある農業サークルでのことですが、このサークルはそもそもミッションが明確でなく、メンバーの参加意識に温度差がありました。そこで、ミッションを明確化するために、代表に働きかけ、メンバー間で話し合いを持ち、サークルのミッションステートメントを定めました。そして、その上で、自分がリーダーとなり、新規のイベントを企画。また、そのイベントの売上げ金額を具体的な目標として設定しました。

集客プロジェクト

ある音楽系サークルでは、6月と12月に定期演奏会を開催していました。その演奏会への集客を1・5倍に増やすことをプロジェクトとして推進した先輩がいました。

従来は広報・集客チームのみが集客活動をしていたことを改め、全部員が集客活動に積極的に参加する体制への変更を、部長や他の幹部メンバーに働きかけました。結果として、メンバーが積極的に集客活動を行うようになったのに加え、メンバーの演奏に対する熱意も高まりました。そのことは、多くのお客様に来場していただけたという以上に大きな功績として残りました。

絆プロジェクト

ゼミ・研究室活動で紹介した例と同じく、サークルのOB・OGとのつながりを作り、同窓会イベントを開催するプロジェクトです。

私は多くの学生と接していますが、彼らの話を聞いていると、どうも自分の時代と比べると、最近の学生はサークルの先輩、友人、後輩との人間的な絆が薄くなっているように感じました。

私がプライベートで今もお付き合いをさせてもらっている方の多くは、大学時代のサークルの仲間か、リクルート勤務時代の同僚たちです。

最近の学生は同期の友人は多いものの、意外に縦のつながりが薄いようですが、私の目にはとてももったいなく映りました。

そこで、この「絆プロジェクト」に積極的に取り組み、縦のつながりを作るよう指導し、実際に多くの先輩たちが取り組みました。

新規サークル立ち上げプロジェクト

ある先輩は、自分がアメリカの大学に留学した際、参加していたディスカッションサークルの活動が有意義だったと感じ、帰国後、他大学の学生にも声をかけて、「国際人を目指すサークル」という30人規模のディスカッションサークルを作り上げました。

また、ある先輩は、フェアトレードに関心を持っていたので「フェアトレードサークル」を作りました。また、別の先輩は英語専攻の学科であるものの、英語を話す機会がほとんどないので、自分で「英会話サークル」を作りました。

このように新規にサークルを立ち上げたメンバーは、チラシやHP、名刺作りから始める必要があったので、私とサークルのコンセプトや、広報物の内容についてもディスカッションをしました。

人集めから始めて新規にサークルを立ち上げた先輩は、就活中やその後もサークルに関わり、後輩の育成にも力を注いだために、パワーがかかった分やりがいも大きかったという報告を受けています。

アルバイトでの取り組み

お店の国際化プロジェクト

ある先輩は、空港にある飲食店でお店のオープン時からアルバイトをしていました。そのお店のお客様の約6割が外国人でしたが、そのお客様たちに何度も来店してもらうことを目指すプロジェクトに取り組みました。

具体的には、それまでは、日本語のメニューしかなかったので、店長に働きかけて英語・中国語・韓国語のメニューを新規に作りました。また、お客様の母国語で挨拶したり、少しでも会話ができるように、英語・中国語・韓国語の慣用語マニュアルを作り、他の従業員やアルバイトの皆さんと一緒に勉強会を開いたり、オープニング前に皆で声を出して使えるようにしました。

その結果、それまではお店のスタッフと外国人のお客様との間にはほとんど会話がなかったのですが、お客様から声をかけていただくことが増えて、活気のある店に生まれ変わりました。また、お客様がフェイスブックに母国語でお店の紹介をしてくれ、それを見た新規のお客様が来店したり、リピートで2度3度、ご本人が来店してくれるようになりました。

お店再興プロジェクト

ある先輩は、イタリアンレストランでアルバイトしていましたが、周りに新しい店ができたために、急にお客様が減ってしまいました。そこで、店長にお願いし、お店の入り口のディスプレイを変更してもらったり、チラシを本部で作ってもらって近隣のオフィスにポスティングをしたり、HPを新たに友人と協力して作り、新規のお客様を獲得するために動き回りました。

また、調理長にお願いして、リピートのお客様には、特別な料理やデザートを提供したり、メニューの変更も提案しました。

それらの取り組みにより、お店の新規客や固定客が増加し、お店の売上は時間がかかったものの、だんだんと良くなりました。

新人教育プロジェクト

ある先輩が勤めていた個人経営のレストランでは、アルバイトが年に10人程入れ替わっていました。そこで、その先輩は、それまでは新しいアルバイトが入店する都度に店長が教育していた内容をマニュアルとしてまとめ、自分が新人教育を担当させてもらいました。

負担が減ったため店長からも喜んでもらえましたが、それだけではなくアルバイトの定着率が高まりました。店長よりも年齢が近く、同じ立場の者が教えたほうが、丁寧に教えることができたことと、教えた本人との絆が深くなったことが功を奏したのです。

ちなみに、私は、飲食店でアルバイトしている学生には、個人経営のお店で働くことをすすめています。大規模なチェーン店では、マニュアル化が進んでいるために、アルバイト学生が新規にできる幅が狭いからです。また、オーナーと違って店長の決済の範囲が限られているからです。

塾活性化プロジェクト

学習塾で教えているほとんどのアルバイト学生は、自分が担当しているクラスやマンツーマンで教えている生徒の学力アップだけに注力しています。そこで、ある先輩には、自分の立ち位置を変えて、教室長やもう１つ上のエリア長の立場に立って考えるようアドバイスしました。

その上で、プロジェクトとして具体的に推進したのは、他の教室との連動を図り、互いの教室運営のノウハウを共有したり、教え方を共有することです。

他にも、飲食店と同じように、チラシを新規に作ってもらいポスティングをしたり、新規申し込の生徒に対する相談マニュアルを作って、自教室や他教室のメンバーと共有するといったプロジェクトを推進した先輩もいます。

新規事業プロジェクト

インターネットが得意な先輩には、プロテインを製造し、フィットネスクラブで販売していた会社の社長を紹介しました。プロテインのネット販売のしくみをこの先輩が作り、売上の何％かをアルバイト料でもらうことにしたところ、時間給のアルバイトの約2倍の収入になりました。

　また、ある先輩はビジネスホテルにゲームをインストールしたパソコンを貸し出している会社で、ゲームの入れ替えを担当し、ホテルでの利用者を増やすアルバイトにチャレンジしました。そのアルバイトの中で、ゲームの入れ替え時間を従来の1／5に短縮したばかりでなく、空いた時間でお客様が望むゲームを考え提案することを行いました。

新規開拓営業プロジェクト

　ある先輩は求人情報の会社で、新規開拓営業にチャレンジしました。また、ある先輩は、地域情報サイトの新規開拓営業にチャレンジしました（実際にこのアルバイトをした山田君のエピソードは、第6章にて詳しく紹介します）。

　求人や情報サイトの新規開拓営業は、私の得意分野であったために、営業のイロハから始まり、ニーズの引き出し方、契約のとり方など、営業スキルアップのコーチングやトレーニングをしました。

ボランティアでの取り組み

情報誌プロジェクト

　ある先輩は、もともと、週に1度、公立の美術館で来館者を案内するボランティアをしていました。彼女は、ボランティア同士のつながりを作ったり、ボランティア活動の実際を多くの皆さんに知ってもらいたいという想いから、新たに情報誌を作ることを始めました。

幸いだったのは他のボランティアの中にも、同じような想いを持っている方が少なからずいたことです。このプロジェクトにより、年代や考え方の違った皆さんと話し合う機会が増えたことは、就活をする上でもとても役立ったとのことです。

勉強支援プロジェクト

東日本大震災があった２０１１年には、大学で被災地の子供たちに勉強を教えるボランティアを募集する企画が公開されました。ある先輩はそれに参加し、地域の小・中学生の勉強を教えるボランティアに参加しました。

また、自分の住んでいる地域の引きこもりの小中学生と一緒にレクリエーション活動をするというボランティア活動に参加した先輩もいます。

商店街活性化プロジェクト

もともと、地域興しに興味があったある先輩は、地元商店街の活性化プロジェクトに参加しました。そして、そこで商店街のＨＰ作りに加わったり、各種のイベントやお祭りにスタッフとして協力しました。年の離れた多様な皆さんと一緒にイベントを行ったり、来場者の皆さんに親しくお声がけをするという経験は、年齢の離れた方との面接の際に役立ったとのことです。

海外ボランティアプロジェクト

カンボジアに行って小学校を建設するボランティアに参加したり、インドに行って僧院で福祉ボランティアに参加した先輩がいます。このように海外のボランティア活動に参加する場合は、せっかく行くのだから、ボランティア主催者の言われたままをしてくるのではなく、自分なりにボランティア活動の中で見つけた課題をメンバーとシェアし、新しい取り組みができるように支援しました。しかし、海外ボランティアでは学生が主体的に考えて行う、新しい取り組みを行うのは難しかったという報告がほとんどでした。

私は、ボランティアはあくまでも「利他性」が大切だと思います。また、ボランティアをする以上は、できれば長く継続すべきだと思っています。また、ボランティアスタッフとして活動することは貴いことですが、自分が中心者の立場をとって集団を率いることができるようになるためには時間がかかります。そのために、私からは、自己プロジェクトとして海外ボランティアに積極的に参加することはすすめていません。

「自己プロジェクト」は誰にでもできる

ここまで、20の「自己プロジェクト」を紹介しました。次は、「自己プロジェクト」に対して皆さんが抱いているであろう疑問や質問に関して、お答えしたいと思います。

普通の学生でもできる

まず、自己プロジェクトに取り組んだのは、どんな先輩だったかということに関して。

皆さんの中には、「ゼミ活動で自己プロジェクトを推進したのは、もともとゼミ長としてリーダーシップを発揮していた人なのではないか?」「そもそもリーダーシップに長けていた人だからゼミの改革をやり通せたのでは?」「部活・サークル活動では、部長や副部長といった立場だったからできたのでは?」と推察される方が少なからずおられるのではないでしょうか?

この問に対する答えは「ノー」です。

ゼミ活動に取り組んだ先輩のうち、1人を除いて、全員がゼミ長ではありませんでした。また、部活・サークル活動で取り組んだ先輩は、1人として部長や副部長ではありませんでした。つまり、今までは、ゼミや部活・サークルをリードする立場ではなかった、普通の学生にすぎなかった皆さんがプロジェクトを推進したのです。

では、なぜ、そうした普通の学生が新しい試みを実行し、リーダーシップを発揮することができたのでしょうか?

それは、本人が「立場をとる」ことを決意したからです。同時に、セルフマネジメント・サイクルとしての「PDCA」を回したからです。

確かに、私も最初に取り組むべきテーマや「目標や成果」を一緒に考えましたし、具体的な活動内容の大まかなイメージに関してもディスカッションしました。

しかし、一番大きな成功要因は、本人が「立場をとる」ことを決意し、自主的にPDCAサイクルを回したことに間違いはないのです。

本書で紹介した事例は、それまで普通の学生という評価だった先輩でも、リーダーシップを発揮することは可能だという証明でもあるのです。つまりリーダーシップを発揮することは、本人の決意にかかっていると言えます。

「就活のネタ作り」でも成長できればいい

次に、こうしたプロジェクトは、「就活のネタ作りのためにやっているのでは？」といった質問に対してですが、答えは「もちろん、そのとおり」です。

ただし、自己プロジェクトは、結果として周りの皆さんにいい影響をもたらしています。事実、周りの人が「おかげ様で」とおっしゃってくれています。

また、PDCAサイクルを回し続けることにより、取り組んだ本人の能力が格段にアップします。そして、学生時代のいい思い出になったと皆さんが一様に言っています。

自己プロジェクトは、たとえば「儲けたい」「いい暮らしをしたい」と思って会社を設立した経営者が、会社を経営していく中で「社会や人のために仕事をしている」と心の底から実感することとまったく同じです。

併せて、序章で紹介した「コンピテンシー面接」では、「動機は、関係ないので質問しない」ことが原則です。取り組んだ動機の中に、「就活のネタ作り」が入っていてもまったく問題ないのです。

本章を読んだ皆さんは、自分はどんな「自己プロジェクト」ができるか、考えてみてください。

第3章

新卒採用基準③　表現力

コミュニケーション力と表現力

序章で紹介した経産省の調査において「コミュニケーション力」は、企業が求めている水準と、学生が身につけていると思っている水準のギャップが大きかった項目（基準）でした。

また、実際に私が企業の人事担当者とお会いすると、「最近の学生は、コミュニケーション力が不足していますね」といったことをしばしば聞きますし、書店に行けば、コミュニケーションに関する書籍で溢れています。

そこで、本章では、まずコミュニケーション力とは何かについて考えてみます。

コミュニケーション力とは

就活の際に問われるコミュニケーション力とは、相手方の企業の人事担当者（リクルーターを含む）と学生が、相互に円滑にツーウェイで話し合うことができる力だと言えます。

実際の面接では、学生1人対人事2人、または複数対複数で行われますが、説明をわかりやすくするために、ここでは1対1の場面で考えていきたいと思います（図表3－1）。

ツーウェイ・コミュニケーションでは、

図表3-1　ツーウェイ・コミュニケーションの概念図

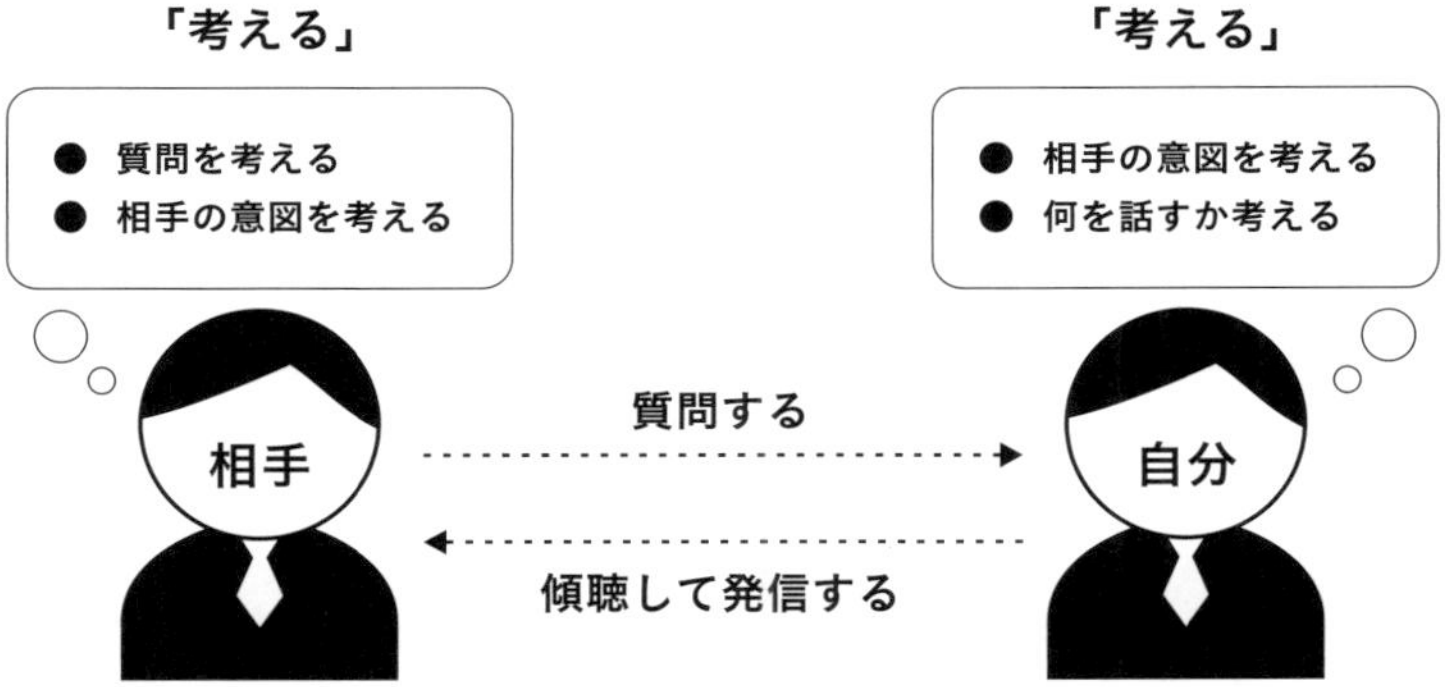

①相手の「質問」を「傾聴」すること。また、相手にわかるように「発信」することが大切です。

②その奥には、「考える力」が問われています。考える力の構成要素としては、「理解力」に加えて、社会人基礎力の能力要素である「柔軟性」「情況把握力」「課題発見力」「計画力」「創造力」が必要です。「理解力」は、「社会人基礎力」ではなく、「基礎学力」の範疇と捉えてください。

③そして、このやりとりを「明るく、楽しく」行い、かつ「説得力」を相手に感じさせることができると、面接官が「合格」と判断し、そこに至らなければ「不合格」となります。

①②は社会人基礎力の範疇ですが、③で求められる「明るく」「楽しく」「説得力」を感じさせること、すなわち「好感度」を相手に感じさせるには、別の素養が必要となります。

前章では、企業は「仕事ができる人」を求めており、その中核の能力とは「社会人基礎力」であると述べましたが、コミュニケーションを「明るく」「楽しく」「説得力」を持って行うためには、「エンターテインメント」の要素も必要になります。

この要素は、何も舞台やテレビの世界だけに限ったことではありません。人は誰でも、楽しいことが好きです。実際に、私が長い間仕事をしている「研修講師」の世界でも、いかに参加者を惹きつけ、魅了し、説得力を持って伝えるかが常に問われています。

そうした要素に欠ける講師は、クライアントである企業から長年にわたって研修を依頼されることにはなりません。また、たとえば営業の世界においても、会話の中でお客様に楽しんでいただくスキルが高ければ高いほど、信頼されたり、顧客を紹介していただけます。

このように、「楽しく会話する」ことや「好感をもってもらう」ことは、仕事の場においてとても大切なのです。それは「採用面接」の場面でも同様です。

そして、相手に好感度を持ってもらうためには、「表現力」が不可欠なのです。

コミュニケーション力は「表現力」の一要素にすぎない

コミュニケーション力は確かに表現力の中核的な要素になるので大切ですが、特に面接の場で

図表3-2　表現力とコミュニケーション力の関係

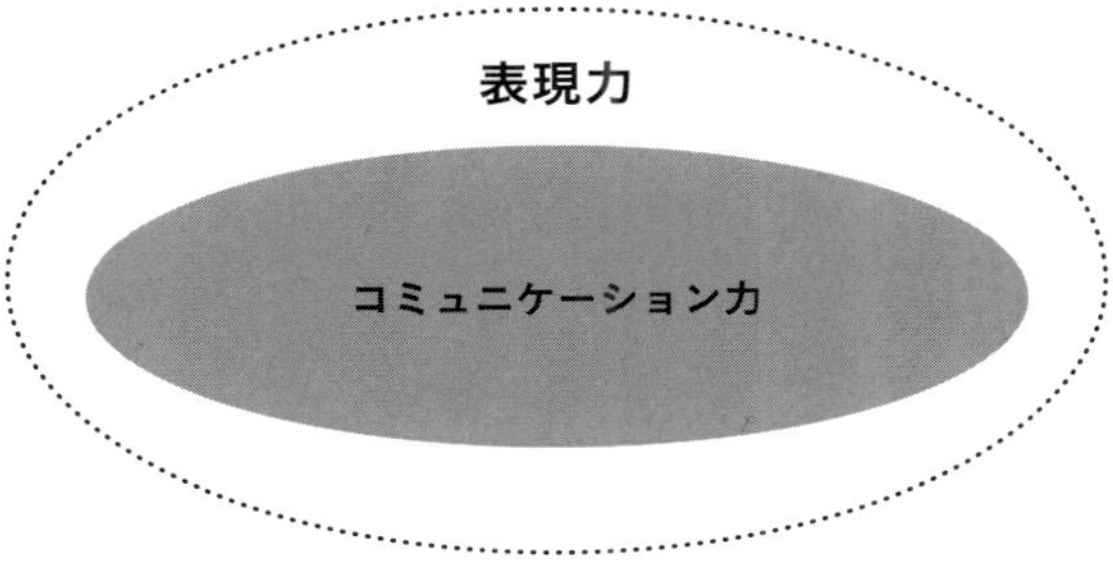

は、図表3-2のようにコミュニケーション力も含んだ「表現力」が問われています。

面接では、「第一印象が大切」だとよく言われますが、第一印象は「コミュニケーション力」とは直接の関係はなく、「表現力」の要素です。たとえばサークルで新歓の飲み会があったとして、この子と友達になりたいと思うか、あいつとは近づきたくないと思うかは、言葉を交わす前に何となく感じたりします。

このようにパッと見で相手に印象を与える力こそ「表現力」で、実際に話をしてみて、面白かったり気があったりするかどうかが、「コミュニケーション力」のなせる技なのです。

私には、企業研修講師として、すでに7年ほど研修を続けているクライアント（会社）があります。そこでの研修は、1人ひとりの社員が5時間かけて作成した提案書を、社長役の私に提案し、私がその提案スキルを採点し合否を決定するという内容です。

その中で、研修担当部署が私に求める採点基準は、提案書の内容（頭の中での思考）と「表現力」の両方で、決して、コミュニケーションスキルに限定したものではありません。

さて、「表現力」と「コミュニケーション力」の違いについてはご理解いただけましたでしょうか？　それでは次に「表現力」の具体的中身を紹介します。

表現力を構成する要素は、Ｖｉｓｕａｌ（ビジュアル）、Ｖｏｃａｌ（声）、Ｖｅｒｂａｌ（言葉）の「３つのＶ」です。

Visual（ビジュアル）

ビジュアルと言えば多くの就活本では、「髪型」「服装」「お辞儀の方法」が書かれています。それらは、「マナーや身だしなみ」の範疇ですから、ここでは、Ｖｉｓｕａｌを構成する①姿勢、②手、③目、④顔の4点について個別に紹介します。

①姿勢

企業の面接では、姿勢はとても大切です。なぜなら、姿勢は第一印象の良し悪しを左右するからです。第一印象とは、言葉を発する前に相手に「体全体から」伝わってしまうものです。まず正しい姿勢を意識することにより、誰でも姿勢がよくなり、ひいては体全体から伝わる印象もよくなるのです。

立ち方

立ち方の基本は、「自然体」で立つことです。自然体とは、無理に力まず自然な心身の構えという意味です。地に足がついて、力強く、肩の力が抜けて素早く動くことができる姿勢です。

具体的な立ち方としては、男性は、足を肩幅程度に開きます。女性は、つま先を2時の角度にすると、足が綺麗な印象を与えます。お腹をひっこめ、上から引っ張られている感じで背筋をすくっと伸ばし、肩の力を抜いた状態で、両手は体の真横にストンと落とします。

意識としては、地球の重力に引っ張られ、木の幹のようにどっしりと立っている感じです。大切なことは、体を支える体幹（体の芯）を意識することです。体幹がしっかりしているということは、たとえばサッカーで、本田選手や長友選手が強いあたりに対してもびくともしないように、堂々とした印象を与えることができます。

座り方

椅子に座るときには、椅子の後ろにしっかりとお尻をつけて深く座り、上体はピンと垂直に起こして座ります。図表3-3の2つのイラストでは、上のイラストが正しい座り方です。下のように座ると体が安定せず、自信やエネルギーが不足しているように見えます。

そして、肩の力を抜くためにも椅子の上にすくっと立っているような感覚で、相手の顔を真っ直ぐ見つめることが大切です。

膝は、90度で足の裏が地面についている感覚です。また、お腹を背中にくっつけるようなイメージにすると、すくっと座れます。

面接の場面では、背筋が伸びてリラックスした姿勢ですと、相手に誠実な印象が伝わります。

図表3-3 正しい座り方と悪い座り方

正しい座り方。背筋がぴんと伸びて、自信にあふれた印象を与える。

悪い座り方の一例。浅く座りすぎると体が不安定になる。

また、話の展開の中で、膝を乗り出し少し前のめりになると、真剣さを伝えることが可能になります。逆に肩が丸まった姿勢は、自信なさげな印象になってしまいます。武道の経験のある人は、「構え」を見ただけである程度相手の実力がわかってしまうと言われていますので、「姿勢なんかは誰でも同じ」と軽く見ることは禁物です（女性の足の位置は、面接官との距離によって違ってきますので、詳しくはマナーブックを見て研究してください）。

②手

「手」も面接の際に、面接官に対して話をわかりやすく伝えたり、話の内容を補完したり、好印象を持ってもらうためには欠かせない、大切な要素です。

就活本の多くには、手は両ひざの上に軽く握りこぶしを作って置いておくものだと書かれているために、それが正しいと思っている人が多いと思います。確かに面接の最初では、その姿勢でいいのですが、話を始めたら、手を意図的に使うことが大切です。

滝川クリステルさんに学ぶ「手」の効用

２０１３年９月７日、ブエノスアイレスでＩＯＣ総会が開催され、最終的に東京オリンピックの招致が決まりました。そして、その席上、プレゼンテーターとして登場した滝川クリステルさんの「お・も・て・な・し」のワンフレーズは多くの皆さんに、強い印象を与えました。

なぜ、あれ程強い印象が残ったのかと言えば、もちろん、滝川さんの笑顔にもありますが、それ以上に「手の動き」の効果が大きかったのだと思います。

「お・も・て・な・し」と手指を揃えて上に向け、ゆっくりとあたかも種を植えるかのような手の動きをした後に、「し」の箇所では手を広げ、花が咲いたようなジェスチャーとその後の「合掌」が日本らしさを体現しており、そのしぐさが、多くの観衆の心を捉えたからです。

もし、あのとき、滝川さんがスピーチテーブルの下に手を置いて同じことを話していたとしたらどうでしょうか？　あれ程まで強烈に、いつまでも多くの人々の印象に残るものには決してならなかったはずです。

あのプレゼンテーションをコーチしたマーティン・ニューマン氏の『パーソナル・インパクト』（ソル・メディア）という著書には次のような1節があります。

> 人間の手というものはとても器用で、いろんな表現ができます。歴史をたどれば、言語を獲得する以前から、自分の気持ちや伝えたいことを表現するために使われるようになり、やがていろんな道具を使うためにも手が活用されるようになりました。「手を使わないで話す」ことは、「もっとも役に立つ道具を使わずに話す」ということに等しいのです。（中略）

人が自然に話している様子を見ていると、人間の手はオーケストラの指揮者の指揮棒と同じように動いていることにお気づきでしょうか。声と手はシンクロして動くのです。まったく手を使わずに話した場合、話にエネルギーを込めたり、表現に色をつけることが非常に難しくなるのです。

面接では「手」を意識する

手は、話のトーンによって自然に動くこともありますが、話を強調したいときには、意図的に使うことが大切です。実際に、手の平を上にして、軽く開いてみてください。オープンな感じが伝わってきます。逆に手の平を下に向ければ、クローズドな印象ですし、強い意志を表現できます（図表3-4）。

テレビでドラマやバラエティ番組を見るときには、役者や芸人さんがどんな手の動かし方をしているかに注目して見てみると、自分の手の表現のバリエーションが深まります。私が明石家さんまさんが面白いと思う理由の1つはここにあります。彼は、番組出演中、笑う際には、手をたたいたり顔を手に寄せたり、さまざまな手の動かし方をしています。

面接の場面でも、「私は、以下の3つのことに力を入れてきました」と言う際には、指を3本

図表3-4 手を上に向けるとオープンに見える

手のひらを下に向ければ、逆にクローズドな印象。強い意志を表現できる。

伸ばして見せたり、「アルバイトの売上が、20パーセントもアップしました」という際には、指で2を表現すると、相手に上がったことを強調して伝えることができます。

また、「1年のときには、先輩の指示に従って行動しましたが、2年のときには、チームの2つの問題を解決しました。そして、3年になって、チームを引っ張る立場になったときには、新たに3つのことを成し遂げました」という話をするときには、両手を狭めたり、広げたり、もしくは上下に動かしたりすることで、相手にわかりやすく、説得力を持たせて伝えることが可能になります。

最後に先ほど紹介したニューマン氏のあるエピソードを紹介します。

石原慎太郎氏と都知事時代にプレゼンテーションのセッションをしていたときのことです。石原氏は、3、4回セッションをしたときに、「スピーチに関してはもう十分理解したから、次はジェスチャーのことをやりたい」と彼に申し出たそうです。

さすがに強烈なリーダーシップを発揮し、政治の舞台で長年活躍をし続けている人だけあって、手を意図的に使う重要性をよく理解されているのだなぁと感心させられました。

③目

「目」は、第一印象を決定づける大きな要素であると同時に、その後の面接の場面でも表現力の中核をなすものです。

皆さんは、目についての「慣用句」や「ことわざ」をいくつご存じでしょうか？　「目は口ほどにものを言う」「目は心の窓」「一目置く」「見る目がある」「大目に見る」「白い目で見る」「目がない」「目が点になる」「目の色を変える」「目の敵」「目にかける」など、ネットで調べてみたところ、ざっと200もの慣用句やことわざが出てきました。

そのぐらい、「目」はいろんなものを語っているし、大切だということです。面接の場合でも、「相手の目を見て話すこと」は基本中の基本です。しかし、このことさえもできていない人が多いのです。

ここでは、「目」に関して、大切なことを2つお伝えしようと思います。「目力《めぢから》」とアイコントロールです。

目力

目力《めぢから》とは、目の表情や視線が相手に与える印象のことです。目力の強い人は、意思や内面が強そうに見えます。また、自信があり、元気でハツラツとして見えます。逆に、目力の弱い人は覇気がなく弱々しい印象になります。

目力とは人の精神状態そのものを映し出し、楽しい気分のときは強まり、悲しい気分のときは弱まります。そのため楽しい気分で毎日過ごすことが大切です。

実際に目力を強くするにはどうしたらよいかについては、『10000人の声と人生を変えた1分間〈笑顔〉発声法』（日本実業出版社）の著者である倉島麻帆さんから教えてもらいましたので、ここで紹介します。

目力アップトレーニングは、以下の4ステップです。

①目をギュッとつぶって5つ数え、ゆっくり元に戻す
②目を大きく見開いて5つ数え、ゆっくり元に戻す（「いい気持ち」と思いましょう）
③手を5回以上擦りあわせる（手からは、「気」が出ているため気で目を洗うイメージ）
④手の平の窪みを目の上にやんわりと置き、目を思いっきり上→右→下→左に動かす。次に反対周りに、左→下→右→上に動かす。これを2回繰り返す

①～④のステップを2回行い、トータルで1分です。
彼女が目力を強くする方法を教えたある経営者の方は、最初に彼女がお会いしたときには、「生気がまったくなかった目」だったものの、3週間後には綺麗で澄んだ目になり、別人のようになったとのことです。

ちなみにこのトレーニングには、目の疲労回復にも有効なので、私も目が疲れたときに実践しています。

アイコントロール

2つ目のアイコントロールですが、おそらくあまり聞きなれない言葉だと感じた方が多かったのではないでしょうか？

一般的にはアイコンタクトという言葉のほうがよく使われていますが、先のニューマン氏は、「意図的に自分の目を動かす」アイコントロールが大切だと教えています。つまり、意図的に目を動かし、目の動きで自分の意思を相手に伝えることが大切なのです。

通常、互いに視線を合わせてばかりいると緊張感が伝わってきます。したがって、1対1の場面では、相手の目と相手の目の周辺部に目線を置くことが大切です。

目の周辺部とは両眼を結ぶラインと、顎にかけての逆三角形ゾーンのことです。鼻のあたりと思っても大丈夫です。このゾーンに、目の力を入れすぎずに、柔らかい視線を向けることが基本です。そして、強調したいときや厳しい質問が投げかけられたときには、面接官の目をしっかりと見て、目に力を入れて話すように自分の視線をコントロールするのです。

また、相手からの質問に対して、考えたり、思い出したりするときには、視線は斜め45度にある「見えない辞書」を無意識に見ます。その際には、視線がそれても構いません。大切なことは、意図的に視線を相手に戻すようにコントロールすることです。

それから、これは高等テクニックですが、柔らかく、和やかなときには、「自分の左目で、相手の左目を見る」ことです。左目は右脳につながっているので、相手の右脳の働き（感性やフィーリング）に訴えかけることにより、感じのよさを伝えやすくなります。逆に論理的な話題の際には、「自分の右目で、相手の右目を見る」のがいいのです。右目は「左脳」につながっているため、相手の左脳の働き（論理性）に訴えかけることにより、相手に論理的に伝えやすくなるからです。

実際の面接の場面では、「目で反応」（嬉しさや驚き、戸惑い、了解や不同意）を伝える場面や「目で意思」（本気度、決意、覚悟）を伝える場面が少なくありません。まさに「目は心の窓」です。したがって、「目力」と「アイコントロール」も大切な表現力の1つであると強く認識してください。

④顔

「姿勢」「手」「目」も印象を形づくる上では大切な要素ですが、中でももっとも大切な要素は「顔」です。皆さんも「顔」、並びにこれからお伝えする「表情」がいかに「面接」の場面では大切であるかは、すでにご存じだと思います。

「顔」に関してまずお伝えしたいことは、「イケメンや美人のほうが有利」だという誤解についてです。実は、顔のつくりそのものは、面接の合否とは、まったく関係がありません。

「人気企業は美人を好む」といったことを、お酒が入った席上で学生同士が話題にしているようですが、企業が美人を選り好みするなどということは、決してありません。人気企業の研修の場で、そこで働く3000人を超える女性を見てきましたが、企業が美人を選り好みしているとはとても考えられません。

また、私がコーチングしてきた数多くの学生の内定率と、顔のつくりを照らし合わせて考えても、面接の合否と顔の造作には相関関係はないと断言できます。

逆に、面接の合否と大いに関係していると言えるのは「つくり」ではなく、「表情や雰囲気」です。人気企業に勤めている社員や内定を獲得する学生は、共通してイキイキとした雰囲気や表情を持っています。つまり、「魅力的な表情」を作ることが、面接を勝ち抜く上で、非常に重要なのです。

それでは、どうすれば魅力的な表情が作れるのか、お伝えしていきたいと思います。

表情と内容を合わせる

魅力的な表情を作るために、第1に重要なことは、「表情と内容を合わせる」ことです。広告業界では、「絵と言葉を合わせる」ことが重視されています。テレビ、雑誌、動画、写真、イラスト、すべての媒体において、絵と言葉がチグハグな表現はNGです。

面接の場面では、面接官が見ている「絵」とは、主として皆さんの表情と手です。そのため、話の内容に合わせて、手の動きや表情を変えることが大切になるのです。

以前私がコーチした女性は、いつもニコニコと笑顔の絶えない方で、面接でもいつものように笑顔で話をしていました。しかし、常に笑顔で話をすればいいというものではありません。そのことに気がつかなかったのか、「面接では、笑顔が大切」ということを鵜呑みにして、彼女は重い深刻な話題でも、ニコニコとしていたのです。おそらく、面接官には奇妙な印象を与えてしまったのでしょう、面接はうまくいきませんでした。

この失敗の後、彼女には表情を話のテーマに即して変化させることをコーチングし、その後の面接は大過なくこなせるようになり、彼女の就活は成功しました。

「表情は話のテーマや内容に合わせること」。大切なことですので、決して忘れないように肝に銘じてください。

それでもやっぱり笑顔は重要

「いつも笑顔で話せばいいというわけではない」という話をした直後ですが、「笑顔」は魅力的な表情を作るために欠かせない要素なのは間違いなく、相手に好印象を持ってもらうために不可欠です。

そもそも、笑顔とは何でしょうか？　この質問は一見単純ですが、実は難しい問題です。もし、「笑顔？　笑っている顔だろう？」と思ったとしたら、少し短絡的すぎるので、もう少し深掘りして考えてみましょう。

先にも紹介したニューマン氏は、「笑顔とは、ある物事に対しての筋肉の反応」だと定義しています。

コミュニケーションとは、お互いに投げかけ合った言葉や、表情に対して「反応」し合うことです。ニコッと笑顔を投げかけられたら、相手も笑顔を返すのが普通の反応で、相手の笑顔に対して無表情でいることは、とても失礼なことであり、不自然なことです。

面接の場面では面接官が笑顔を投げかけてくれることは期待できないので、自分たちの側から「笑顔」を投げかけることが大切です。ここで、笑顔を投げかけ損なうと面接の時間中終始、お互いに笑わない、冷たい空気が流れることになってしまいかねません。

そうならないためには、笑顔を「発信」しましょう。笑顔というのは、顔の筋肉を動かせば作ることが可能です。自ら、意識して「顔の筋肉」を動かして笑顔を作りましょう！

顔には40種類の筋肉があり、総称して「表情筋」と呼ばれています。表情は、眉、目、鼻、頬を動かすことで作られます。

人は、相手の表情筋の動きから、感情や気分を読み取っています。表情筋の動きが少ないと、無表情で、何を考えているのかが相手には伝わりづらくなります。逆に表情筋を活発に動かせる人は、感情豊かに映り、場や周りの雰囲気を明るくする人だと思ってもらえます。

ディズニーのミッキーマウスやくまのプーさんなどの人気キャラクターの顔を思い浮かべてください。皆、口角がキュッと上がっています。口角が上がった顔は笑顔に見えるので、それだけで好印象を与えることができるのです。

笑顔はトレーニングで鍛えられる

では次に、魅力的な笑顔を作るためのトレーニング方法を紹介します（図表3-5）。

笑顔を作るためには、特に、口の両脇の「口角」を引き上げ、頬の筋肉を動かすことが大切です。

面接では、先にも説明したとおり、話の内容やテーマに合わせた表情を作ることが大切ですが、第一印象をよくしておくのに越したことはありません。

ですので、面接官と最初に顔を合わせる瞬間に、ぜひ、口角を引き上げてニコニコとした笑顔

図表3-5　キューパッ！体操・ユーミー体操

「キューパッ！体操」

❶

「キュー！」目も眉も口も、顔の真ん中に寄せる。

❷

「パッ！」目、眉、口を思いっきり開く。❶❷を3回程度繰り返す。息を止めないよう注意。

「ユーミー体操」

❶

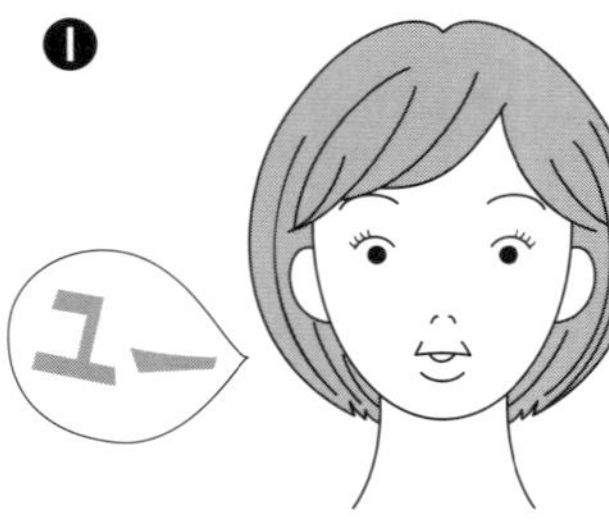

「ユー」と言いながら、口をすぼめて突き出す。

❷

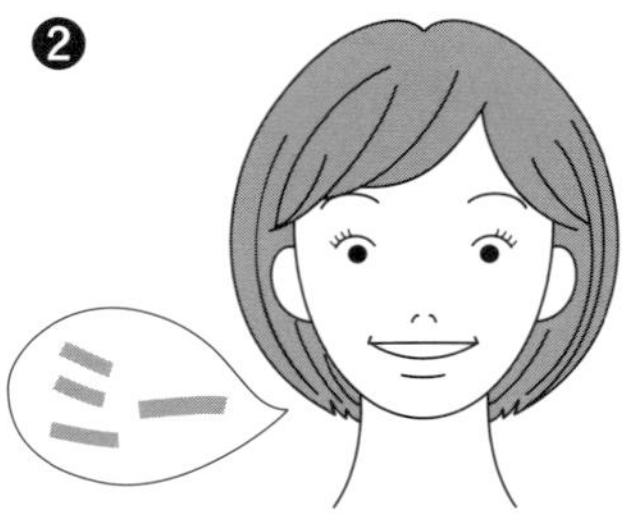

「ミー」と言いながら、口を横に開く。（頬の筋肉で口角を横に引っ張る感じ）。❶❷を10回程度繰り返す。

（出所）成田万寿美『一瞬で心をつかむ“笑声力”』（PHP研究所）

を発信してください。そうすれば、相手も笑顔で答えてくれることでしょう。

相手の反応で場が温まるのを待つのではなく、自分自身から、笑顔で働きかけて場のムードを構築することが大切です。

最後に、「笑顔は、話の内容が面白いから自然に出るものであり、不自然に作るものではない」というお考えの方に一言お伝えします。

実は、私自身もかつてはそう考えていたのです。ですから、そう考える人の気持ちもよくわかります。しかし、騙されたと思って試しに、1分間だけ、口を大きく開け、口角を引き上げて、ハハハハハと声を上げて思いっきり笑ってみてください。それだけで、楽しい気分になったはずです。

Vocal（声）

それは「性格」ではなく「声のくせ」だ

成田万寿美さんが著された『一瞬で心をつかむ〝笑声力《えごえりょく》〟』（ＰＨＰ研究所）という本の中に、声のくせをチェックする項目が掲載されています。その項目を参考に、声のくせをチェックするリストを用意しましたので、皆さん、まずはご自分でチェックしてみてください（図表3－6）。

いかがでしたでしょうか？

このリストを見て私自身驚いたのは、よくないほうの「弱々しい」「暗い」「固い印象」も、いいほうの「安定感がある」「明るい」「元気がある」「温かみがある」「落ち着いている」「パワーがある」「優しい」も、声によるものだと気づかされたことです。

この本に出会う以前の私は、これらの言葉は「性格」「性質」「人間性」の範疇を表現する言葉としてのみ捉えていて、声の特徴を表す言葉としては意識していませんでした。

確かに言われてみれば、「明るい声」「元気な声」「パワーがある声」という言い方は普通に耳にしますし、「声が暗い」「弱々しい」もよく使います。

つまり、声のくせによって人の印象そのものが左右されてしまうのです。このことを知った上で、面接の準備をするかしないかでは、結果に大きな差が出ますので、声について考えていきま

図表3-6 「声のクセ」チェックリスト

□小さい	□弱々しい	□語尾が消える	□こもる	□早口
□暗い	□固い印象	□かん高い	□張りがない	□ボソボソ声
□ガラガラ声	□かすれている	□一本調子	□舌っ足らず	□言葉を噛む
□よく通る	□張りがある	□安定感がある	□明るい	□元気がある
□心地よい	□温かみがある	□聞き取りやすい	□落ち着いている	□艶がある
□ハキハキしている	□リズミカル	□響きがある	□パワーがある	□優しい

しょう。

人それぞれ声のくせは異なっていますが、そもそも声のくせは何によって生じていると思いますか。実は、声のくせは「心の状態」「呼吸法」「姿勢」そして「発声法」から生まれてきています。

「姿勢」については前項の①ですでに説明しましたので、ここでは残りの3つについて紹介します。

心の状態
声は心に左右される

改めて言うまでもありませんが、「心の状態」がよくないとき、つまりは何か心配事があったり、不安なことがあったり、面白くないと感じているときの声は、「心の状態」がよいときに比べると覇気がなくなってしまいます。

以下のような精神状態にあると、決していい声は出てきません。

・自己肯定感が薄い（自信が持てない）
・ストレスがある
・マイナス思考
・仔細なことに腹が立つ

精神状態は、第1章で述べた「自己肯定感」の低さや、「他者軽視感」の高さと大きな関連がありますので、上に例示した「よくない」精神状態にならないよう、「自己肯定感」を高め「他者軽視感」を低めるよう、以下のような気持ちで日々を送ることをおすすめします。

・楽しいことを考えて、ワクワク感を味わう
・自分の将来に対して、夢や希望を持つ
・ありがとうやお陰様という感謝の心を持つ
・目標や目的に向かう生活をする

心を整える

しかし、現実の生活の中では、頭ではわかっていても、なかなかうまくはいかないこともあり

ます。そこで、自分の気持ちとの向き合い方を、岸英光氏の『エンパワーメントコミュニケーション』（あさ出版）という著書から、抜粋してご紹介します。

「味わう」というのは、例えば自分の気持ちを、眺めて、さわって、動かしてみて、なめてみて、舌にのせてみて、噛んでみて、味を知り、味を確認する——これが「味わう」という感覚です。つまり、自分自身の気持ちと、コミュニケーションを持つのです。自分の気持ちを味わっているうちに気持ちが落ち着き、それまで見えなかったものがはっきりしてきたりします。自分の感情を味わい、気持ちを味わい、過去を味わえば、だんだん本質が見えてきます。（中略）人は悩んでいるとき、「こうすれば、こうなってしまう。ああすれば、ああなってしまう」とぐるぐると同じ場所を回って判断することができなくなります。放っておくと、悩みはどんどん深くなっていきます。そうしたときに、自分がどんなことに悩んでいるのかを味わってみるのです。すると、ぐるぐると同じところを回っていることがよく見えてきて、バカバカしくなってきます。（中略）悩みに迷い込み、整理がつかない状態になっているときは、自分でその悩みを味わうことです。自分自身と悩みを切り離して、悩みだけを見つめ、さわり、味わうことで、すっと視界が開けてくるのです。

実に、含蓄のある言葉ではないでしょうか？

もちろん、こうしたこと以外にも、「スポーツ観戦で大きな声を出す」「カラオケで熱唱する」

「友達とおしゃべりをする」「遊園地で絶叫マシンに乗って、大声で叫ぶ」「散歩する」「お風呂でリラックスする」などにより、ストレスを発散することも有効な方法の1つですが、その効果は一時的なものに終わりがちです。

ぜひ、精神状態が「よくない」と感じたら、先ほどの岸さんの文章を取り出して、何度も繰り返し味わってみてください。

精神状態を悪化させないためには、普段からプラスの（前向きな）言葉を使うことも大切です。たとえば、「嬉しい」「楽しい」「大好き」「幸せ」「素晴らしい」などです。

日本では古来より、「言霊」という言葉があり「言葉には魂が宿る」と信じられてきました。毎日の生活の中で、プラスの言葉を口に出すことで、気持ちは前向きになります。

呼吸法

プレゼンテーションコーチのニューマン氏は前出の著書で、以下のように書いています。

声というのは、その人の印象をコントロールするうえで、非常に重要なファクターなのです。声が太く強ければ、自信にあふれた人に見えます。細くて弱々しければ逆の印象です。声が音楽的な人は繊細なイメージ、ゆっくり話せば思慮深く聞こえ、早口で話すと興奮しているように思われます。（中略）まず、声は、「息づかい」によって出すものです。（中略）だから、声の出し方においてもっとも重要なのが「呼吸」です。息を吐かずに話すことは決してできません。「呼吸の質」について、私たちはもっと考える必要があるのです。（中略）私は、「呼吸がきちんとできないうちは、コミュニケーションスキルを上達させることは絶対にできない！」と断言します。それほど呼吸は重要なのです。

つまりコミュニケーションスキルそのものも、「呼吸法」が大切であると説いているのです。

腹式呼吸をマスターする

ところで、呼吸には、胸式呼吸と腹式呼吸の2種類の呼吸があるのをご存じでしょうか？　両者の違いを図示したのが、図表3-7です。

胸式呼吸は、肺を含む肋骨や鎖骨で胸部を広げて空気を入れます。「のど声」と言われるようにのどに負担がかかるので、長く話すと嗄れてきます。また、呼吸が浅いので、大きな声や張りのある声が出せません。

一方、腹式呼吸は肺の下にある横隔膜を下げることで肺が大きくなり、たくさんの空気を取り入れることができます。腹式呼吸は息をコントロールしているので、声にメリハリをつけることができます。あがってしまい心臓がドキドキしていても、声が震えたり、裏返ったりすることが

図表3-7　胸式呼吸と腹式呼吸

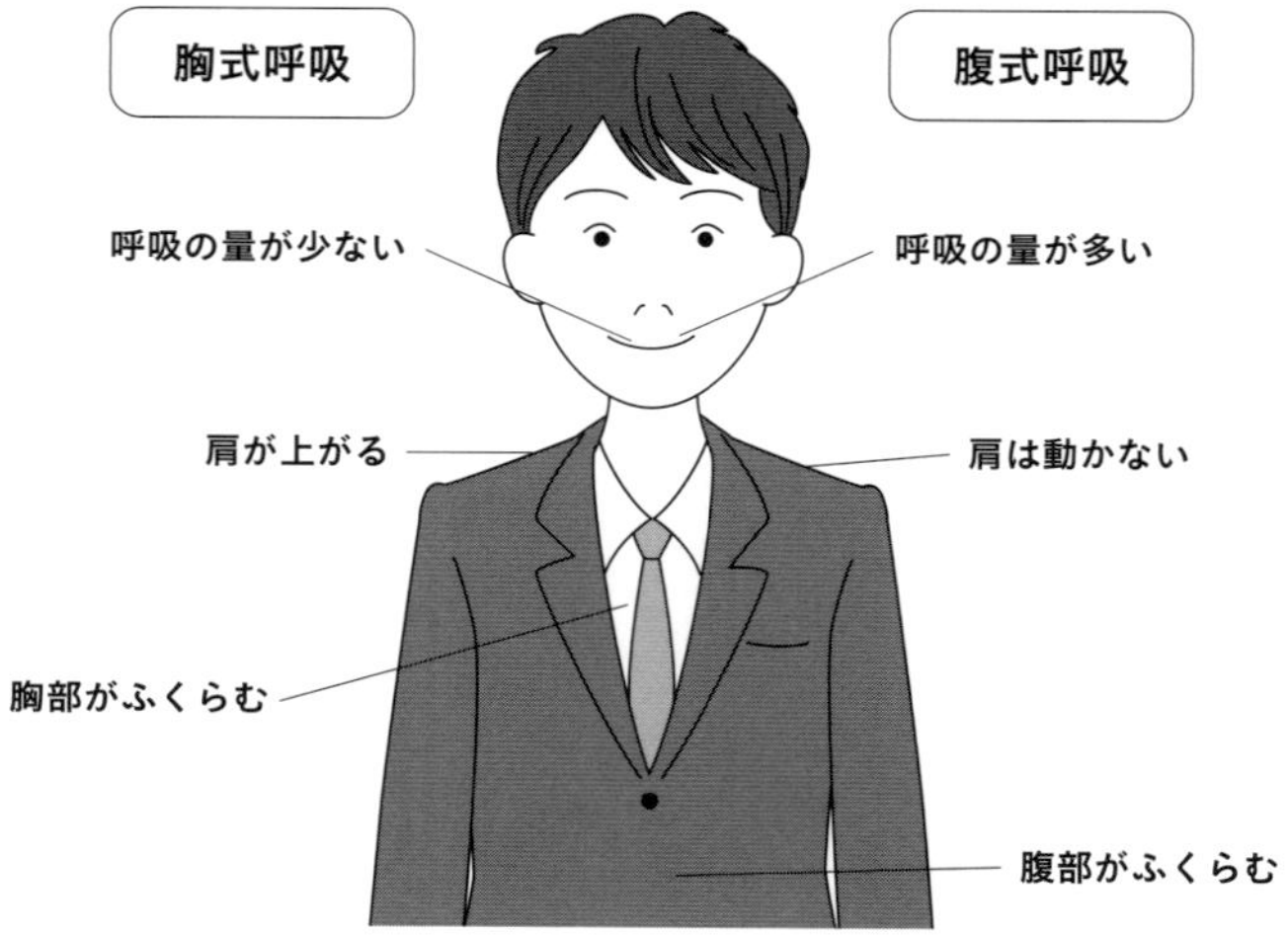

ありません。また、意識して腹式呼吸を繰り返すことにより、緊張をやわらげ、リラックスすることができます。

先ほどの声のくせチェックリストで、よくないくせが見つかった人は、まずは、この腹式呼吸をマスターすることが重要です。

呼吸は「心」を左右する

また、腹式呼吸法には、心理学的な効用もあると倉島麻帆さんが前出の著書で記していますので、紹介します。

私たち人間の心には、「顕在意識」と「潜在意識」があります。

顕在意識とは、私たちが自覚できる意識のことです。表面意識とも言います。

潜在意識とは、私たちがほとんど自覚できない意識のことで、無意識とも言います。

この潜在意識は、私たちが意識ではコントロールできない自律神経の働き（心臓を動かす、胃の消化など）も担っています。（中略）

「呼吸」も、私たちはふだん無意識にしています。しかし、意識的に深くしたり浅くしたり、ゆっくりしたり速くしたり、自分でコントロールすることもできます。つまり、顕在意識と潜在意識の両方の領域にまたがっている唯一のものが、呼吸です。

顕在意識と潜在意識の間にある壁を、心理学用語で「クリティカルファクター」と言いますが、腹式呼吸はこのクリティカルファクターを取りはらいます。顕在意識の思いを、潜在意識にまで行き渡らせることができるのです。


今ここで引用した文章の中には、極めて大切なことが示唆されています。

私がコーチングをしている男子学生の中に、「重要な面接になるとあがってしまって、うまく話せません」という人がいました。少しでもこういう思いに囚われていると、潜在意識の中では「面接が怖い」「面接は苦手」という強迫観念が生まれてしまいます。

潜在意識とは、過去の経験の蓄積で自分が作り上げたセルフイメージなので、いくら「今度は

図表3-8　腹式呼吸のトレーニング方法

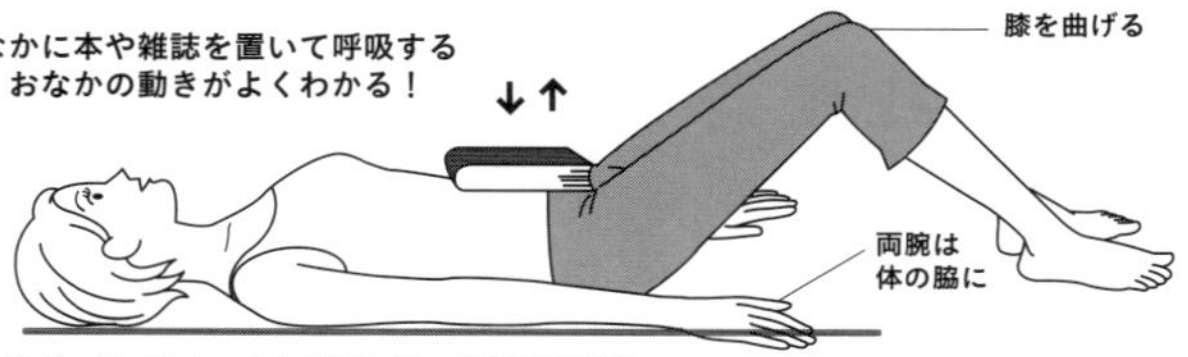
おなかに本や雑誌を置いて呼吸すると、おなかの動きがよくわかる！
↓↑
膝を曲げる
両腕は体の脇に

（出所）成田万寿美『一瞬で心をつかむ“笑声力”』（PHP研究所）

堂々と話すぞ」と顕在意識で決意しても、なかなか本番の面接ではうまくいかないのです。

ではどうしたらいいのか？　私が先ほどの学生にやったのは、まず「腹式呼吸」をトレーニングし、「面接のときには、堂々と話す」という顕在意識を、呼吸によって潜在意識にまで行き渡らせることでした。すると、面接時に彼があがってしまうことはなくなり、結果として合格率が格段にアップしたのです。

腹式呼吸を身につけるトレーニング方法は何通りもありますが、図表3-8で一番簡単な方法を紹介しますので、参考にしてみてください。

発声法

「口ごもる」「噛む」のは、発声法を知らないから

私がコーチングをしている学生の中に、語尾が消えたり、口ごも

る、場合によっては、言葉を噛む人がいます。なぜそうなってしまうのか、正直はじめは原因がわかりませんでした。しかし、私自身がボイストレーニングを受け、その原因がはっきりしました。

語尾が消えたり、口ごもったり、噛んでしまったりする原因、それは、正しい発声法ができていないことにあります。

この発見は、自分自身でも驚きでした。が、よくよく考えてみると、そもそも私は、正しい日本語の発声法を学校で1度も教えられていません。

小学校に入学する時点では、すでに言葉を話せていたので、教える側の先生すら「発声法」の大切さを認識していなかったのでしょう。

皆さんは、日本語には母音と子音があることを習ったことを覚えていますか？ 念のために少しおさらいをします。母音は、あ（a）い（i）う（u）え（e）お（o）です。あ行以外は、原則として「子音＋母音」でできています。たとえば、か（ka）き（ki）く（ku）け（ke）こ（ko）のように。だから、すべての音に含まれる母音がきちんと発声できれば、語尾が正確に伝わり、話し方にメリハリが出てきます。そのため、いい発声法を身につけるためには、まず母音をきちんと発声することが大切なのです。

発音トレーニング

あ（a）い（i）う（u）え（e）お（o）の正しい発声の方法は以下のとおりです。

「あ」↓指が縦に3本入るくらい、大きく口を開く
「い」↓口を横に開き、口角を耳元に引き上げる
「う」↓唇をすぼめて、やや前に突き出す
「え」↓唇をやや左右に引き、舌先は少し上に向ける
「お」↓口の中に大きな空間を作る

ポイントは、「あ」「え」「お」は、顎が下に動き、3音ともほぼ同じぐらいの位置まで下げることです。恥ずかしながら、私自身はこのことを知るまで、話すときに顎があまり下がっていませんでした。正しい顎の動かし方を知ってから、人が話すときの顎の動きを注意して見ているのですが、以前の私のように話す際に顎が下がらない人が非常に多いことに驚いています。

また、私の場合、「う」と「お」の発音が苦手で、トレーナーに言われたように発音できるようになるまで、およそ2カ月を要しました。

図表3-9 「あいうえお」の発音の仕方

指が縦に3本入るくらい、大きく口を開く。

少し口を開き、口角を耳元へ引き上げる。

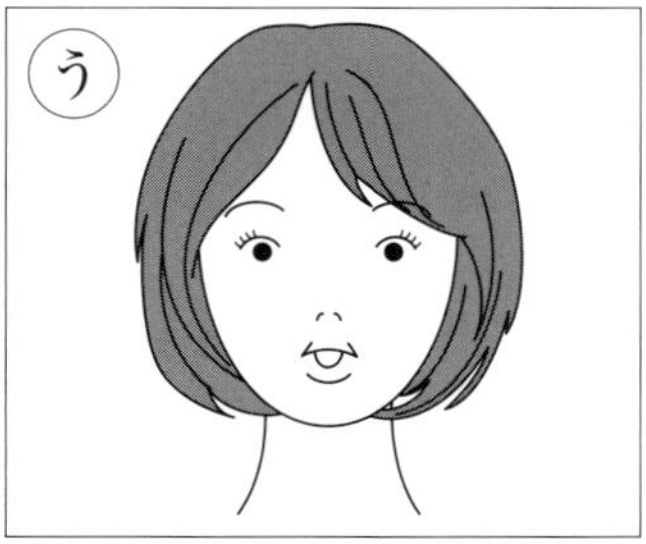

唇をすぼめて、やや前に突き出す。

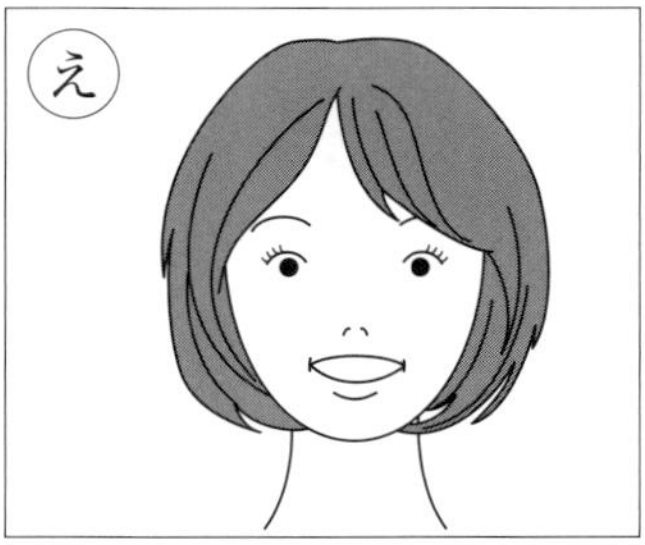

唇をやや左右に引き、舌先は少し上に向ける。

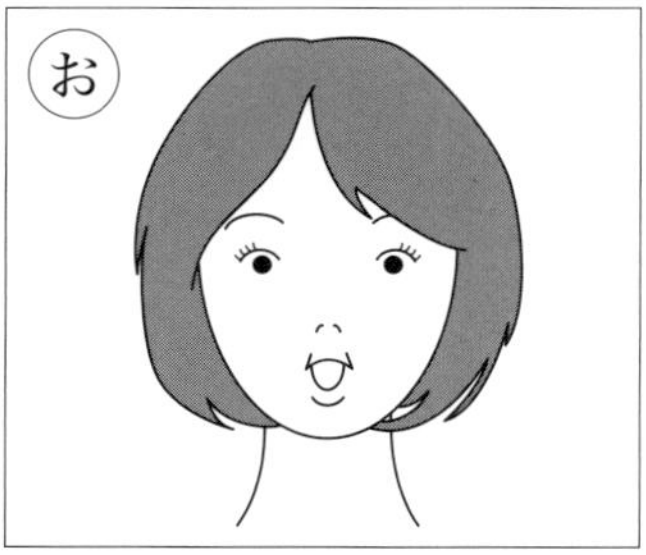

口の中に大きな空間を作る。

（出所）成田万寿美『一瞬で心をつかむ“笑声力”』（PHP研究所）をもとに筆者作成

滑舌トレーニング

次に滑舌をよくするトレーニング法を紹介します。以下を、1音1音区切って、リズミカルに、口を大きくはっきり開けて、笑顔で発音してみてください。

アエイウエオアオ　カケキクケコカコ
サセシスセソサソ　タテチツテトタト
ナネニヌネノナノ　ハヘヒフヘホハホ
マメミムメモマモ　ヤエイユエヨヤヨ
ラレリルレロラロ　ワエイウエヲワヲ

発声をよくするためには、顔の筋肉を使い、口を大きく開けて発音すること。また、舌をよく動かすことも重要です。

舌の動きが重要になるのは「ラ行」の発音をするときです。ラ行は、舌の先端を上の歯の根元やその前、その奥などに動かしながら、音を発しています。

「リラリラリラリラ……」「ラガラガラガラガ……」「ラタラタラタラタ……」など「ラ」行を使った発声練習をすると、舌の動きがよくなります。

声の表現

ニューマン氏は、前出の著書で以下のようなことを述べています。

> 人は、変化に敏感です。したがって、声の変化をうまく使えば、伝えたい内容をしっかりと印象づけることができます。声質では、深く呼吸し、十分な息を使って発生すれば、暖かい声に聞こえます。逆に息を出し惜しみすると、冷たく聞こえます。エネルギーを込める／込めない、つまり声質の強弱は変化を伝える1つの方法です。だから、呼吸法が大切です。スピードに関しては、ゆっくりと話していた人が急に興奮して早口で話し始めたら、相手はこれまでとは違った印象を感じて、「何だろう」と耳を傾けてくれます。また、互いに話しをするときには、「間」を意図的にコントロールすることが大切です。
>
> ピッチ（抑揚）で大事なのは、音楽のようにリズムよく話すことです。淡々と話す人よりも、抑揚のある話し方をする人のほうが、暖かく、明るい印象を受けます。

世界を代表する名コーチのお話には、学ぶところが多いのですが、ではこのような「声の表現力」を身につけるにはどうしたらいいか？　日本のアナウンサーやナレーターが意識し、実際に使っている技を前出の倉島さんから伺いしましたので、ご紹介します。

声の表現力をアップするためのポイントは以下の4つです。

①抑揚（イントネーション）
②強調（プロミネンス）
③間（ポーズ）
④緩急（チェンジオブペース）です。

各ポイントについて、簡単に紹介します。

①抑揚（イントネーション）

イントネーションとは、言葉の調子、音の上がり下がりのことです。声の調子が上がることを昇調、下がることを降調、平坦なことを平調と言い、イントネーションはこれらの組み合わせで行います。

同じことを発音しても、音の上がり下がりで、まったく違う意味に聞こえます。具体的には、「あなた」を以下の2通りで発音してください。

・あなた（昇調）＝甘える感じ
・あなた（下調）＝怒っている感じ

発する言葉は同じでも、まったく違った意味に聞こえますよね。このように、私たちは常日頃からイントネーションによって、感情や気持ちを表現しています。

もし、自分の話し方が平坦＝平調だと思う人は、常日頃から、調子の上がり下がりを意識して話すよう心がけてください。

私がコーチングしている学生の様子を観察してみると、「語尾が上がる」学生が少なくありません。「発言内容に自信がないので、曖昧にしておきたい」「断定口調を避けることで、強調したいことを、角を立てずに伝えたい」という心理的な背景が、語尾が上がる口調に表われてしまっているのです。

しかし、語尾が上がる喋り方は、社会人の耳にはとても奇異な印象を与えます。抑揚は、語尾を下げることが基本ですし、語尾を下げると自信があるように聞こえるので、面接の際は意識して語尾を下げてしゃべるようにしましょう。

面接では、最初と最後に「挨拶」をしますが、その際にもこの「抑揚」の技術が使えると効果的です。

「おはようございます」→「おはようございます」

「しつれいします」→「しつれいします」

傍点のついた「は」や「つ」を上げて挨拶をしてみてください。明るく、元気な表現ができます。

このような練習もしてみてください。発する言葉は「大丈夫」だけです。

（A）心配そうに（具合の悪い友達を気遣って）

（B）驚いて（友達が目の前で転んで）

（C）元気づけるように（躊躇している友達を励ましながら）

（D）あきれて（何度も同じ失敗をしている友達を見て）

いかがでしたでしょうか？　同じ「大丈夫」でも、いろんな伝え方ができるのを実感していただけたのではないでしょうか。「大丈夫」以外の言葉でも「抑揚」を変えた発音をしてみる練習をすると、多彩な表現力を身につけることにつながりますので、折を見てやってみてください。

②強調（プロミネンス）

私たちは、大切なことは力を込めて話します。これが、強調です。また、強調は「際立ち」「際立たせ」「対比の強調」などとも言います。強調するには、その部分を強めて（大きく）言うのが一般的ですが、音を高くしても強調されます。

強調によってどんな感じが相手に伝わるかについて、簡単なエクササイズをします。実際に声に出して例文を読んでみてください。

例文は「私は　利恵子さんが　好きです」で、傍点部が強調する箇所です。

（A）私は利恵子さんが好きです。→【他の人は知りませんが、私は】
（B）私は利恵子さんが好きです。→【他の人ではなく、利恵子さんが】
（C）私は利恵子さんが好きです。→【嫌いではなく、好きなんです】

いかがでしたか？　聞こえ方が違ってきますね。このように、同じことを話していても、強調するところによって、伝わる意味が変わってきます。

実際に皆さんも、たとえば、「私は御社が第一志望です」や「私は営業職が好きです」など、自分なりに思いつく文章が強調する箇所を変えることによってどんな伝わり方をするか、試してみると面白いです。

ちなみに、この技術は呼吸をうまくコントロールすることがポイントなので、忘れないでください。

③間（ポーズ）

コーチングの世界では、初期の段階で「ペーシングのスキル」を学びます。「ペーシングのスキル」とは、ペースを相手に合わせることで信頼関係を築くという技術です。皆さんも、早口でまくしたてる人との会話を「うわっ、苦手！」と感じたことがありませんか？

日本語に「阿吽の呼吸」や「間抜け」という言葉があるとおり、相手とタイミングや気持ちを一致させることは、一体感を高める上でとても大切なことです。

「間」のない会話は、まさに「間抜け」です。逆に間を効果的にとることにより、相手に強い印象を与えることができます。以前、テレビで放映されていた「クイズ＄ミリオネア」という番組では、「ファイナルアンサー？」や「正解！」などと切り出すときの、みのもんたさんの間のとり方は、番組を強く印象づけるものでした。

間をうまくとるときに大切なのは、「重要なことを話す前に間を入れると、その後に話すことが強調される」ことです。

重要なことを伝えるためにとるベストの間は、「2秒」間です。たとえば、「私の好きな俳優は、福山雅治さんです」と紹介するのと、「私の好きな俳優は……福山雅治さんです」と紹介するのとでは、盛り上がり方が違います。

また、間を入れずに「待ちに待った12月24日」と言うのを、「待ちに待った……12月24日」と言うのでは、12月24日の特別感がまったく変わってきます。

皆さんも、たとえば「私はメーカー、中でも電子部品業界を志望しています」「私の長所は、実行力と課題発見力です」など、思いついた文章で、間を入れたり縮めたりすることでどんな伝わり方になるかを試してみると面白いです。

次に「間」に関連して、コーチングしている際に私がしばしば感じていることをお伝えします。

「えーっと」や「あの〜」や「その〜」といった言葉を、皆さんも会話中によく使うと思います。これらの言葉は、言語学では「声を出した間」と言います。一方、何も音を出さない沈黙を「声を出さない間」と読んで区別しています。

なぜ「えーっと」と「声を出した間」が出るのか?

それは、考え事をしている間の沈黙が怖いのと、「何か言わなきゃ」と焦ってしまうことに原因があります。そして、その奥には、人とのコミュニケーションに自信がなく、ゆとりがないことがあるのです。

これを直すには、「沈黙」を怖がらないこと。むしろ「間」の重要性を認識して、「間」のとり方を普段から意識しないでもできる技術にまで高めることです。

もし、自分が「えっーと」と話しているのに気付き、それをやめて「間」に変えるようになれたら、その技術が身についてきた証拠であると思って間違いありません。

④緩急（チェンジオブペース）

緩急とは、話す調子を変えたり、変化をつけることです。具体的には、話すスピード（速く、ゆっくり）や声の大小（大きな、小さな）を変えることです。また、ここまでの①〜③でお伝えした抑揚や、強調、間を取り入れながら、話に変化をつけることです。

人は変化に敏感ですから、総合的にこの緩急がつけられると話し方の表現力が飛躍的に高まります。

ここではまず、今までお伝えしなかった、声のスピードを変える重要性について紹介します。

次の文章を口に出して読んでみてください。

「ゆっくりと走っていた車が高速に入ったとたん、またたく間に100キロに達しました」

これを読む際は、最初は車がゆっくりと走っているのでスローに話します。そして、高速に入ったところから変わり、「またたく間に100キロに」のところで速く話すことによって、スピード感・臨場感が伝わります。

次の文章も同じように声に出して、読んでみてください。

「学園祭の準備は、6月1日から10月31日まで5カ月にわたって行われました」

これを読む際にも、「6月1日から10月31日」を、カレンダーの日が塗りつぶされるようなイメージを持ってゆっくりと話し、「5カ月」を強調すれば、相手に時間の長さやその間にどれだけ力を入れたのかが伝わります。時間の長さを伝える際には、ゆっくり話したほうが、伝わりやすくなるのです。

次に声の大小です。声を大きくしたり小さくしたり、高くしたり低くしたりすることによって、聞き手を飽きさせない、メリハリのある話し方になります。たとえば、感動したときに発する「おお」を、大きな声で発するのと、小さな声で発するのとでは、感動の大きさが違って伝わります。

落語家が話をしている様子を思い出してみてください。声の大小や、高低をうまく使い分けていますよね。

緩急は、話すスピード・声の大小に加えて、抑揚・強弱・間も含めた複合技術です。したがって、一挙に全部できるようにするよりは、1つひとつを確実にマスターするようにしたほうがよいでしょう。

「模擬面接」をする際には、ぜひとも①〜④の声の表現技法が使えているかを判定しながら技術の取得度合いを楽しんでください。

Verbal(言葉)
相手に「イメージ」が伝わる単語を使う

私は、初めてお会いする学生の皆さんに、「ここまでどのようにして来られましたか?」という質問を最初に投げかけます。

そうすると、多くの人は、ちょっとけげんそうな顔をして、「電車で来ました」と答えます。

しかし、この答えからでは、私が質問した意図を汲み取ってはもらっていないことしかわかりません。

私は彼らが、「どこに住んでいて、外苑前のオフィスまでどのぐらい時間がかかるのか」、また「混んだ電車に乗らないと来られないのか、乗らなくて済むのか」といったことが気になったので質問したのです。

ですので、たとえば「今日は自宅から来ました。私の自宅は○○駅から徒歩○分のところにあります。だから、○○駅から△△線で○○まで来て、そこから××線に乗り換えて外苑前まで来ました。そして、自宅から駅までと駅からこちらまでは歩いてきました」とでもお答えいただくと、とても安心します。

最初のように、「電車で来ました」と言われても、私の頭の中では「ふ〜ん、そうなんだ」と思うだけで、彼らが実際にやってくる光景の「絵」が浮かんできません。たとえば、東西線や銀座線など特定の路線を言ってくれれば、多少なりとも「絵」が浮かびますが、学生の皆さんの説明では、抽象的な言葉が多く具体性に欠けるために、「絵」が見えてこないのです。

具体と抽象を意識する

抽象的とは、具体的なことをひとくくりにして概念として伝えることです。一方、具体的とは、実際に1つのものが特定できることです。たとえば、野菜は抽象的で、白菜、ネギ、ピーマン、レタスは、「野菜」よりは具体的です。

ちなみに、先ほどの私の質問は、「抽象度」の高い質問です。本来私が聞きたいことをきちんと話してもらうためには、「今日はどんな交通手段で、また、どんな経路で来られて、何分程かかりました?」「仮に電車を利用したとしたら、混み具合はいかがでした?」と尋ねれば、相手も具体的にお答えいただくことになります。しかし、日常の会話で、いきなり具体的な質問をしても敬遠されてしまいます。そのために敢えて抽象度の高い質問を投げかけるのですが、それに対して、抽象度の高い答えを返していいとは限らないのです。

このように、私が学生の皆さんと日頃会話をしていて、よく感じるのは抽象度の高い話をする人が多く、「それって、どういうこと?」とこちらが何度も聞き返さなくてはいけないことです。学問の世界では、抽象度の高いことを扱うケースが多々ありますが、ビジネスの世界では、抽象的な話で物事が進むことはまれです。たとえば、ビジネスの世界では、「頑張ります」といくら宣言しても、誰も納得してくれません。「何をいつまでに、どこまでやるのか」など、期日と中身について約束をし、その発言を受けて相手に判断を委ねるのが普通です。

ビジネスの世界では、いろんな年代の人が働いており、背景の違う人とのコミュニケーションが必要です。したがって、抽象的なことを言われても会話が成立しない上、何回もやりとりをしなくてはならなくなるために時間が無駄になります。そのため、ビジネスの世界では、具体的な「絵」が見える会話が重視されるのです。

学生の皆さんも社会人と接する際には、まずは、相手の頭に具体的な「絵」が浮かんでくるような表現をすることが大切です。

表現技法

次に、同じことを伝えるにしても、それが相手に伝わりやすくなる表現技法について紹介します。この方法は、エントリーシート、グループディスカッション、面接のすべての場面で有効な技術です。

最初に、「伝わりやすい構造」を、続いて伝えた内容が印象に残りやすくなる4つのスキルについて紹介します。

伝わりやすい構造

プレップ法

プレップ法とは論理的にわかりやすく伝えるための、伝え方の構造です。「PREP」とは、Point、Reason、Example、Pointの頭文字をとったものです。

・Point：主張や結論の「要点」や「結論」を最初に述べます。すべてを述べるのではなく、端的に要点や結論だけ伝えることが重要です。

・Reason：最初に伝えたことの「理由」を述べます。理由を伝える上では論理性が重要です。特に「縦の論理」を意識し論理の飛躍がないようにすることが大切です。ちなみに「縦の論理」とは、AならばBといった、因果関係を表す論理のことを言います。

・Example：具体例やデータ（数字、事実）を挙げ、論理に説得力を持たせます。これまでやや抽象的であった内容に「具体性」を持たせ、説得力を高める役割を担っています。

・Point：最後に、最初に伝えた「要点」や「結論」を再び伝え、その内容を相手の頭に強く印象づけます。

たとえば、エントリーシートで自己PRの文章を書く際には、以下のようにプレップ法を使います。

「私の長所は、主体性と課題発見力です。そう考える理由は、演劇サークルでの課題を主体的に解決してきたからです。私は3年次の4月から部長として活動してきました。その際に私が取り組んだことは以下の2点です。当時、演劇部には出演者と演劇を支えるスタッフ間で不信感や壁があったことと、公演資金が集まらないという課題がありました。そこで、それを解決するために、私は1人ひとりと対話を重ね、相互のパイプ役として信頼感作りに力を注ぎました。また、新たに『営業チーム』を創設し、資金難を解決しました。こうした経験をもとに、私には、主体性と課題発見力があるものと自負しています」

スター法

スター法とはSituation、Target & Task、Action、Resultの頭文字をとったもので、この順番で論旨を展開する方法です。

・Situation：最初に概要や状況を述べます。具体的なシーンを述べることが大切です。

・Target & Task：自分が解決しようと思った課題や、取り組もうと思った目標について述べます。ちなみにTargetは「目標」を意味し、Taskはそれを自分の「任務」とするという意味です。一般的には、TargetもしくはTaskのどちらかのみを使用するケースが多いのですが、私はあえてそれを「&」でつないで使用しています。

・Action：具体的にその課題解決や目標達成のためにとった行動を述べます。行動は、チームで取り組んだことや、相手に対して働きかけたことが望ましいです。

・Result：その結果、どういう成果を生み出したのか、それは、今までとはどう違うのかを伝えます。また、その結果としての自分の学びや成長を伝えます。

図表3-10のような図をイメージするとわかりやすいです。

この図は、「仕事力」でお伝えしたPDCAサイクルと似ています。また、次章の「就活スキル」の「人事面接」でも後ほど詳しく紹介します。社会に出るとこの図は、社外の人との商談や打ち合わせ、社内の人に対して「報・連・相」を行う際に、頻繁に使われる構造ですから、早い段階で習熟すべきです。

エントリーシートでよく問われる「学生時代に力を入れたこと」という質問に対しては、スター法を使って、以下のように説明するといいでしょう。

図表3-10 スター法の考え方

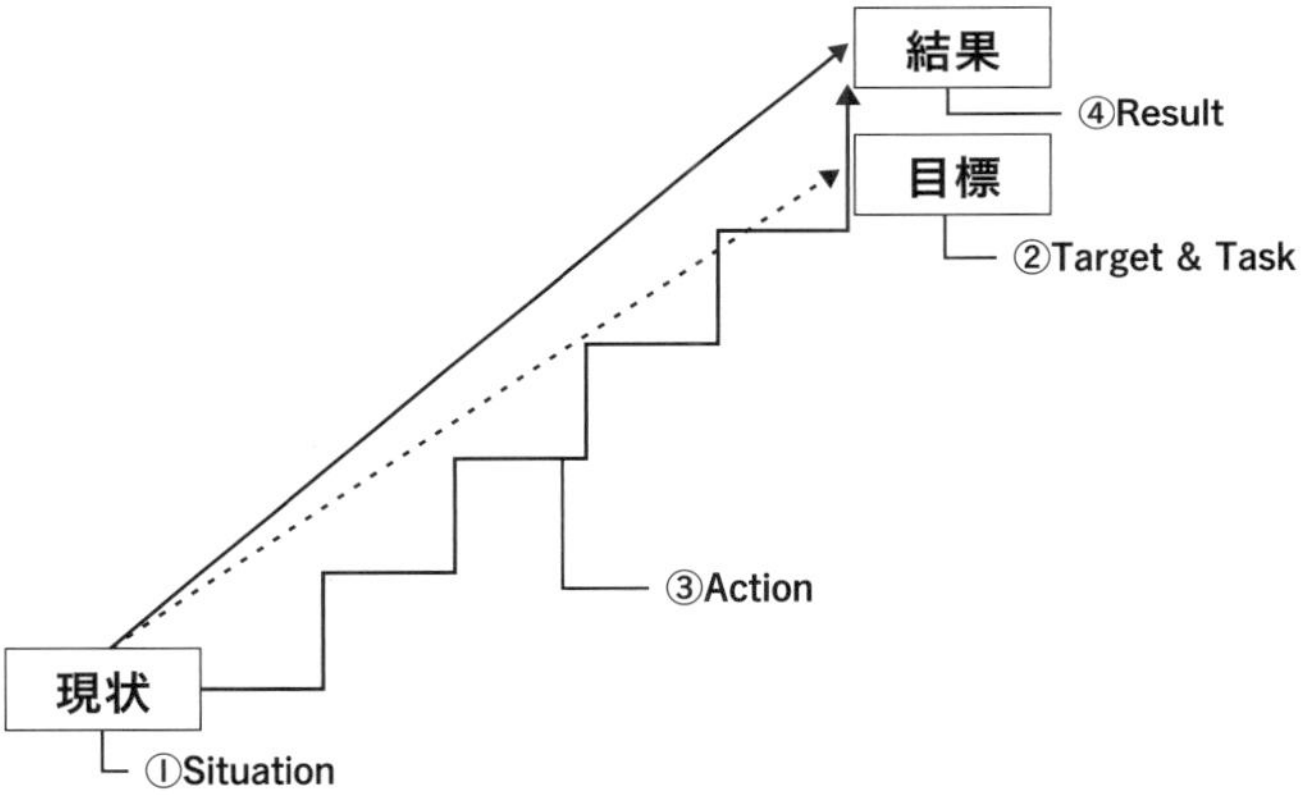

「私が、学生時代に力を注いだことは、テニスサークルの再興です。私が2年のときには、サークル内に、新人が入部しても途中から来なくなることと、テニスの上達が感じられないという問題がありました。そこで、私は3年次に副部長として、同期の3年生1人ひとりと会話を重ね、大学内の大会で3位入賞という目標を掲げると同時に、初心者にも丁寧に教えることに同意してもらいました。そして、後輩育成に力を注ぐと同時に誰もが出場できる練習試合を増やしました。結果として、3年次の最後の大会では3位入賞の目標を達成しただけにとどまらず、メンバーの上達感が見られ、一体感のあるサークルに生まれ変わりました」

皆さんもエントリーシートをまとめる際には、まずは、「基本的な構造」を自分のものとして押さえ、その上で文章の作成に取りかかると、相手に伝わりやすくなります。

印象に残る4つの表現

話の内容を印象に強く残すためには、以下の4つの方法があります。

数値法

文字通り「数字」を使うことです。たとえば、自分の所属するサークルの規模を説明するのに、単に「大きなサークル」と言っても規模感は伝わりませんが、「100人が所属するサークル」と言えば、相手にも正確に大きいサークルであることが伝わります。

また、「集客のために一生懸命頑張りました」と言っても、どのくらい頑張ったのか伝わりませんが、「今までは1000人の集客だったのが、1500人を集めました」と言えば、頑張りと共に成果を出したことも伝わります。

ビジネスの世界では、「数字が命」ですし、「数字」は世界の共通語です。そのため、話の内容に数字を意図的に折り込むのは、とても大事なことです。テレビコマーシャルでも、「タウリン1000ミリグラム」や、「レモン20個分のビタミンC」など、数字が多用されています。聞いているほうは、正直タウリンって何なのか知らない人のほうが多いのですが、とりあえず数字を出されると何だかすごそうに感じますし、説得されてしまうのです。

比較法

文字通り「比較」することです。たとえば、何かの大会で「3位に入賞」したことを説明しようとするとします。これを単に「3位に入賞」と言っても、それがすごいことなのか、初めて聞く人にはピンと来ません。そこで、「過去10年間はずっと6位入賞しかできなかったのに、今年は3位に入賞しました」と過去と比較する形で伝えれば、初めて聞く人にも「よく頑張ったね」と思ってもらえます。

また、単に「新入部員を20名も獲得しました」と伝えるだけでは、これまたピンとは来ませんが、「他のサークルが平均して10名しか獲得できなかったのですが、私のサークルでは20名を獲得しました」と説明すれば、「ああ、頑張ったのだ」ということになります。

ビジネスの世界では、数字が大切と伝えましたが、それは、対前年比○%アップしたとか、「同業の利益率が平均5%の中、自社は10%です」といったように、常に比較して物事を捉えるからです。テレビコマーシャルでも、たとえば洗剤では、洗浄力○%アップ（当社比）や、「他の店で当社より安い製品があれば、それよりも価格を安くします」といったことを伝えている会社がありますが、これなども比較法を使った表現の一例です。

比喩法

あることを何かに例えて「比喩」を使うことです。比喩表現を使うと相手に強いイメージを伝えることができます。

たとえば、「周りから、面白い人と言われています」では、どのくらい面白い人なのか、何がどう面白いのかが伝わりませんが、「明石家さんまさんのように面白いと言われています」と言えば、よほど面白い人ということが伝わります。

また、「1年生のときは、先輩に言われたことをしていました」と言ってもイメージがわかないですが、「1年生のときは、犬みたいに忠実に先輩に言われたことをしていました」と言えば、面白いし、イメージが鮮明に伝わります。

実際にビジネスの世界でも、特に初対面の人に自分の商品やサービスをわかりやすく伝えるために、たとえば「この製品はテレビのチャンネルを変えるぐらい簡単に誰もが利用できます」「毎月、2人分の人件費の削減になります」と言ったりしています。

引用法

よく知られている著名人や素晴らしいと言われている人の言葉を引用して話すことです。特に、自分の考えの正当性を主張するときや、説得力を持たせたいときに有効です。

たとえば、「僕はこうしたいけど、どうかなぁ?」と言う場合に、「実際に2年上の○○さんが、こういう場合には、こうしたほうがいいって言っていた」とみんなに一目置かれている先輩の言葉を加えると、説得力が増します。

また、志望理由を話すときに、「○○だから御社を志望します」と言うよりも、「○○だから御社を志望します。私の尊敬しているゼミの教授も△△と述べられています」と言ったほうが、相手には、好感度を持たれやすいものです。

ビジネスの世界でも、たとえば、「本田宗一郎さんが、○○とおっしゃっていましたが……」とか、「先日、お目にかかった佐藤取締役は、□□とおっしゃっていますが……」など、著名人や影響力のある人の言葉を引用してお客様や社内の人を説得することはよくあることです。

ここまで2つの構造と4つの技法を紹介しました。いかがでしたでしょうか？

もしかしたら、中には「自分に使えるかなぁ？」と思われた方も少なくないと思いますが、諦めてしまってはいけません。

こうしたスキルの取得は、たとえば野球のピッチャーが、今までは直球だけだったのを、カーブやスライダーを使えるようになるために練習することと同じですから、1つひとつ確実に自分のものにしてください（比喩法を使用）。

強いコトバ

ここでは、2013年2月に出版されベストセラーになった『伝え方が9割』（ダイヤモンド社）に掲載されている伝え方のエッセンスを就活にどう活かすか、紹介します。

『伝え方が9割』の著者である佐々木圭一氏は、同書の中で「強いコトバ」を「人の感情を動かすエネルギーのあるコトバ」と定義し、そのエネルギーのことを「コトバエネルギー」と呼んでいます。そして、コトバエネルギーを生み出すためには、「ジェットコースター」の原理と同じで、コトバに高低差をつけてあげればよいと説明しています。

強いコトバを作る技術は、以下の5つです。ここでは、そのスキルと同時に、面談や面接の場面でどのように活かすかについて紹介します。

サプライズ法

「伝えるコトバに、驚きのワード」をつける方法です。具体的には、「そうだ京都に行こう」は、明らかに「京都に行こう」よりも強いコトバです。また、単純に、びっくりマーク「！」をつけることもコトバを強くします。「好き」よりも、「好き！」のほうが強いです。このほかにも、「ほら、……」「すごい、……」「あ、……」も強いコトバの一例です。

面接でも、「サークル活動で、みんなで力を合わせて1つのことを成し遂げたとき、充実感と満足感を覚えました。『そうだ！　私は仲間と共に目標達成することに喜びを覚えるんだ！』と改めて意識した出来事でした」のように、使うと強いコトバになります。

ギャップ法

「伝えたいコトバの前に、あえて正反対のコトバを使う」方法です。たとえば織田裕二主演の「踊る大捜査線」の有名なセリフである「事件は会議室で起きているんじゃない！ 現場で起きているんだ！」などは、明らかにギャップ法で言葉に力を与えています。

面接で、単に「御社が第一希望です」というより、「他社が目に入らなくなる程、御社に惚れています」と言ったほうが、面接官によりアピールできるのは明らかでしょう。

赤裸々法

「自分の肌感覚に素直になって、自分の肌感覚を伝える」方法です。具体的には、「のどがカラカラ、感動の映画でした」「思い出しても顔が真っ赤になるくらい、素敵な夜でした」は、単に「感動の映画でした」や「素敵な夜でした」というよりも強いコトバになります。

面接の際、「内定を出したら、どうする？」と聞かれたら、「思わずガッツポーズです。もう、これで就活を終えます」と言ったほうが、単に「ありがとうございます。もう、これで就活を終えます」というより強いコトバとして伝わります。

リピート法

「単純に伝えたいコトバを繰り返す」方法です。具体的には、「うまい　うまい」や「今日は暑い　暑い」のほうが、「うまい」「今日は暑い」と一言言うより強く伝わります。「人民の人民による人民のための政治」というリンカーン大統領の有名な演説もこの手法を用いています。

面接でも「御社の新商品は画期的、画期的だと思います」とリピート法を使ったほうが、「御社の新商品は画期的だと思います」というより、強いコトバになります。

クライマックス法

「伝えたいメインの話の前に、クライマックスワードを入れる」方法です。たとえば、「これだけは覚えておいてほしいのですが……」や「ここだけの話ですが……」から始めるのが典型例で、これらの言葉から始めると、聞き手はその後に続くメインの話を集中して聞いてくれます。

面接でも同じようなコトバを前につけて話したり、人が1度に記憶しやすい「3」を使い「3つの理由があります。1つ目が……」と前置きしてから話を始めると、相手が自分の話に集中しやすくなります。

ここでは、紙面の関係上、各々の方法について面接で使える事例は1つずつしか紹介しませんでしたが、『伝え方が9割』を読んだ上で、コーチング受講者と勉強会を開催したところ、面白い活用法がいろいろと見つかりました。皆さんも、5〜6人のグループで『伝え方が9割』を教科書にして、勉強会を開催してみてはいかがでしょうか。

パーソナル・ストーリー

赤裸々な語りが心を動かす

「パーソナル・ストーリー」というのは、個人の体験を赤裸々に語ることで、相手の共感を引き出すスピーチの手法です。私はこの方法を、本書では何度も紹介しているニューマン氏の著書から学びました。

２０１３年９月７日のＩＯＣ総会で、２０２０年のオリンピック・パラリンピックの開催都市が東京に決まりました。その際の、日本の代表団のプレゼンテーションをテレビで見られた方は多いと思います。そのときに、高円宮妃久子様に次いで登壇した、佐藤真海さんのスピーチが、まさにこの「パーソナル・ストーリー」そのものでした。

佐藤さんは、走り幅跳びの日本代表として、パラリンピックに出場していた選手です。笑顔が素敵な人ですが、宮城県出身で、東日本大震災にご家族の皆さんが巻き込まれて大変な思いをされました。

そのときのスピーチの一部を紹介します。

19歳のときに私の人生は一変しました。私は陸上選手で、水泳もしていました。また、チアリーダーでもありました。そして、初めて足首に痛みを感じてから、たった数週間のうちに骨肉種により足を失ってしまいました。もちろん、それは過酷なことで、絶望の淵に沈みました。でもそれは大学に戻り、陸上に取り組むまでのことでした。

私は目標を決め、それを越えることに喜びを感じ、新しい自信が生まれました。そして何より、私にとって大切なのは、私が持っているものであって、私が失ったものではないということを学びました。私はアテネと北京のパラリンピック大会に出場しました。スポーツの力に感動させられた私は、恵まれていると感じました。2012年ロンドン大会も楽しみにしていました。しかし、2011年3月11日、津波が私の故郷の町を襲いました。6日もの間、私は自分の家族がまだ無事でいるかどうかわかりませんでした。そして家族を見つけ出したとき、自分の個人的な幸せなど、国民の深い悲しみとは比べものにもなりませんでした。私はいろいろな学校からメッセージを集めて故郷に持ち帰り、私自身の経験を人々に話しました。食糧も持って行きました。ほかのアスリートたちも同じことをしました。私達は一緒になってスポーツ活動を準備して、自信を取り戻すお手伝いをしました。そのとき初めて、私はスポーツの真の力を目の当たりにしたのです。新たな夢と笑顔を育む力。希望をもたらす力。人々を結びつける力。200人を超えるアスリートたちが、日本そして世界から、被災地におよそ1000回も足を運びながら、5万人以上の子どもたちをインスパイアしています。

今また文章で読んでも、改めて感動します。佐藤さんだけでなく、あの東日本大震災のときに、多くのアスリートの皆さんが被災地でとられた行動にも感動してじーんと来てしまいます。なぜ、このスピーチが、これほどまでに感動的なのか？ それは、このスピーチが佐藤さん自らが経験されたストーリーだからにほかなりません。

面接でのパーソナル・ストーリーの使い方

パーソナル・ストーリーは、聞く人が感情移入できるように、自分自身のエピソードを入れる技術です。話を聞いていて、耳触りのいいことばかりを言う人は、「本当かな」と疑ってしまうことがあります。しかし、もし、その人が、「前はこのような辛いことやみじめな気持ちになったけど、その後、自分の捉え方が変わり、頑張ることができて、今日の自分があります」という話をしてくれたらどうでしょうか？ 聞く側の受け取り方は大きく変わるはずです。

私が身近で聞いた話の中では、ある飲料メーカーに内定した学生が話してくれたストーリーがとても感動的でした。

彼は高校時代にテニス部に所属していながらレギュラーにはなれず、3年になっても毎日毎日、遅くまでテニスコートの整備とボール拾いを続けたのだそうです。すると、引退試合の前日に部長から「今日まで自分たちがテニスを精一杯できたのは、君たちのおかげだ」とみんなに頭を下げてお礼を言ってくれたというストーリーです。この話を聞いたとき、目頭が熱くなったのを覚えています。

ニューマン氏は前出の著書の中で、「パーソナル・ストーリーは人生の大事件である必要はなく、ささやかな出来事でもいい」と述べています。

皆さんも、ぜひ自分の過去を振り返って、自分が夢中で取り組んだことを思い出してみてください。その中にきっと、今日の自分の核となるパーソナル・ストーリーがあるはずです。もし、どうしても出てこない人は、誰かに今までの生活について引き出してもらうのがいいと思います。

人に聞いてもらうと、忘れていた記憶が蘇ってくることは、よくあります。そして、それでも自分の中に、打ち込んだ経験がなかったのならば、今からでも遅くはありませんので、これから作るべく何かに打ち込んでください。

第4章

新卒採用基準④就活スキル

本章では、就職活動全体を通して必要となる就活スキル（技術）について説明していきます。「就活スキル」は、大別すると2つに分けられます。

1つ目は、選考を受けるまでに準備するスキルです。具体的には、面接で聞かれること（自己分析・自己PR・学生時代に頑張ったこと・志望理由や入社後にやりたい仕事など）にきちんと答えるためのスキルと、志望業界や志望企業を選定するスキル、また、会社説明会・インターンシップ・OB・OG訪問を通して応募企業を確定するスキル、応募企業の情報を収集するスキル、就職活動全般の計画を立て、自分の行動を管理するスキルです。

2つ目は、選考に合格するためのスキルです。エントリーシート・筆記試験・グループディスカッション・グループ面接・人事面接・役員面接などを通過するためのスキルです。

それでは、就活の時系列に即して、大切なポイントを紹介していきましょう。

選考までに準備するスキル

自己分析

自己分析の分析指標は「新卒採用基準」

自己分析で大切なことは、現状でどれだけ企業が求める「新卒採用基準」を満たしているかを知ることです。

巷に出回っている就活本に書かれている自己分析の方法は、幼稚園、小学校時代から今まで、自分の経験や、そのとき考えたことを書き出し、過去を振り返ることです。つまり、「自己分析=過去の振り返り」だと言われています。

しかし、私はこうした自己分析の方法に、ずっと疑問を持ってきました。今まで自律的に生きてきた人や、何か誇れることをしてきた人には、この方法でも有効ですが、普通の人や誇れることがあまりない人には辛いだけだからです。

辛いと、多くの人は放棄するか、中途半端なまま途中でやめてしまいます。

そもそも自己分析とは、分析することに目的があるわけではなく、将来に対して「明るい展望」を持つためにやるものです。それなのに、過去を振り返るだけの自己分析では、人を落ち込ませるだけ。正直、分析させて落ち込ませることに、なんの意味があるのかずっと疑問でした。

「結局、今までの自己分析は、いわゆる『ひとかどの人』が自分でやってみて有効だと思った方法を、他の人に伝えようと思って作ったものではないか」というのが、私の結論です。しかし、「ひとかどの人」なんて、全体のホンのひと握りしかいないのです。

また、一般的な意味での分析は、分析指標があって、それに照らして現状がどうなっているかを判断するものです。就活での自己分析には、明確な分析指標、すなわち「基準」がありません。そのため、分析した結果が「いいのか、よくないのか」判定できず、将来の自己研鑽や行動へつながっていかないのです。

「将来の自分の行動につながる分析が必要だ」。このような思いを抱き、新たな自己分析手法の開発にチャレンジしました。それが、6～7ページに掲載した「新卒採用基準　自己分析表」です。

詳しい説明は第6章で述べますが、「新卒採用基準　自己分析表」は、企業が学生に求めている考え方や能力・スキル・習慣を明確な「基準」に落とし込み、それを5段階でチェックすることにより、現在の自分の「水準」を点数化し、自己の強み・弱みを把握するものです。

また、自分が志望している企業群では、どの程度の「点数」が必要であるかを明示し、そこに入社するためには、どの「基準」をどの程度の「水準」まで伸ばす必要があるのかも同時に把握

図表4-1 「新卒採用基準」の概念図

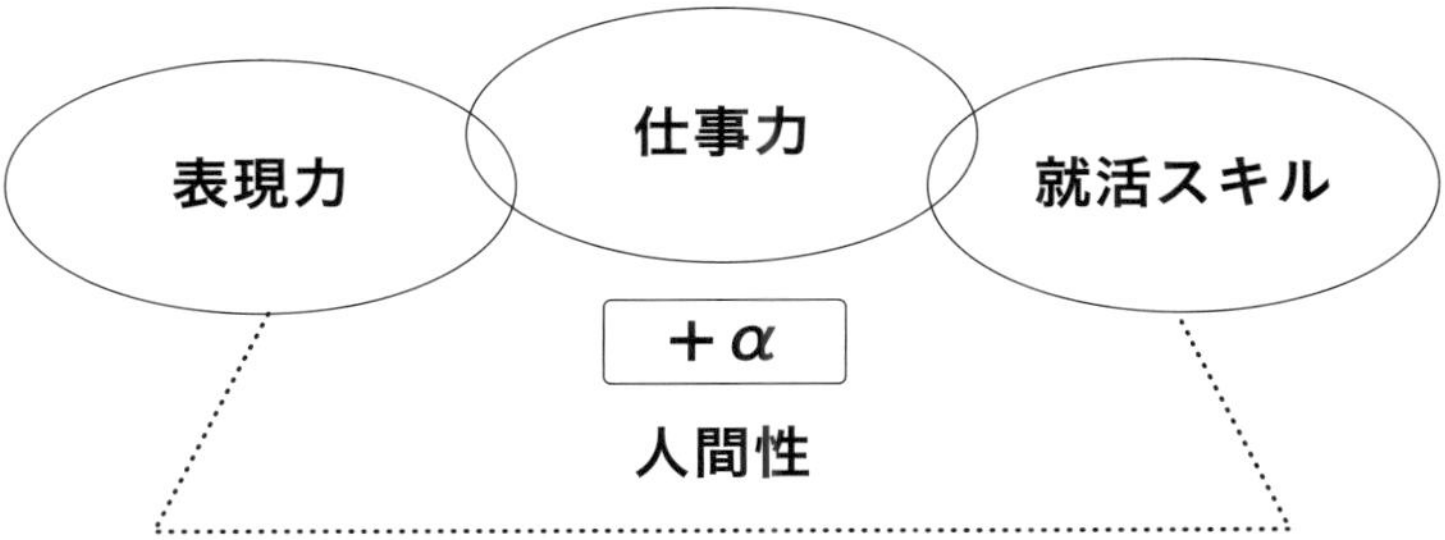

できるように設計してあります。

「新卒採用基準　自己分析表」の概念図は、図表4－1のとおりです。

企業は、採用する人材に豊かな人間性を求めます。人間性は、「自己肯定感」と「他者軽視感」で相当程度カバーできます。また、人間性や能力を高めるための生活習慣も大切で、それが「＋α」です。

同時に企業は、仕事ができる高い能力のある人を求めています。それは、これまで紹介してきた「仕事力」と「表現力」です。

また、それらすべてを採用選考の場で証明することが求められます。それが「就活スキル」です。

そして、これらは相互に関連し合っています。「表現力」が高まれば、「仕事力」も高まり、「就活スキル」も向上するという具合に。また、これらは、互いに重なり合ってもいます。特に「表現力」と「仕事力」には密接な関係があります。

過去の振り返り方

誤解があるといけませんので、「過去を振り返る」自己分析についての、私の考えをお伝えしておきます。

私は、「過去を振り返る」自己分析の方法が、まったく無意味であると主張するつもりは毛頭ありません。事実、この方式は特定の人には有効であると思っています。

ただし、「過去を振り返る自己分析だけでは、不足している」と正直感じています。

私なりの「過去を振り返る」自己分析法の有効な使い方を紹介しますと、自分のこれまでの「成績表」や、「表彰状」(あれば)、「工作物」を取り出して、それを分析するのがいいのではないかと考えています。

学生の本分は本来「勉強」です。勉強の成果である成績表を振り返って、得意・不得意をチェックすることにより、学力面での特徴がわかります。

それがわかれば、「就職試験」対策に、どの程度力を入れる必要があるかが見えてきます。表彰状や工作物は、自分が熱心に取り組んだ履歴です。これにより、自分の指向性や嗜好性がわかります。こうしたことがわかると、志望企業を選定する際に「モノ」への興味・関心の程度がわかりますので、それはそれで役に立つと考えています。

図表4-2　ジョハリの窓

		自分：知っている	自分：知らない
他者	知っている	**開かれた窓** 自分・他者ともに知っている部分	**気づかない窓** 自分では気づいていないが、他者には見える部分
他者	知らない	**隠された窓** 自分では知っているが、他者には見えない部分	**閉ざされた窓** 自分も他者も知らない部分

他者分析

「他者分析」というのは、自分の身の回りの人の力を借りて自己分析をする方法で、1人でやっていると行き詰まりがちな自己分析を円滑に進める上で欠かせない方法です。

図表4-2を見てください。これは、「ジョハリの窓」と呼ばれているもので、大学で心理学を学んだことがある人ならば、見たことがあるのではないでしょうか？　また、実際、多くの企業研修の場でも用いられている非常に有名なツールです。

このツールは、アメリカのJoseph LuftとHarry Inghamという2人の心理学者が作ったもので、その名をとってJohari Window

と呼ばれています。

このツールでは、横軸を自分の「知っている自分」と「知らない自分」に分け、縦軸で他者が「知っている自分」と「知らない自分」とすることで、4象限のマトリクスを作ります。

「ジョハリの窓」では、それぞれの象限を窓と呼んでいますが、以下のような4つの窓ができます。

- 開かれた窓：自分・他者ともに知っている部分
- 隠された窓：自分では知っているが、他者には見えない部分
- 気づかない窓：自分では気づいていないが、他者には見える部分
- 閉ざされた窓：自分も他者も知らない部分

自己分析で大切なことは、自分自身では気がついていない自分の姿、すなわち「気づかない窓」に何があるかを知り、矯正するべきポイントや、取り組むべき課題を明確にすることです。

また、自分をもっとオープンにして、「隠された窓」を開けることも併せて重要になります。

「気づかない窓」にある自分を知るようになると、「開かれた窓」が大きくなりますし、「隠された窓」をオープンにすることによっても「開かれた窓」が大きくなります。

「開かれた窓」は、自分と他者が「相互に理解」している自分の側面ですから、この窓の広い人は、いろんな人といい人間関係を築けるのです。

「ジョハリの窓」が私たちに教えてくれている一番重要なポイントは、自分とは「自分が知っている部分」だけでなく、「自分には見えていない部分」も含めて「自分」であるということです。余談ですが、私はこのことに気がつくのに5年もかかりました。

「ジョハリの窓」を使って自分のことを知るためには、まず人に自分のことを聞くことが不可欠です。できれば15人ぐらいに。しかも、いろんな層の人に自分についてどう思うか聞いてください。

親、兄弟姉妹、先生、先輩、同輩（友達）、後輩、恋人、アルバイト先の人に。人は、集団や人との関係性の中でさまざまな役割を担って生活しています。そのため、自分の属する集団の人に幅広く聞くことで、いろいろな自分が見えてきます。

また、先ほど紹介した「新卒採用基準　自己分析表」を周りの人にチェックしてもらうことも有効です。自分が考えていた「水準」と周りの人が捉えている「水準」とのギャップを知ることが、自己成長につながります。

このように他者からの客観的な評価をその後の成長に活かす方法は、多くの人気企業の研修でも実施されています。

長所と短所

長所と短所には、2種類ある

長所と短所は企業が重視しているポイントの1つです。履歴書に記入するだけではなく、エントリーシートや面接の場でも、実際よく聞かれます。

しかしながら、その割には、「長所・短所」の定義は曖昧です。私なりに考察すると、長所・短所には2種類の分野があります。

1つ目は、性格上の長所・短所です。通常、長所・短所と言えばこの性格上の事柄を指します。性格上の長所・短所は人間であれば、誰にでもあります。

2つ目は、仕事をする上での能力としての長所・短所です。これは「社会人基礎力」の12の能力要素に照らしてみれば自分の水準を測定することが可能ですから、明確に答えることができるので大きな問題にはなりません。

逆に、「性格上の『長所・短所』」はやっかいです。なぜなら、学生の皆さんの考える性格上の長所・短所の幅が、とても狭いからです。私が見てきた1000人の学生さんが挙げた長所・短所をまとめてみても、せいぜい10程度のワードにしかなりません。つまり、皆が同じようなことを書いているのです。

また、そもそも、自分の性格上の長所・短所について考えるのであれば、「性格とは何か？」についての知見がなければならないのですが、「性格」について「正確」（ダシャレではありません）に答えられる人には、今まで１人もお目にかかったことがありません。

エニアグラム

そこで、ここでは、「性格」について長年研究し、多くの皆さんに支持されているエニアグラムについて紹介します。

エニアグラムについての書籍は、１９８０年代末に出版されてベストセラーになりました。そのため年配の社会人のほうが、若い方よりも馴染みがあるのではないかと思います。エニアグラム学会もある程です。また、スタンフォード大学では、ＭＢＡの授業の中で活用されています。

エニアグラムでは、人間には9種類の性格があり、すべての人は、そのどれか1つを持って生まれてくるとされています。

自分が9種類のどのタイプに属するかは、各20の質問（全部で１８０）に答えることによってわかります。１つのタイプだけではなく、２〜３タイプにもまたがることもあります。

これから就活の準備をされる皆さんに、自分の性格を把握するためにエニアグラムの活用を進める理由は、9タイプそれぞれに「よい状態のとき」と「悪い状態のとき」の傾向が整理されているからです（図表4-3）。

エニアグラムのそれぞれのタイプでまとめられている「よい状態のとき」の傾向は、このタイプの人の長所、逆に「悪い状態のとき」の傾向はそのタイプの人の短所と捉えることができます。一旦自分がどのタイプに分類されるのかがわかれば、自分が悪い状態のときに陥りがちな思考や行動をあらかじめ知ることができ、自分の行動をコントロールする際に役立ちます。

また、他人を見るときには、仮に自分にとって嫌な発言や振る舞いがあったとしても、それは「悪い状態」の面が出ているだけであり、その人の「よい状態」のときには、このような素晴らしい面があることを知ることができるので、「他者軽視感」を低下させることに役立ちます。

さらに、履歴書やエントリーシートに記入する際や、面接で聞かれたときには、ＰＲＥＰ法に基づいて、自分の経験と紐づけて語ることにより、性格上の「長所」「短所」をわかりやすく、自信を持って表現することができます。

私自身が１８０の質問によって導かれたのは、タイプ7の「楽しさを求め計画する人」です。実際、自分がこのタイプの性格の人間であることを知って、人生が楽しくなりました。皆さんも自分がどのタイプかを知ることにより、人生が変わるかもしれません。興味のある方は、関連する書籍をご覧ください。

図表4-3　エニアグラムの知恵

	よい状態のとき	悪い状態のとき	タイプコメント
タイプ1	整理能力がある 克己心がある 正直 批評眼が鋭い 理想に向かって努力する 社会性に富む 努力家 精度が高い	神経質 片意地 独り善がり 押し付けがましい 嫉妬心が強い 道徳を振りかざす 融通がきかない 小心	●完全でありたい人
タイプ2	愛情細やか 適応力に富む 行動力がある 心が広く温かい 親切 情報収集力がある 思考に柔軟性がある 勘が鋭い	お節介焼き 他人に対して操作的 八方美人 嫉妬心・独占欲が強い 被害者意識が強い 論理性に欠ける 節操がない 独り善がり	●人の助けになりたい人
タイプ3	積極的 明るい 行動力に富む 勉強家 明確な目標がある 能率がよい チームプレーが得意 自立心が強い	自己中心的 スタンドプレーが多い 不誠実 生意気 冷たい 自慢好き 自己過信 過度の競争心	●成功を追い求める人
タイプ4	創造的 ユニーク 感受性が豊か ロマンティスト 芸術的 洞察力が鋭い 人を忍耐強く支える センスがよい	感情の浮き沈みが激しい 自分勝手 依存的 被害者意識が強い 嫉妬心・独占欲が強い 独善的 自分の想いにこだわりすぎる すぐに引きこもる	●特別な存在であろうとする人
タイプ5	分析力に優れている 聡明 忍耐力がある 独立独歩 冷静沈着 視野が広い	極端に消極的 知性への慢心 知識にこだわりすぎる 順応しない 他人行儀 愛想がなさすぎる	●知識を得て観察する人
タイプ6	温かい 情愛深い 忠実・誠実 洞察力に優れる 面倒見がよい 論理的で聡明 ユーモアやウィットに富む 責任感がある	疑り深い 怒りっぽい 決断力がない 自己不信が強まる 被害者意識が強い 感情が不安定 極度に保守的 詮索好き	●安全を求め慎重に行動する人
タイプ7	発想力に富む 明るく楽天的 集中力がある 行動力がある 自立心が旺盛 困難にくじけない 好奇心が旺盛 ロマンティスト	集中力がない 忍耐力がない 考えにまとまりがない 怒りっぽい 無責任 自己陶酔的 場当たり的 協調性がない	●楽しさを求め計画する人
タイプ8	パワーにあふれている 正義を重んじる 勇気がある 本能的直観力に富む 独立心旺盛 率直で飾らない 面倒見がよい 自信にあふれている	ケンカ腰 柔軟性がない 鈍感で無礼 人を人とも思わない 自己中心的 猜疑心が強い 傲慢で生意気 命令的	●強さを求め自己主張する人
タイプ9	穏やかで寛大 人の気持ちを理解できる 協調性に富む 平和と調和を保つ 偏見を持たない 忍耐力がある 飾らず自然 動揺しない	自信がない 面倒くさがりで怠け者 現実逃避的 不勉強 ずぼらで無神経 意地っ張り ことなかれ主義 消極的	●調和と平和を願う人

（出所）鈴木秀子『9つの性格』PHP研究所

「自己PR」と「学生時代に力を入れたこと」

企業が重視し、エントリーシートや面接でよく聞かれる「自己PR」と「学生時代に力を入れたこと」について説明します。まず、「自己PR」と「学生時代に力を入れたこと」の標準的な答え方について紹介します。

自己PR

自己PRは、表現力で紹介した「PREP法」の構造を使います。そして、その際には以下の4つのStepを踏むことが大切です。

Step1

Pointとなる長所は、社会人基礎力の3つの力（前に踏み出す力、考え抜く力、チームで働く力）の12の能力要素の中から、2つの能力要素（もしくはそれに近い概念の能力）を伝えます。違った分野の長所を2つ用意すると、希少に映るからです。

たとえば、マラソンの得意な人や100メートルが速い人は多くいます。しかし、マラソン選手でかつ、100メートルも速い選手は少ないので、希少価値をアピールできます。
また、能力要素を1つしか用意していないと、面接官から「他にありませんか」と聞かれたときに答えられなくなってしまうので、ぜひとも2つ用意してください。

Step2

Reasonの中で、自分の目指した目標や解決したかった課題を明示します。目標達成や課題解決の意思が行動の起点となるからです。

Step3

Exampleとして、具体的な自分の行動を2つ伝えます。2つ用意するのは、通常「自己PR」は「学生時代に力を入れたこと」とセットになることが多いためで、1つの事例だけだと「学生時代に力を入れたこと」とかぶるからです。2つ用意すれば、片方で「学生時代に力を入れたこと」を詳しく伝えられます。また、通常、長所はさまざまな場面で表われるものですので、2つくらいは用意できるでしょう。

Step4

もう一度長所を強調するためにPointの長所を繰り返します。

学生時代に力を入れたこと

学生時代に力を入れたことは、表現力で紹介した「ＰＲＥＰ法」と「ＳＴＡＲ法」の両方を使います。その際には、以下の４つのＳｔｅｐを踏みます。

Step1

Pointとして、自分が力を入れて取り組んだ活動や役割を伝えます。

企業は、さまざまな役割を担っている人々の集団です。どんな活動でどんな役割を果たしたのかを端的に表現すると、相手に取り組んだことをわかりやすく伝えられます。

Step2

Reasonとして、その活動に自分がもっとも力を入れた理由を伝えます。なぜ力を入れたのかを面接官は気にするからです。

Step3

Exampleを、ＳＴＡＲの構造で伝えます。そのときの状況、目標、行動、結果です。企業は、外部環境や内部環境の変化に柔軟に対応します。ＳＴＡＲの構造を意識して表現すると、「企業活動そのもの」とダブらせて自分の取り組んだことを面接官にわかりやすく伝えられます。

Step4

Pointとして、その結果、自分自身にどんな成長があったのかを伝えます。自分自身の学びや成長を語ることは自己PRにつながります。もっとも、「以上から、私が力を入れたことは◯◯です」というようにPointを再度述べて、結論を強調することだけでも大丈夫です。

以上が「自己PR」と「学生時代に力を入れたこと」の標準的な展開方法ですが、これを表現する際の注意点を紹介します。

書く際には、表現力でお伝えした、Verbal（言葉）を意識する必要があります。すべてを取り入れる必要はありませんが、使えるスキルをだんだんと増やしてください。

特に、「数値法」や「比較法」を取り入れると話の内容がぐっとしまります。話す際には、表現力でお伝えした3つのVすべてを意識してください。意識すればするほど、上達します。

「学生時代に力を入れたこと」が特にない場合

「学生時代に力を入れたこと」のテーマを書いたり、話したりする際、内容が薄いと思われた場合には、これから取り組む「自己プロジェクト」(第2章参照)にしてください。

3月から企業の採用広報が一斉に開始されますから、「自己プロジェクト」には、早くから取り組むに越したことはありません。しかし、自分を成長させ周囲の人に貢献できる取り組みのスタートに遅すぎるということはありません。実際に私がコーチングした人の中には、エントリーシート提出時にはまだスタートしたばかりの取り組みを書き、実際の選考時に活動中の内容を話したため、逆に臨場感のある話ができ、高い評価を得た人たちが大勢います。

一番まずいのは、「内容が薄い」ために、「やってもいないことを創作する」ことです。面接官の目は、甘くはありません。「やってもいないこと」はすぐにバレます。

志望業界の選定

自分が受ける企業を選びきれないので、アドバイスが欲しいという方が多くおられます。新卒生をナビサイトで募集する会社は、およそ1万社です。業界も約150に分けられます。そのため、自分にふさわしい企業を見つけることが難しいのは、とても理解できます。

しかし、志望企業を決めなければ、企業にプレエントリーすることもできません。つまり、就職活動を始めることができなくなってしまいます。

そのくらいのことは皆さん理解しているので、志望企業が決まっていない場合でも、とりあえず知っている会社にプレエントリーをしますが、やみくもにやってもわけがわからなくなるだけなので、この方法はおすすめできません。

私がおすすめするのは、「企業選定の前に、まずは業界選定をする」ことです。理由は、業界が異なると仕事の内容が大きく異なり、人によって向いている業界、そうではない業界があるからです。逆に、同じ業界であれば、会社が異なっても仕事の内容はそれほど大きくは変わりません。

ですので、まずは業界を絞って、その後実際に受ける企業を決めたほうが、個々の学生が自分に向いた会社と出会える確率が高くなるのです。

ビジネス・システム

企業選定の前に業界選定するべきだと考えた理由の1つ目が、「ビジネス・システム」にあります。ビジネス・システムとは、顧客を終着点として、製品／サービスを実際に届けるまでに行う仕事の機能のことです（図表4-4）。

ビジネス・システムは、業界によって大きく異なりますので、業種5大分類（メーカー、商社、流通、金融業、サービス業〈その他を含む〉）別に、少し詳しく説明します。

メーカー：BtoBメーカーならば、図表4-4の⑦と⑧の仕事はありません。BtoCメーカーな

図表4-4　ビジネス・システムの全体像

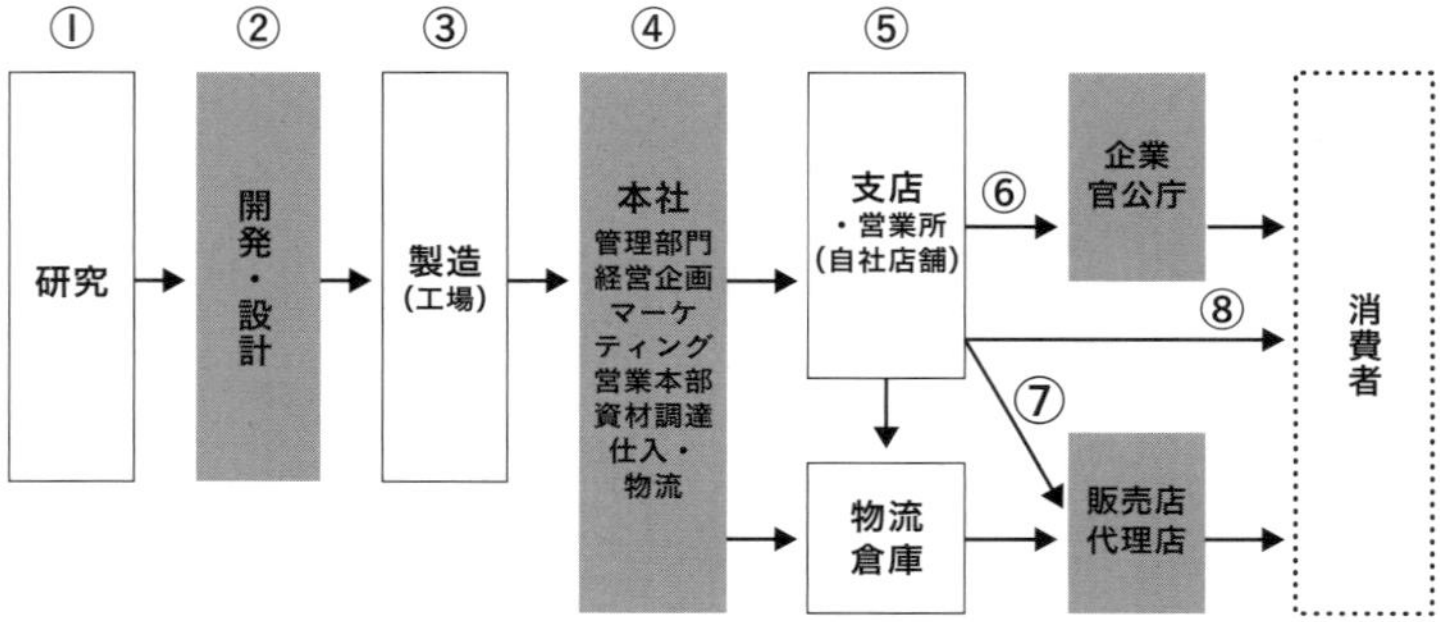

らば、⑥の仕事はありません。ただし、日本を代表するメーカーはB to B、B to Cの両方にまたがる会社が数多くあります。

商社：総合商社の場合には、⑧の仕事はありません。また①～③の仕事は、投資している場合には関与することがありますが、自社で投入する社員の数はごく少数です。専門商社の場合には、原則として①～③及び⑧の仕事がありません。

流通：百貨店、スーパー、コンビニなどの場合には、①～③の機能は、委託会社が担うケースがほとんどです。また、⑥と⑦の仕事を担う人も限定されます。

金融業：金融庁の指導のもと、もともとの商品の差別性が低いため、①～②の仕事を担う人は限られています。③の仕事はありません。工場がないからです。また、直接営業が多いために、⑦の仕事がある会社は少数です。

サービス業（その他を含む）：商品やサービスの差別性が高いものの、③の仕事はありません。
ただし、この業界は、一言でくくることが難しいため、業種大分類の枠組みで説明することが困難です。業種小分類で個別にビジネス・システムを検討する必要があります。

このように業界ごとのビジネス・システムを知ると、業界によって、仕事のフローや重点領域に違いがあることがわかります。

具体的には、①〜③がビジネス上大切な要素となっているメーカーと、その要素が薄い非メーカーとのスピード感の違いや、投資の重点領域を感じ取ることができます。

一般的にメーカーは、①〜⑨すべてが協力し合いながらビジネスをしているため、非メーカーに比べて、長い時間軸の中で事業が運営されていますし、研究・開発・製造に多くの人材や資金を投資しています。

仕事の行為（誰に・何を・どのように）

業界研究が必要なもう1つの理由に、業界によって「仕事の行為」が大きく異なることが挙げられます。

「仕事力」の章では、仕事とは「目的」を見据えた「目標」を達成することだと述べましたが、「仕事の行為」とは、「どのように目標を達成するのか」を指します。

仕事の行為は、「誰に」「何を」「どのように」に分けて考えることができます。たとえば、消費者向けのある商品を開発する仕事の場合には、「一般消費者」に対して、化粧品、食品、医薬品、自動車、電化製品などの「商品やサービス」を、今までの技術の蓄積やマーケット特性を踏まえて、「新たに開発する」ことが仕事です。

また、総合商社の場合には、「企業」に対して、原材料や素材やエネルギーといった「素材や資源」を、「仕入れたり、採掘する権益を確保することにより提供する」ことが仕事です。

図表4-5を見てください。これは、「仕事の行為」をわかりやすく図解したものです。

同一業界の場合には、会社によって仕事の水準（レベル）に違いはあるものの、仕事の行為「誰に」「何を」「どのように」には、大きな違いがありません。逆に言うと、仕事の行為は業界によって大きく異なります。

私自身の身近な例を紹介しますと、私が勤めていたリクルートでは、法人に対して、形のないもの（無形）を個人プレーで、相手の相談に乗りながら（非定型）営業活動をしていました。これが、リクルートでの典型的な「仕事の行為」でした。

リクルートはそもそも自社の社員に一生勤めてもらうのではなく、ある段階で会社を辞め、転職や独立を促す風土があり、実際毎年多くの社員が会社を離れていきます。

リクルートを辞め、転職したメンバーからは、「自分は形が決まったものを扱う（有形）会社

図表4-5　仕事は「誰に」「何を」「どのように」で考える

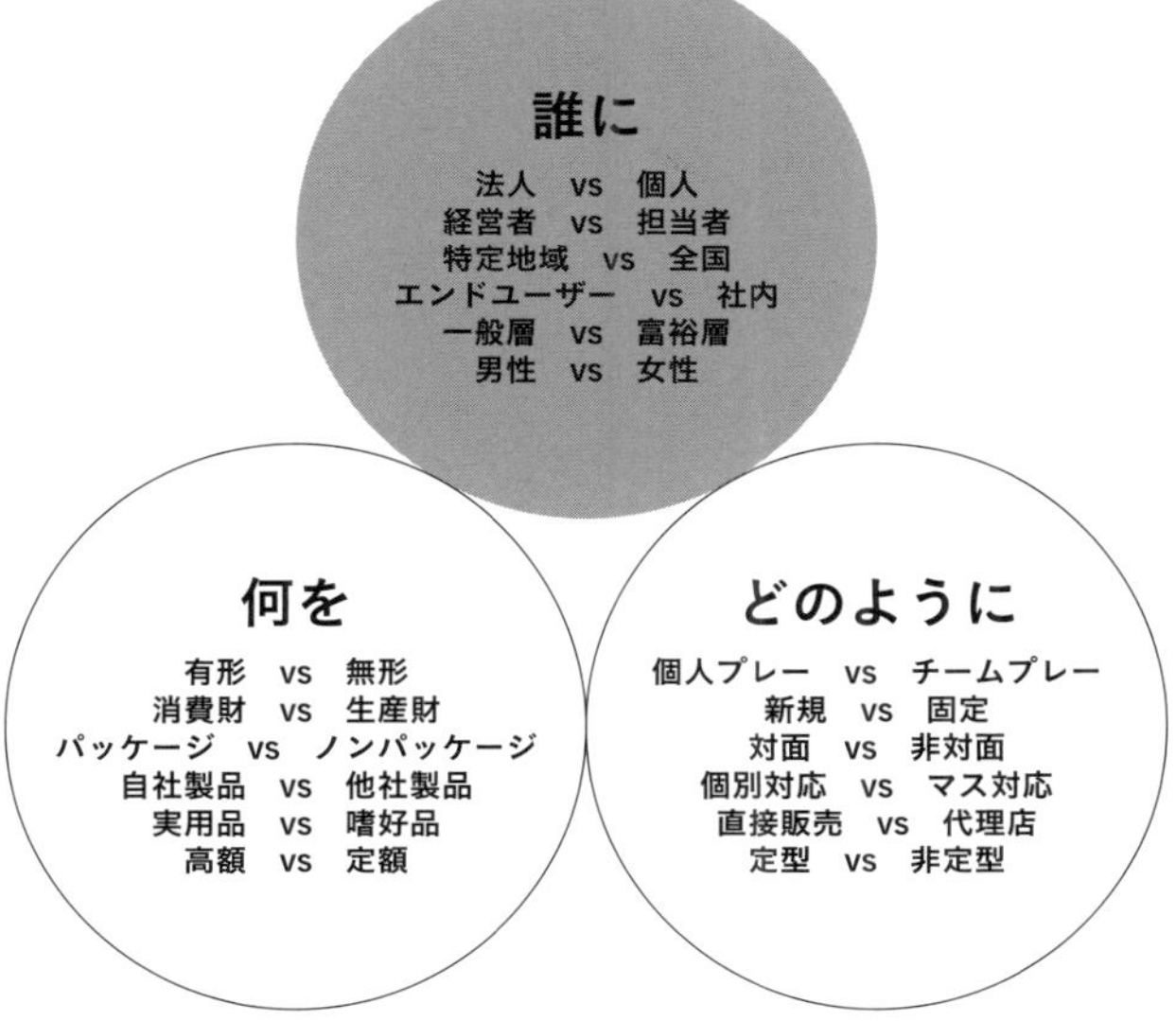

に入って苦労した」「個人相手の仕事は難しい」「やり方が決まっている定型の仕事は自由度がなくて嫌だ」という愚痴を聞かされることがあります。

一方で、リクルート出身者が転職したり、起業した後、成功している業界もあります。それは、「無形の商品やサービス」を扱い、「法人」に対して、「対面で個人プレーを中心に非定型」の仕事を行う「IT、メディア、広告、人材、教育、コンサル」などです。これらの業界では、もともとリクルートでやっていた「仕事の行為」がそのまま役に立つので、うまくいく人が多いのです。

このように人には、得手不得手

があり、また、好き・嫌いもあるので、まずは業界ごとの「仕事の行為」を確認して、自分に合った業界を選定することが重要なのです。

志望業界の選び方

次に、志望業界の選び方について、私が実際に学生にアドバイスしている方法を紹介します。まず、「肯定的」なアプローチと「否定的」アプローチの2つの方法で業界を分けます。肯定的アプローチとは、「好きな商品やサービス」「関わりたい人」「やりたい仕事の方法」から業界を絞っていくやり方です。反対に、否定的アプローチでは、「興味の持てない商品やサービス」や「関わりたくない人」「やりたくない仕事」の観点から行きたくない業界を絞り、自分の候補業界から省いていきます。

図表4-6を使って、『業界地図』を一緒に見ながら、「肯定的」「否定的」の両方のアプローチをしています。スタートは、「形のあるもの／ないもの」からです。

まず、自分が「形のあるもの」に興味・関心がわくのか、仕事として長く携わりたい商品や製品があるのかを決めます。ピンとくるものがある場合には、「形のあるもの」を選択し、ピンとくるものがなかったり、「形のないもの」のほうに興味・関心がわく場合には、「形のないもの」を選択します。

「形のあるもの」を選択した場合

図表4-6で示した「形のあるもの」を扱っている業界は、上から4つがメーカーで、その下2つが商社と流通です。

次の作業では、自分がピンとくる製品や消費財がある場合には、「何を」の欄にその名前を入れます。たとえば、「車」「食品」「飲料」「ビル」「電車」「洋服」などです。

製品・消費財よりも「インフラ」「部品」「素材・エネルギー」に興味がある場合には、具体的なモノの名前を記入します。たとえば、ビル、鉄道、電子部品、自動車部品、ロボット、石油、鉄、金属、化学素材などです。

ピンと来るものがない場合には、一旦空白にします。

次に、どんな人に商品を提供したいのかを考えて「誰に」の欄に記入します。「一般消費者」（B to C）か、「企業」（B to B）のどちらかの記入だけでもOKです。もう少し突っ込んで、ターゲットが誰であるのか（たとえば、若い女性か子供か、健康な人か健康を損なっている人か）や、マーケットをどこにしているのか（たとえば日本か世界各国か、企業か官公庁か）がイメージできれば、それに越したことはありません。

「誰に」に提供したいかを大切にしている理由は、たとえば、車に興味があったとしても、系列販売店や代理店に営業活動を行う（B to B）業界と、一般消費者（B to C）に営業活動を行う業界は別々だからです。

最後に、ある商品をどのように提供したいのかを考えて、「どのように」の欄に記入します。

図表4-6　志望業界選択シート

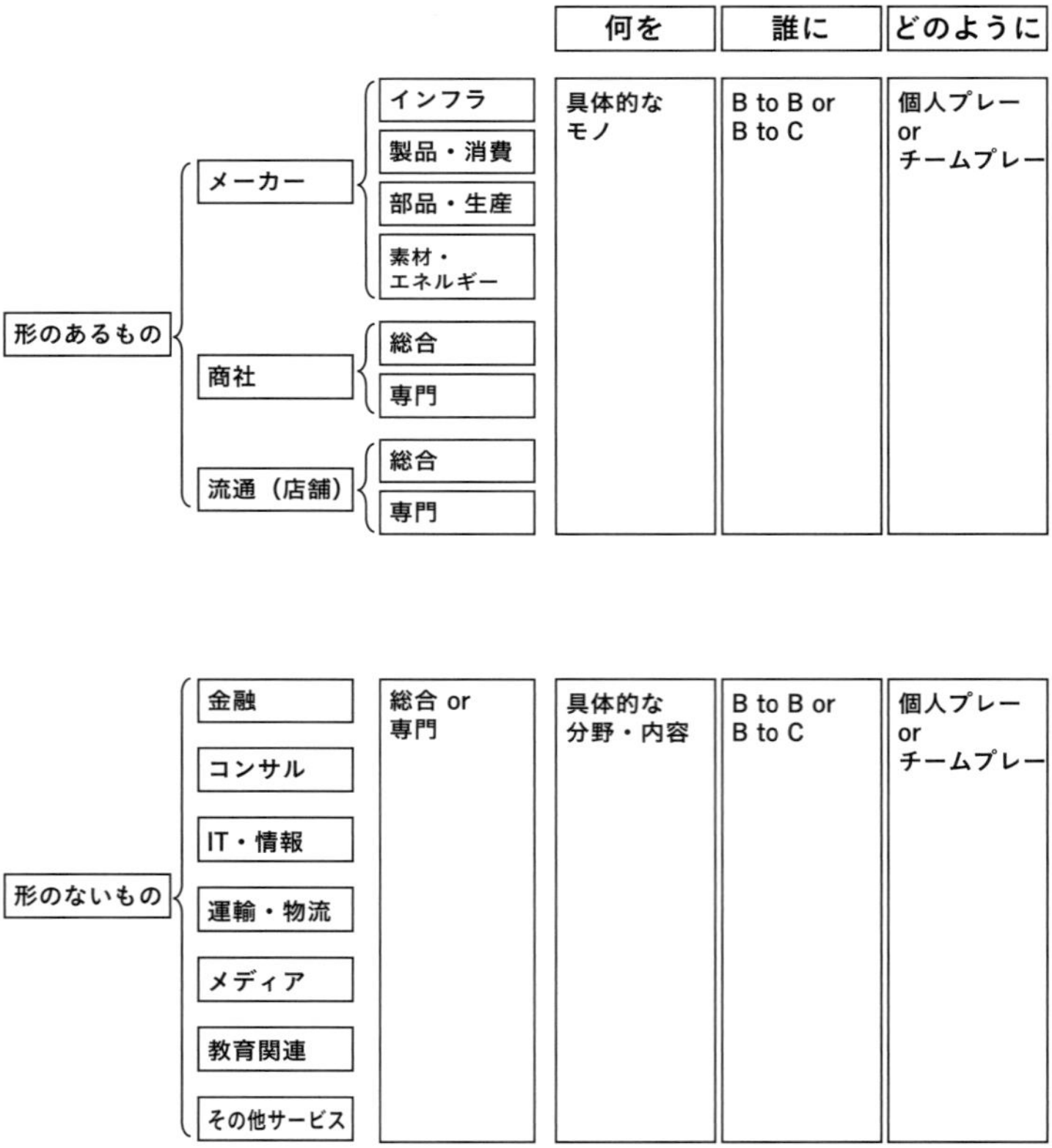

たとえば、「個人プレーかチームプレーか」「直接営業か販売代理店営業か」「商品のよさを伝えるPush型か相手のニーズに応じて提供するPull型か」「新規開拓か既存のルート営業か」などについて記入します。

人によっては、具体的商品のイメージがわかない場合があります（具体的な商品イメージがわく人は、業界が早く選定できます）。そのような場合には、「誰に」や「どのように」を先に固めて、その後に「何を」をイメージします。

それでも、「何を」のイメージがわかない場合には、否定的アプローチとして、何には興味・関心が持てないのかを明確にします。そして、残ったモノを、自分の志望にするのです。

「形のないもの」を選択した場合

「形のないもの」を扱う業界として、図表4-6では、金融、コンサル、IT・情報、運輸・物流、メディア、教育関連、その他サービスの7つの領域に分けました。あまり細かく分けても頭が整理できなくなりますし、これ以上少なく分けると漏れが生じるので、この程度が適当でしょう。

自分が提供したいサービスを「何を」の欄に記入します。具体的には、たとえば金融を選択した場合には、「生命保険」「損害保険」「投資信託」「証券」「銀行」などの種類を記入します。

次に、どんな人に「サービス」を提供したいのかを考えて「誰に」の欄に記入します。この場合も「形のあるもの」で紹介したように、「一般消費者」（B to C）か、「企業」（B to B）のどちらかの記入でOKですが、もう少し突っ込んで、ターゲットやマーケットがイメージできれば、尚いいです。

最後にあるサービスをどのように提供したいのかを考えて、「どのように」の欄に記入します。ここでも「形のあるもの」で紹介したように、たとえば、「チームプレーか個人プレーか」「直接営業か販売代理店営業か」「サービスのよさを伝えるPush型か相手のニーズに応じて提供するPull型か」「新規開拓か既存のルート営業か」などについて記入します。

「形のあるもの」で紹介した場合と同じで、人によっては、①の「何を」のイメージがわかない場合があります。そうした場合には、「形のあるもの」で紹介した場合と同じように、「誰に」や「どのように」から考えてみます。

第6章では、山田君という就活の先輩が、この表を使って、業界を絞り込んでいった過程を紹介していますので、そちらも参考にしてください。

ところで、ここで紹介した方法は、実際に私が就活コーチングの際に学生と一緒に行っているやり方ですが、人によっては、「将来性」や「賃金」を重視して志望業界を考えたいという人もいます。

しかしながら、「将来性」や「賃金」で業界を選定したとしても、面接では「志望理由」を明確にしなくてはいけませんし、入社後には実際に仕事をしなくてはいけません。

もし仮に、「将来性」や「賃金」を第一優先事項にするにしても、ここで紹介した考え方で、業界の具体的な事業や仕事をイメージしておくことが大切です。

業界選定をするためには、産業界にはどのような業界があるのか知っておく必要があります。また、どんな業界があるのか知らなければ、「何を」（具体的な商品やサービス）もわいてきません。『業界地図』を片手にワークを行うことや、世の中の業界を幅広く知っている人と一緒に検討することがおすすめです。

志望企業の選定

業界を選定したら、いよいよ志望企業を決めなくてはいけません。

就活コーチにやってくる学生の皆さんに「エントリー企業をどのように選んでいるの？」という質問をすると、10人中7～8人の割合で、「ナビサイトを見て選定しています」という答えが返ってきます。しかし、この方法は、おすすめしていません。

理由は3点あります。1点目は、ナビサイトでは、各企業の業界順位や影響力がわからないからです。ナビサイトは、学生にとっては、端的に企業の特色を理解できる使い勝手のいいサイトです。とはいえ、企業にとっては掲載料金が発生するというしくみのものです。したがって、ナビサイトの運営会社が意図していることは、掲載された会社が多くの学生の目にとまることです。そのためナビサイトには、業界における企業の売上（影響力）順に検索できるしくみがありません。２点目は、網羅性に欠けるからです。ナビサイトには、料金を支払っても掲載するという価値を認めていない企業は掲載されていません。他方で、実際にナビサイトには掲載されていないものの、社会的な評価の高い企業があります。

３点目は、ナビサイトの業界分類はくくりが大きすぎて、実態経済の上で競合関係にある企業だけをピックアップすることができないからです。企業を選定する際には、競合している他社の存在も視野に入れて行うべきです。

企業を見るフレーム

具体的な企業の選び方の前に、まずは、企業を見るフレームについて説明します。

企業を選定するときに大切なことは、３Ｃフレームで企業を見ることです。３Ｃとは、Customer（顧客）、Company（自社）、Competitor（競合）の頭文字のＣです（図表4-7）。

企業は「顧客」に対して商品やサービスを提供する一方で、「競合会社」と競い合いながら事業を行っています。同一業界では原則として「顧客」も同じです。また、顧客に提供する「商品やサービス」も、大きなくくりでは似ています。

学生の皆さんが企業で面接を受ける際には、競合会社と比べて、今受けている会社を選んだ理由（競合会社より優れている点）を説明する必要があります。そのための準備として、自分が受

図表4-7　3Cフレーム

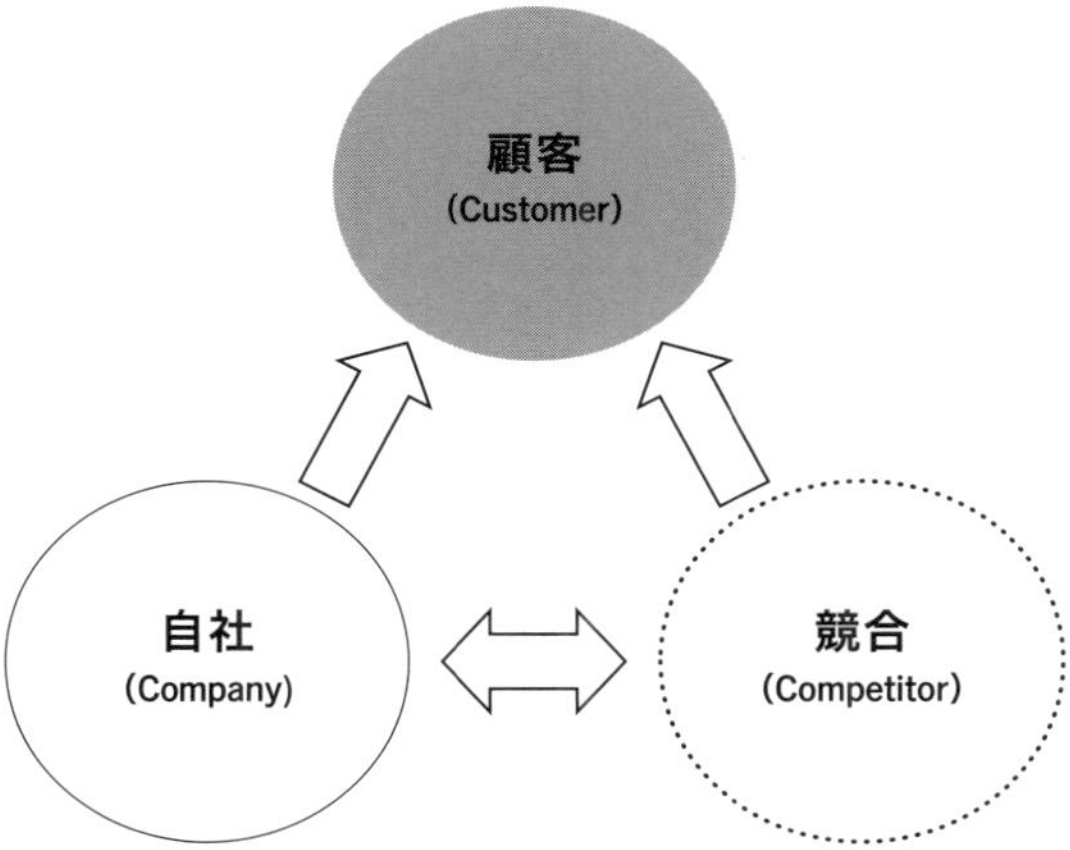

ける会社だけではなく、同じ業界の競合相手のことも調べておく必要があるのです。

また、受験する企業を選ぶ際には、その会社で仕事をすることに、やりがいや意義を感じるかが重要なポイントになります。社会に貢献するとしても、競合会社よりもどれ程、貢献度合いが高いのかを考えなければなりません。

こちらの観点からも、企業選定の際には、顧客が同じで、商品・サービスの質を競い合っている同業他社と比べることは欠かすことができないのです。

志望企業の選び方

それでは、具体的にはどのようにして志望企業を選定すればいいのでしょうか。

私は、『業界地図』を購入し、その中でまず、業界をマクロの視点で俯瞰することをすすめています。

業界を選んだ後に、業界内での個別企業の直近の売上（影響力）を見て、自分の価値観と照らし合わせてフィットする企業名をリストアップしましょう。その上でナビサイトを見て、選定した企業が掲載されていればそこにプレエントリーし、もし、掲載されていなければ個別企業のＨＰで新卒採用の有無を調べ、そちらのＨＰからエントリーします。

本節の冒頭で、「ナビサイトを見て、エントリーする企業を決める方法はおすすめしない」という趣旨のことを述べましたが、私は別に「ナビサイト」を使うなと言っているわけではありません。

「ナビサイト」だけでは、情報が不足しがちなので、いきなり「ナビサイト」でエントリー企業を決めないほうがよいと言っているだけで、利用できる範囲でうまく活用できればそれに越したことはありません。

特に会社説明会が開始される時期になったら、自分のスケジュールと照らし合わせて、自分が参加できる日時に説明会が行われている会社を探す上で有効です。また、「社風」を重視する方は、リクナビ上では、社風キーワード（たとえば風通しがいい、クリエイティブな、自由闊達な、目標が高く明確な、スピード感があるなど）を入力して提示される企業の中から選択するのもいい方法です。

また、勤務地を重視する方は、ナビサイトで勤務地と業界のクロス検索をして、志望企業を選定するのもよいでしょう。

ちなみにナビサイトは、メインを１つ決めて、できれば3社程度を活用すべきです。１つのナビサイトにしか掲載していない企業もありますので。

何社にプレエントリーすればいいのか

「何社ぐらいにプレエントリーすればいいですか？」という質問も、よくお受けします。一般的には、１００社程度が望ましいと言われていますが、自分の管理できる50～60社程度でいいと私は思います。

ただし、志望企業社数は、それぞれの学生が置かれている環境や、志向・価値観によって変わってきます。たとえば理工系大学院生で、自分の専門を活かす会社を志望する場合には、10社未満であっても問題ありません。

インターンシップ、会社説明会、OB・OG訪問

プレエントリーが終了したら、次は実際に受ける志望企業を絞り込んだり、志望企業の優先づけを行います。そのための情報収集活動として、会社説明会への参加やＯＢ・ＯＧ訪問を行いま

す。

会社説明会

会社説明会に行く目的

会社説明会に行く際には、必ず目的と目標を意識してください。ただ何となく会社説明会に参加しても、大きな成果は得られません。

第1の「目的」は、自分が実際に応募したい会社かどうかを見極めることです。応募したいと思った場合には、選考の際に問われる志望理由を書くための情報を収集することが次の目的になります。

では、応募したい会社か否かは、どんな観点を見て決めればいいのでしょうか?

企業を見る観点は、大きく分けると図表4-8の5つになります。

実際に会社説明会に参加する前には、この5つの要因の中から、自分の優先順位を決めておくことが大切です。

会社を訪問する前に、ナビサイトやHPで調べ、そちらに掲載されていてすぐにわかることと、実際に話を聞いてみないとわからないことを明確にしておきます。高校や大学の勉強でも予習・授業・復習の中で、できる人は予習に力を入れ、授業では予習してわからなかったことを質問したり、予習した結果を確認する人がいい成績を収めていたように、まずは、「予習」=「事

図表4-8　企業を見る5つの観点

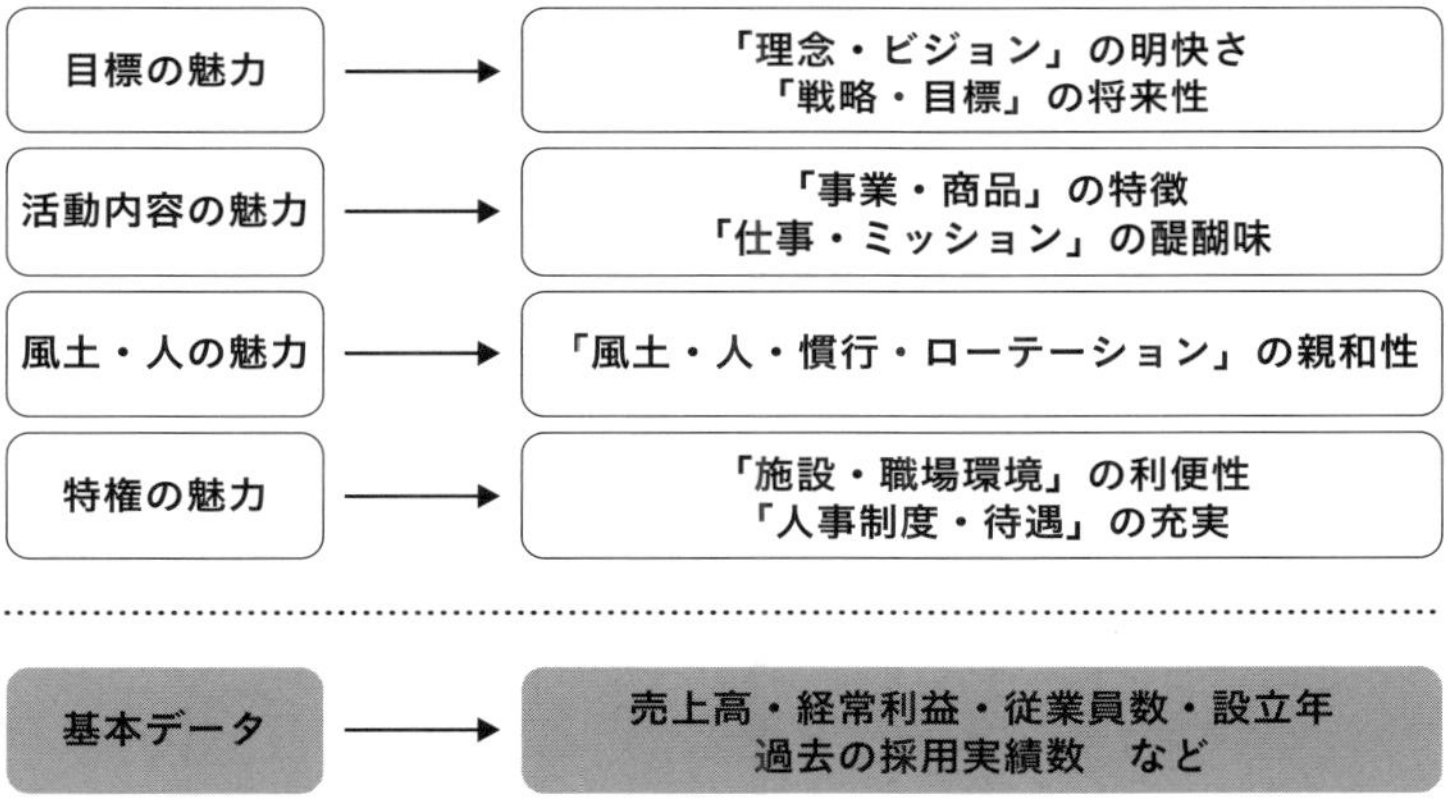

前の情報収集」が大切です。

「目標の魅力」「活動内容の魅力」「風土・人の魅力」「特権の魅力」「基本データ」の各項目で、以下の項目は一般的に調べればわかります。

「目標の魅力」は、会社のＨＰと、上場企業の場合には「決算報告書」を見るとわかります。また、「○○会社　戦略」と入力すると、新聞や雑誌のインタビュー記事が掲載されているケースもありますので、ネットで調べておくのもおすすめです。また、「日本経済新聞」を毎日読んでいると、志望している会社の最新の取り組みが掲載されていることがあるので、ぜひ読んでほしいです。過去に新聞に掲載された記事も有効です。これらの記事の中には、新商品／新サービスの情報や、競合企業と比較した戦略の違いを説明した記事など、さまざまなものがあります。３Ｃ分析フレームを十分に活用して、読み込んでください。

「活動内容の魅力」や、「風土・人の魅力」は、採用HPやナビサイトに掲載されている「先輩談」を読み込むのがいいでしょう。その際には、「誰に」「何を」「どのように」のフレームを頭に入れながら読み込んでください。もっとも、働いた経験のない人は、最初は実感がわかないでしょうから、疑問を持ちながらとにかく味わうように読むことをおすすめします。その上で、会社説明会では、主としてこの「活動内容の魅力」や「風土・人の魅力」を重点的に質問、確認することが大切になります。

「特権の魅力」は、上場企業の場合には、「年収プロ」で調べると時系列で年収の推移が見られます。また、『就職四季報』や、採用HPにも、「特権の魅力」に含まれる福利厚生や教育・研修制度はたくさん記載されています。

「基本データ」は一番わかりやすい項目です。『業界地図』でも売上・利益の直近データはわかりますが、『就職四季報』で過去3カ年の推移を調べたり、肝心な「採用人数の推移」も押さえてください。

会社説明会に行く目標

次に、会社説明会参加の「目標」です。目標は2つ。

1つ目は、「質問する」ことです（おさらいですが、目標は達成したかどうかが、明確にわかることです）。達成するためには、事前に会社をよく研究して、聞きたいことを書き出しておくことと、当日、勇気を出して手を上げること。誰しも、会社説明会で大勢の前で質問するのはためらいがちになりますが、自分を奮い立たせることが大切です。

2つ目は、自分より優秀と思える友達を1人以上、作ってくることです。就活は一種のオーディションですから、自分が応募者の中でどんなレベル（水準）にいるかを知ることが大事です。自分のレベルがわかればわかる程、「自分のやれる力」がわかり、それによって「やるべきこと」をやろうという気になります。

また、就活では「生きた情報」が大切ですから、その意味でも友達を増やしておくと、活発に情報交換ができ、後々役に立ちます。

インターンシップ

インターンシップの目的と目標は、基本的には会社説明会と同じです。しかし、会社説明会との違いは、期間が3～5日間、会社によってはもっと長くかかることです。

3日以上のインターンシップの場合には、会社側もそれなりにパワーをかけていますから、会社によっては、スクリーニング手段としてインターンシップを使っている可能性もあります。本格的に選考を始める際に、優先的に声をかける学生をある程度プールするためです。したがって、インターンシップに参加する場合には、グループワークの中できちんと活躍することを目標として設定してください。

また、インターンシップには、仕事の体験をさせてくれるプログラムが多いので、仕事のやりがいや自分との相性をつかんでくることも大切な目標になります。

OB・OG訪問

ＯＢ・ＯＧ訪問の目的や目標も、会社説明会とほとんど同じです。しかし、ＯＢ・ＯＧ訪問では、もともと面識のあるゼミや部活・サークルの先輩を訪ねる場合と、人事部が紹介するＯＢ・ＯＧを訪ねる場合は、まるで違うので注意が必要です。

面識のあるＯＢ・ＯＧを訪ねる場合には、公式の場では聞きにくいことを遠慮なく聞くのがおすすめです。たとえば、休みの実態や評価のしくみ、給与水準、離職率、上司との関係などです。選考の実際を聞ければ尚いいです。具体的には、いつから、どんなプロセスで、どんな人が選考するのかなど。このように面識のあるＯＢ・ＯＧを訪ねる場合は、「聞きにくいことをきちんと聞くこと」を目的として設定することです。

人事部から紹介されたＯＢ・ＯＧを訪ねる場合、表向き会社の紹介が先方の目的ですが、実のところリクルーター機能を担っていると考えておいたほうがよいでしょう。

話を聞かせてくれる先輩たちは、自分たちがリクルーターであるとは決して言いませんが、仕事として学生に会っているのは事実なので、その点を踏まえることが大切です。リクルーターに対する接し方は、後ほど「リクルーター面談」の項で紹介します。

自己管理スキル

倫理憲章のスケジュール変更に対応する

2016年卒業の新卒採用から、これまで続いていた経団連の採用活動のルールを定めた「倫理憲章」が大きく変わります。それに伴い、企業の広報活動の開始や、エントリーシートの受付、説明会の開催やリクルーター活動、採用選考、内定までのスケジュール（予想）を記したのが図表4-9です。

昨年までは、経団連加盟企業の多くは、前年の12月1日に採用広報解禁、4月1日採用選考開始、正式内定は10月1日でした。しかし、2016年卒業の新卒採用からは、採用広報の解禁日が3月1日になり、選考開始が8月1日、正式内定が10月1日になります。

今回の倫理憲章の変更は、以下の3つの変化を呼ぶと想定できます。

①インターンシップやOB・OGによるリクルーター活動の活発化
②経団連非加盟企業の5月以降の選考開始
③一部の人気企業における7月以降からの選考開始

図表4-9　「後ろ倒し」後の採用スケジュール

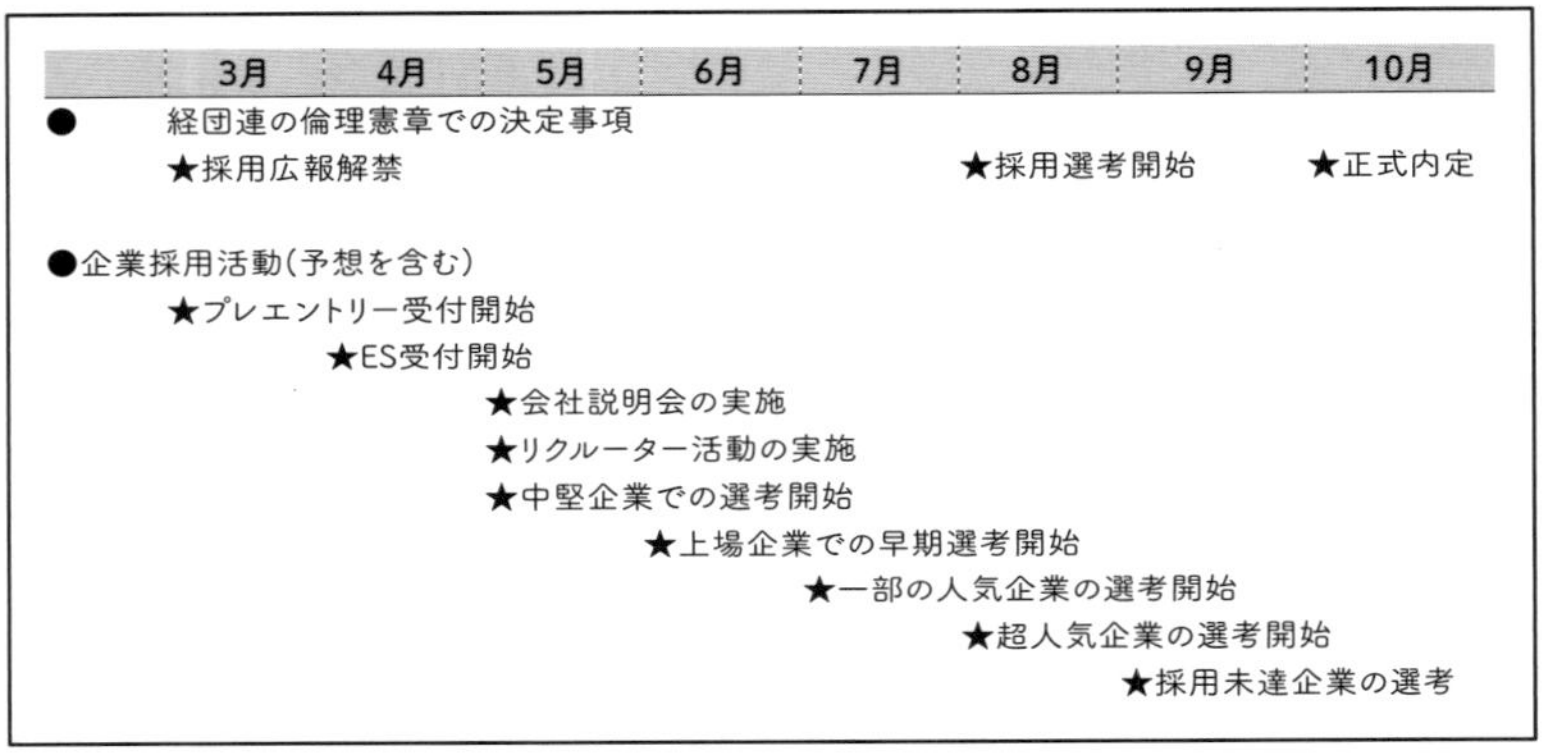

このように企業側が採用のスケジュールを変更してくるので、学生のほうもそれに併せて出遅れることのないように対応しなくてはいけません。

図表4-10を見てください。これは私が学生の皆さんにおすすめしている就活準備のスケジュールです。

経団連加盟企業の採用選考活動が開始される8月1日の前に、5月くらいからおそらく中堅企業の採用活動が始まります。また、6月からは上場企業、7月からは人気企業も採用活動が始まると予測できるので、それらの企業もチャンスがあれば積極的に受験しておくのがよいでしょう。

選考試験は、「慣れ」の要素が結果を大きく左右するので、本命ではない企業であっても、経験を積ませてもらうつもりで、受験しましょう。

また、受験をすると当然合否の判定が出ます。その結果によって、自分のその時点での実力がわか

図表4-10 「後ろ倒し」後の就活スケジュール

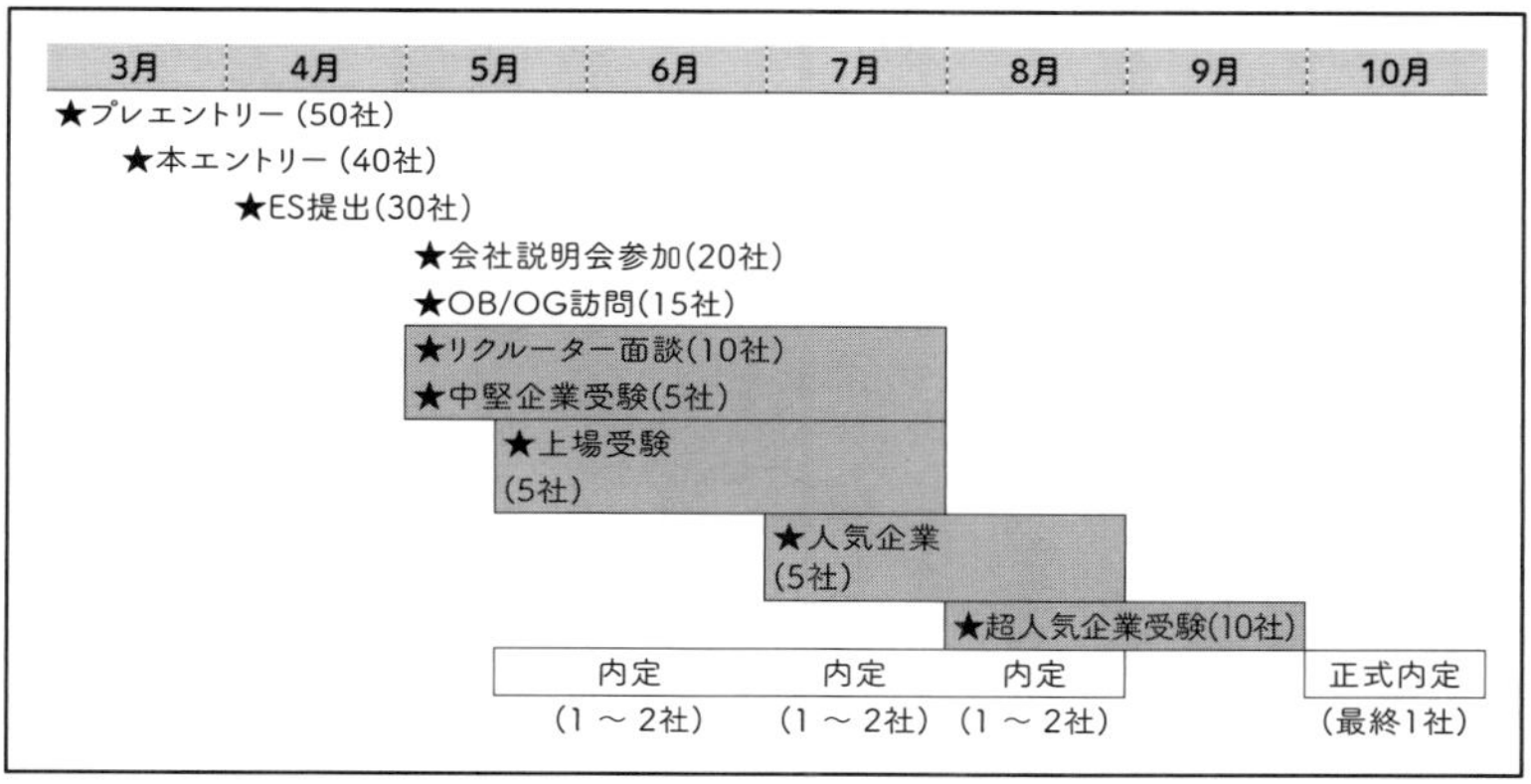

り、その後、取り組むべき課題を検討したり、志望企業そのものを再考することも可能になります。

２０１６年卒業の学生に、早期に選考を開始する企業の受験をおすすめする理由は、それだけにとどまりません。

今回の就活の後ろ倒しによって、企業の選考期間が８月１日〜10月１日に変更されたことが、私が皆さんに早期に選考を開始する企業の受験をおすすめするもう１つの理由です。

これまでは、人気企業の選考は5月の連休前までに、ほぼ一段落しました。その後、上場企業や中堅企業の多くが選考活動を行っていましたので、それらの企業に応募すれば、十分10月１日には間に合ったのです。

しかし、２０１６年卒業の採用選考は、正式な選考開始日から内定までの期間が２カ月しかないために、人気企業の採用選考が一段落した後から、選考を開始したり、追加募集をする企業は少なくなると考えられます。

つまり、「人気企業の採用活動が終了すると、以降、受験できる会社は限られてしまう」こと、これが早期選考を開始する企業に、積極的に応募することをおすすめしているもう１つの理由です。

ＰＤリストとＣＡ表を活用する

私は、受験企業のＰＤリストとＣＡ表を作成することをおすすめしています（図表４−11）。ＰＤリストとは、Ｐｌａｎ（計画）とＤｏ（実際の行動）を端的に表すリストで、ＣＡ表とは、Ｃｈｅｃｋ（検証）とＡｃｔｉｏｎ（対策）を記入する表のことです。

ＰＤリストは、上段にあらかじめ立てた予定月日を書き込み、下段には、その予定を実施した月日を書き込みます。

ＣＡ表は、１週間に１度はチェックして、予定どおり進行していなければその原因を考え、対策を立てて、次の週の活動計画を作り直すための表です。

こうしたＰＤリストとＣＡ表は、自分自身の行動を計画し、結果を振り返り、予定と実際の乖離をチェックして、対策を立案する上で必要不可欠なものです。

これらの表を使って就活の状況を管理することをおすすめしているのは、私が長年営業畑で仕事をした経験と関連しています。常に、自分の立案した計画と実際の違いを管理する大切さが身

図表4-11 受験企業PDリストとCA表

PDリスト

	社名	インターン	ES提出	会社説明会	OB・OG訪問	筆記試験	リク面
1	○○商事	2月7日	3月10日	3月20日	4月15日	5月20日	6月15日
	（結果）	×	3月15日	3月25日	4月30日	6月10日	7月10日
2	××製作所	3月10日	4月15日	4月20日	5月10日	6月10日	6月30日
	（結果）						
3	△△電工						
4							
5							

CA表

チェック日	曜日		
2月15日	日	C	気づいたことを記入
		A	対策したことを記入
		A	
2月22日	日	C	
		A	
		A	
3月1日	日	C	
		A	
		A	
3月8日	日	C	
		A	
		A	

にしみているので、皆さんにも実行することをおすすめしているのです。

自己プロジェクトをやめない

6月末までは、第2章でお伝えした「自己プロジェクト」のPDCAサイクルを継続して回してください。これは大変重要なことなので決して忘れないようにしてください。理由は、2つあります。

理由①：4〜6月は、新年度の始まりとしての大学行事だけでなく、部活動やサークル活動において、組織を継続・強化するために新入生の獲得や歓迎会などのイベントが開催される時期です。今まで部活動やサークル活動をしてきた人にとって、とても大切なイベントで、リクルーター面談や面接の場で語る絶好の話題になります。企業の選考で問われるのは、「学生時代に何に取り組み、どんな能力を養い、どんな成果を上げたか」です。みすみす語れる話題を放棄してしまうのは、とてももったいないことです。私は、今までの先輩の引退時期にかかわらず、2016年卒業の皆さんのサークルや部活の引退時期は、再考するべきタイミングにきていると思っています。また、特に理工系大学生にとって、4〜6月は、研究テーマを推進する大切な時期ですし、その内容は選考の場において必ず聞かれます。この時期の学業を疎かにしないことも大切なことです。

理由②：企業は、学生が自社へ応募するための行動は評価するものの、他社に向けられた活動を評価することはありません。そのため、就活を一生懸命に頑張ったからといって、それをアピールすることはできません。上記のように4年生の大切な時期に「就活しかしなかった」ことは、企業から見れば学生生活が充実していなかったとも捉えられかねません。

もっとも、2016年卒業の学生にとって、3月1日は企業へのプレエントリーが可能になる日です。また、早く準備を整えた会社では、会社説明会を開始します。そうこうしている間に、本エントリーが始まり、5月になれば、リクルーターやOB・OGとの接触も可能になります。中堅企業では、採用選考活動をスタートさせる会社も出てきます。そのため、就活だけで手一杯ということにもなりがちです。しかしながら、繰り返しになりますが、上記2つの理由から、早くても5月末、できれば6月末までは、就活と並行して、学生生活を充実させるように取り組むことが大切であると考えてください。

選考に通過するスキル

エントリーシート

エントリーシートを見れば「仕事力」がわかる

エントリーシートに通過することが、選考突破の第1関門です。提出したエントリーシートは保管され、選考プロセスの中で、面接官が質問をするベースとなりますので、大変重要なものです。そのため、私はコーチングをしている学生のエントリーシートを、何度も何度も添削するのが常です。

これまで何人もの学生が書いたエントリーシートを見てきましたが、いくつか気づいたことがあります。

1つ目は、エントリーシートを見ただけで、その学生の仕事力がどのレベルなのか、ある程度わかることです。

私はマンツーマンで1人ひとりの学生を幾度となくコーチングしていますから、個々の学生がどの程度仕事ができそうか、肌で感じることができます。また、それぞれの学生がどの会社から内定を得て、逆にどの会社から内定がもらえなかったか知っています。すでに1000人くらいの学生を見てきていますので、コーチングをしている段階で、この人ならどの程度の競争倍率の会社ならば入社できそうか、はたまた難しいのか、ある程度わかってしまいます。

実は、対面でコーチングしているときに感じる個々人の仕事力と、エントリーシートに表現されるレベルは、大概一致しているのです。おそらく企業の人事部の人も同じような感想を持っているはずです。

つまり、企業の人事部の人もエントリーシートを見れば、書いた本人がある程度イメージでき、「会いたい人」と「ご遠慮願いたい人」を判定できるのです。

もう1つ気づいたのは、エントリーシートの「書き方」を必要以上に気にする人が多いことです。もちろん、わかりやすく書かれているのに越したことはありませんが、企業がそれ以上に気にしているのは「中身」です。中身が充実していなければ、いくら書き方が理路整然としていても、「会ってみたい」とは思ってもらえません。

エントリーシートは「中身が命」ですので、誤解しないようにしてください。

企業によって、エントリーシートの通過率が変わる理由

企業はエントリーシートを「物理的に面接できる人数までに絞る」ために使っています。

業界や企業によって、選考に関われる人員数には大きな違いがあります。総合商社や金融業

界、大手のメーカーのように、100人を超える単位で現場の社員を動員し、選考を実施できる業界や企業がある一方で、人事部を中心に数名～数十名で選考をしている会社もあります。

また、企業が選考に投入する人数は選考ポリシーによっても変わり、同一業界でも比較的大量に人数を投入する会社、少人数で選考活動を実施する企業にも分かれます。

このように、企業の選考態勢の違いが、エントリーシートの通過率を左右しているのです。比較的ゆるい基準で通過させる企業と、エントリーシートの段階で採用予定人数の数倍程度にまで絞る会社があるのは、このような理由からです。

エントリーシートを見れば、面接の内容がわかる

エントリーシートの設問を見るだけで、ある程度、その会社の面接形態が予想できます。

序章では、面接には「一般面接」と「コンピテンシー面接」、それにその組み合わせという3つの形態があることを紹介しましたが、エントリーシートの設問を見れば、その会社がどの面接形態を重視するのかが、ある程度推測できます。

たとえば、下記のような設問の会社は、総じて「コンピテンシー面接」重視の会社です。

A社
あなたが大学または大学院在学中に一番力を入れて取り組んだことは何ですか？　それに

取り組むときに、どのような目標を立てましたか？　あなたが取り組んだことについて下記の4点を盛り込んだ内容で記入してください。
①なぜそれに力を入れたのか？
②具体的にどのようなことを行ったのか？
③どのような壁にぶつかり、その状況をどのように乗り越えたのか？
④その経験から何を学び、今後どのように経験を活かしていくのか？

B社
①より高い目標に向かってあなたが率先して他の人を巻き込み、目標を達成した経験について述べてください。
②相手のニーズを理解し、それに応えるために起こした具体的な行動を述べてください。そのとき、なぜそのニーズに応える必要があったのかも述べてください。
③チーム全体がより力を発揮するために、あなたが自主的にチームやチームメンバーに働きかけを行った経験を述べてください。

C社

①あなたが学生時代に打ち込んだことの中で、より多くの人と関わり合いながら成し遂げた経験についてお答えください。
②質問①でお答えいただいたことについて、あなたは周囲の人の中でどのような役割を果たしましたか。
③質問①について、その取り組み内容と具体的なエピソードについてお答えください。
④質問③でお答えいただいたエピソードについて、もっとも苦労した点は何でしたか？
また、克服するためにあなた自身がとった行動について、具体的にお答えください。
⑤質問③でお答えいただいたエピソードについて、失敗が許されないような状況を経験したことがありますか？　もしあれば、そのとき、どのような心境で、どのような対応をとりましたか？　結果も含めてお答えください。
⑥質問③でお答えいただいたエピソードによって得られたことについてお答えください。

これらの設問では、「学生時代に何を考え、何に取り組み、どんな力を養い、どんな成果を上げてきたのか？」が問われているので、小手先のエントリーシート対策では太刀打ちできません。

逆に言えば、自信を持って何かを成し遂げたと言える、充実した学生生活を送ってきた学生にとっては、この類の設問に答えるのはたいして難しいことではありません。単純に、学生生活を思い出しながら記入するだけだからです。

難しいと感じる、もしくは、そもそもこうしたエントリーシートに答えられないという人は、書くためのネタがないのが原因だと言わざるを得ません。そのままではいつまでたっても書けるようにはならないので、本書を手にしていただいた人で上記のエントリーシート記入が「難しい」、もしくは「書けない」と思った方は、エントリーシートに答えられるような充実した学生生活を、今からでも遅くはないので始めてください。その際には、コンピテンシー・レベル4の生活を目指すことが重要です。

今説明したのは、「コンピテンシー面接」重視の会社がエントリーシートで聞いてくる設問でしたが、一般的な面接を重視する会社のエントリーシートでは、先ほどのような「行動」に着目した質問はありません。

2016年卒業のリクナビOpenエントリーシートのテーマは、「保有資格・スキル」「趣味・特技」「学業、ゼミ、研究などで取り組んだ内容」「自己PR」「学生時代にもっとも打ち込んだこと」の5つで、すべてがどの会社でも基本的に問われる内容です。

こうした「汎用エントリーシート」及び、これに追加した企業独自の1~2の設問（たとえば、志望業界や、当社を志望する理由など）をエントリーシートに出題する会社では、面接も一般面接が行われることが推察されます。このタイプのエントリーシートは、表現力でお伝えした

ＰＲＥＰやＳＴＡＲの構造で記入することが肝要です。

エントリーシートは早めに出す

エントリーシートを締め切りギリギリに出すのはやめましょう。むしろ、公式の締め切り日の1週間前を締め切りだと決めて提出すべきです。なぜなら、ほとんどの会社では締め切り3日前から締め切り日ギリギリに提出されるエントリーシートが、全体の3割ほどあり、その中には入らないほうがいいからです。

1人で何百、何千通ものエントリーシートに目を通す人事担当者の立場になって考えてみてください。人事担当者も人間なので、大量のエントリーシートを読むと疲れます。疲れてくれば、読み方も荒くなります。

自分のエントリーシートをきちんと読んでもらうためには、締め切り前の駆け込みの時期を避けて、まだ提出が少ない段階で提出するほうが賢いのです。

「unistyle」を活用

エントリーシートの説明の最後に、皆さんに有益な情報をプレゼントしたいと思います。

もしかしたら、すでに活用されている方もおられるかもしれませんが、Unistyle株式会社という会社があり、その会社が運営している就職活動支援サイト「unistyle」では、数百人の先輩が書いたエントリーシートを無料、もしくは３０００円の年会費を払うことによって見ることができます。特に、コンピテンシー面接を重視している「人気企業」に内定した先輩が書いた生のエントリーシートも多数見ることができるので、大変参考になると思います。

エントリーシートを書くために参考にするだけではなく、人気企業に入社を決めた先輩が、どんなことを考え、どんなことに取り組み、どんな成果を上げたかを読み、エントリーシート提出時期までの日々の生活の中で、自分がＰＤＣＡサイクルを回す参考にすると、より有意義にこのサイトを活用することができます。

筆記試験

企業が採用選考で実施している筆記試験は各種ありますが、ここではその中でもっとも代表的な「ＳＰＩ３」について紹介します。

同試験の年間利用会社数は１万６２０社、受験者数はのべ１７９万人（２０１４年度）にのぼります。間違いなく、日本でもっとも多くの会社が採用し、もっとも多くの学生が受験している試験です。しかしながら、同試験に関して詳しく解説した「テスト対策書籍」が少ないため、多くの学生はこの試験について正しく理解できていないのが実態です。

「SPI3」のアウトプット帳票

皆さんが受験した「SPI3」の結果は、企業の人事部には図表4-12のような帳票となって届けられます。

帳票の左側には、性格特徴及び能力の得点が記載されます。また、右側には、左側の得点に関する解釈・コメントが記載されます。

学生の皆さんが気にする「能力」の扱いは、全体の中で、左下スペースのほんの少しだけです。そのため、「SPI3」は、単なる「能力検査」ではなく、「総合検査」と呼ばれています。「SPI」が40年間、多くの企業で使われ続けてきたゆえんがこの1枚の帳票の中にあるのです。

次に、「SPI3」の実際と、人事担当者が特に注意して見ている点について紹介します（リクルート出身で、他企業の人事役職者としてこのシートを採用に活用してきた3名に協力してもらいました）。

Ⅰ．性格特徴

図表4-12 SPI3のアウトプット帳票

1.性格特徴（標準点とグラフで表示）

(a)行動的側面
社会的内向性　内省性　身体活動性
持続性　慎重性

(b)意欲的側面 達成意欲　活動意欲

(c)情緒的側面
敏感性　自責性　気分性　独自性
自信性　高揚性

(d)社会関係的側面
従順性　回避性　批判性
自己尊重性　懐疑思考性

2.能力（標準得点と段階で表示）

基礎能力　言語　非言語
(構造的把握力　英語力)

備考　人により　表示される

3.人物イメージ

基本的な特徴　仕事面の特徴
困難な場面で表れやすい特徴と
啓発ポイントを文章で表示

4.チェックポイント

面接時に確認すべき点を文章で表示

5.職務適応性

14の項目に対して5段階で表示

6.組織適応性

創造重視風土　結果重視風土
調和重視風土　秩序重視風土に対して5段階で表示

(a) 行動的側面

日常の行動特徴として表面に表われやすく、周囲から観察されやすい側面です。「社会的内向性、内省性、身体活動性、持続性、慎重性」の5項目で、「持続性」は高いほど良く、他は職種によって注意する項目が変わります。また、営業職採用の場合には、身体活動性の高さを重視しています。

(b) 意欲的側面

「達成意欲」と「活動意欲」は、目標の高さや活動エネルギーの大きさなど、いわゆる意欲に関する側面です。これらは、人事役職者が「能力」と同様に、「SPI3」の結果でもっとも気にする項目です。今回協力してくれた3名は、「この得点が低いと、仮に『能力』が高くても採用選考の対象から外す」と異口同音に述べていました。この側面は、「自己肯定感」との相関が高い項目です。

(c) 情緒的側面

気持ちの動きの基本的な特徴を表す側面です。ストレスや失敗の受け止め方や気持ちの整理の方法と関係性が深く、行動に表われにくい内面的な気持ちの動きを示しています。「敏感性、自責性、気分性、独自性、自信性、高揚性」の6つの項目のうち、「敏感性、自責性、気分性」が高い人は、面接で特に注意して人物を観察するとのことです。

(d) 社会関係的側面

「SPI3」にバージョンアップされた際に、初めて追加された項目です。厳しい状況や困難に直面した際に、人や組織との関わりの中で表われやすい側面です。「従順性、回避性、批判性、自己尊重性、懐疑思考性」の中で、特に「回避性」が高い人は採用対象として慎重になるとのことです。この側面は、「他者軽視感」との相関が高い項目です。

2. 能力

「言語」「非言語」を合算した結果が、「基礎能力」として表示されます。3項目それぞれで標

図表4-13 「基礎能力」の7段階

段階	1	2	3	4	5	6	7
標準得点	29.5以下	～37.5	～45.5	～53.5	～61.5	～69.5	70以上
一般的な出現率	2.30%	9.20%	23.00%	31.00%	23.00%	9.20%	2.30%
人数（母数は43万人）	1万人	4万人	10万人	13万人	10万人	4万人	1万人

準得点と「段階」が表示されます。段階は、「1～7」段階として表示され、段階と標準得点の一般的な出現率、人数は図表4-13のとおりです（母数を民間就職人数として算出）。

「能力」試験は、学生の皆さんが「SPI3」でもっとも気にしている項目です。なぜなら、「能力結果の段階」で、企業が次の選考に進むかどうかを決定しているからです。

一般的には、多くの学生が入社したいと考える人気企業200社の合格者平均は段階6で、上場企業では5～6だと言われています。しかし、どの段階で足切りするかについては、企業が情報を公表していないため、第三者にはわかりません。ただし、合格者の平均的な段階を獲得していれば問題はありません（「言語」「非言語」で問われる能力の詳細は、市販のSPI3対策書をご覧ください）。

3. 人物イメージ

人物イメージは、性格検査の得点をもとに、そのような人物に多く見られる特徴を「基本的な特徴」「仕事面の特徴」「困難な場面で表われやすい特徴」と啓発ポイント」の3つのカテゴリーに分けて、文章で記述されます。

今回情報提供してくれた3人の人事役職者は、この人物イメージを面接前に読むことにより、人物像を捉えるようにしていると言っていました。

「困難な場面で表われやすい特徴」がわざわざ解説されていることからも、社会人基礎力の「ストレスコントロール力」を企業がいかに大切にしているかがわかります。

4．チェックポイント

チェックポイントは、面接官が、面接時に確認すべく提案されているポイントです。性格検査の得点をもとに一般的に見られる注意点や課題を、全25の観点から、最大4つまで表示されます。

たとえば「批判的なスタンスが強くないか」「意見が空回りすることはないか」「注意や行動が散漫ではないか」といったチェックポイントに書かれている項目を、3人の人事役職者は実際の面接時に確認しているとのことです。この項目も、「他者軽視感」との相関が見られます。

5．職務適応性

職務適応性は、図表4-14のように表示されます。

行動特徴/能力の得点から、さまざまな職務への適応のしやすさを5段階で判定しています。

図表4-14 職務適応性

		職務の特徴	段階				
			1	2	3	4	5
対人	対人接触	多くの人と接する仕事					●
	対人折衝	人との折衝が多い仕事					●
	集団統率	集団を統率する仕事				●	
協調	協調協力	周囲と協力しあって進める仕事		●			
	サポート	人に気を配りサポートする仕事		●			
活動	フットワーク	活動的にフットワークよく進める仕事					●
	スピーディ	てきぱきとスピーディに進める仕事					●
	予定外対応	予定外のことがらへの対応が多い仕事					●
課題推行	自律遂行	自分で考えながら自律的に進める仕事					●
	プレッシャー	目標や課題のプレッシャーが大きい仕事					●
	着実持続	課題を粘り強く進める仕事				●	
企画	前例のない課題	前例のないことに取り組む仕事				●	
	企画アイディア	新しい企画やアイディアを生み出す仕事					●
	問題分析	複雑な問題を考えて分析する仕事			●		

図表4-15 各段階の意味と出現率

段階	意味	出現率
1	適応に努力を要する	10%
2	やや適応に努力を要する	20%
3	ふつう	40%
4	やや適応しやすい	20%
5	適応しやすい	10%

各段階の出現率は図表4-15のとおりです。

3人の人事役職者は、このデータに基づき志望職種の妥当性を判定しているとのことです。志望職種の職務との適応性が低く出ていると、当然ながら人事担当者としてはその候補者の採用に慎重になります。そのため、志望職種は、「やりたい」だけでなく、「やれる」を意識して決めることが大切です。また、この項目は配属先を検討する際にも使用されます。

図表4-16　組織適応性

	組織の特徴	段階 1	2	3	4	5
創造重視風土	挑戦を奨励する自由闊達な風土					●
結果重視風土	個々人に高い成果を求める厳しい風土				●	
調和重視風土	人の和を大切にする温かい風土		●			
秩序重視風土	規律を守る手堅く機能的な風土	●				

6. 組織適応性

組織適応性は、図表4-16のように表示されます。

これも、「SPI3」にバージョンアップされた際に、初めて追加された項目です。

性格特徴の観点から、4つの典型的な組織風土への適応のしやすさを5段階で判定しています。各段階の出現率は、職務適応性と同じです。

3人の人事役職者は、部署によって風土が違うために、一概にこの組織適応性だけで合否を判断してはいないものの、明らかに自社の風土とミスマッチな学生は、能力が高くても慎重になると言っていました。

次に、まだ紹介していない4点について補足します。

「構造的把握力」と「英語力」

構造的把握力とは、「物事の背後にある共通性や関係性を構造的に把握する力」のことです。さまざまな環境に適応できる柔軟性や、近い将来、中核メンバーとして活躍していく可能性を測定する試験です。これもまた、「ＳＰＩ３」にバージョンアップされて、初めて追加された能力試験で、会社側の指定によって追加的に課されます。

この能力を測る試験を応募者に受験させるか否かは、企業が採用選考の際に、この能力を重視しているか否かによります。したがって、この試験を実施する会社は、「構造的把握力」も採用の際に重視していると考えてください。

英語力は、語彙・文法の理解と、文章の構造・意味の理解、読解力を測定する能力試験です。ＴＯＥＩＣのスコアを自己申告させている会社が多いものの、実際の試験で英語能力を測定したいというニーズに対応したものです。

「備考」

備考には、「人より応答態度にやや自分をよく見せようとする傾向がある」と表示が出る場合があります。そして、この表示の出た人は、面接官から警戒される可能性が高いです。

「ＳＰＩ３」の性格検査は考えながら答えるものではありません。しかし、中には、自分を繕って答えようとする人が出てきます。そうした人には、この備考欄のコメントが表示されますから、あくまでも、素直に直感で答えることが大切です。

「SPI3-R」「SPI3-N」

両者の試験は、事務職採用を前提とした試験です。どちらも、得点と「誤謬率」の段階がテストされます。「誤謬率」とは、回答数に対する誤答の割合を「A：正確である」〜「E：極めて誤りが多い」の5段階で表示されるものです。そのため、事務職を受験する場合には、間違えないことも大切です（今まで紹介した一般的な「SPI3」には誤謬率はありません）。

「SPI3」出題の方法

「SPI3」は、テストセンターなどの会場のほか、WEBでも受けられます。所要時間は、およそ65分です。

「SPI3」は、紙の問題用紙にマークシートで記入するペーパーテストの形式でも受けることができます。こちらは所要時間はおよそ110分です。

WEBとペーパーテストで、45分も所要時間に差が出る理由は、ペーパーテストの能力試験には解答難易度の高い・真ん中・やさしいものすべてが入っているのに対して、WEB版には、たとえば解答難易度の高いものに正解できる人には、真ん中ややさしい問題を自動的に出題しないというしくみになっているからです。

つまり、ある程度の問題を解くことにより、コンピュータが過去の解答データと突き合わせて、本人の標準得点を自動的に算出できるようにしているのです。

ちなみに企業の実施形態は、テストセンターでの実施がおよそ60％、紙の方式が約20％、その他が20％です。

筆記試験の対策方法

筆記試験対策については、5点ほど忠告があります。

1点目は、リクナビ2016のトップページにある「テスト・検査」を実際に受けることです（すでに受けた方も少なくないとは思いますが、念のため）。私が複数の皆さんにリサーチした結果、同サイトの「SPI性格検査」は、本番で皆さんが受験する問題とほぼ同じであることが判明しています。

2点目は、大学のキャリアセンターで試験対策用の講座が用意されている場合には、必ず利用することです。筆記試験対策としては、とても安価です。

3点目は、「能力」試験に自信のない人は、放置しないで、きちんと試験対策用のPDCAサイクルを回すことです。

筆記試験を甘く見てはいけません。もし、筆記テストが必要なければ、企業が数百万円ものお金をつぎ込んで毎年実施するわけがありません。採用選考は、「総合的に人物を見る」ことが目的で、面接や成績だけでは見られないところを筆記試験で見ているのです。特にSPIで出題される「言語」「非言語」問題は、社会に出て仕事をする上での、基礎的な頭脳の使い方を測っていると言われており、これができないと仕事をする上で支障が出てくると判断されてしまいます。

4点目。「能力」試験に対してPDCAサイクルを回すことは、簡単だと考えてください。最初はできなかったところを、対策本で繰り返しやることができます。仮に、最初に半分しかできなかったとしても、2回目には、その半分のところだけやればいいので、投下パワーは半分になります。しかも、能力試験の対策は、個人の裁量でいくらでも進めることができます。

5点目は、「性格検査が大事である」ことです。私が企業での新人研修を担当する際、SPIの結果を渡され、個々人の特性を事前につかんでほしいと要望されることがあります。「性格検査」は、選考の場だけで使われるのではなく、配属やその後の人事マネジメントの基礎データとしても使われているのです。

その意味では、上記で紹介した「リクルート出身の人事役職者が気にする項目」に自信が持てない場合には、日頃から、「自己肯定感」を高めたり、「他者軽視感」を低めるよう意識してください。

特にチームで働く力を高めるよう努力することが、性格テストでも企業からいい評価を受けることにつながることを、よく認識してください。

最後に、ここでは、筆記試験の代表として「SPI3」を中心に説明しましたが、学生の皆さんが受験する試験は他にもあります。たとえば、玉手箱やCAB・GABなどです。

ただし、能力試験に対する考え方は先に説明したとおりですので、不安のある方は、実際に試験用のPDCAサイクルを回すことをおすすめします。

グループディスカッション

企業側がグループディスカッションを課す理由は、面接だけではわからない、集団の中での発言と行動を見て、対象学生の評価を決めることです。

一方、グループディスカッションを受ける側の学生の目標は、採用試験に合格することです。そのためには、ディスカッションに参加しているグループ全員で協力して、皆が納得する解を導き出すことが重要です（ディベートの場合は、このかぎりではありません）。

仮にグループが6人構成だった場合、2人だけが話すのはよくありません。また、グループディスカッションで、高い評価点をもらうには、議論の場で「価値を発揮する」必要があります。発言しないのはコンピテンシー・レベル0ですから、論外です。

グループディスカッションにおける価値発揮の方法

まず、グループディスカッションでは、どのような価値発揮の方法があるかを紹介します。

価値発揮の方法には、たとえば、議論をリードする、議論を深める、新しい議論の方向性を提示する、議論をまとめるなどが考えられます。また、議論に全員が参加できるように和を乱す人を抑える、発言しない人に発言を促すなどがあります。

仮に最初に議論をリードできなくても、中盤もしくは終盤からでもさまざまな価値発揮の場面はあります。以下では、3つの価値発揮の切り口について解説します。

1．議論の方向性をリードする

グループディスカッションで高評価をもらうために一番いいのは、最初に議論の方向性をリードすることです。そのためには、議論すべきテーマについて、深く考えることが重要です。

テーマには、「出題者の意図」があります。そこで、テーマに即して議論するポイントが何なのか3点ほど自分で考え、参加者に提示すると、最初に場をリードすることができます。

グループディスカッションは多くの場合、いきなり自分の思った結論を述べ始める人がほとんどですから、まずは、話し合う切り口を考えることが大切です。たとえば、「新宿にある吉野家の売上向上策についてグループで話し合って、結論を2つ述べてください」というテーマを出された場合、ほとんどの人は、「女性が入りやすい店作りをする」「集客を強化するために、クーポン券を作る」「女性が好むサイドメニューを作る」など、自分の思いついた解決策をいきなり述べ始めます。

そんな中で「まず、皆で議論したいテーマは、3点あります。1点目は、新宿といっても、どこにある店かによって、お客様層が違うからそれを決めませんか。2点目は、売上＝客数×客単価だから、客数を伸ばす方法と、客単価を伸ばす方法について議論しませんか。3点目は、売上は、店内で上げるものと店外や店頭で上げるものもあるから、その両方の視点で考えませんか？」という提案ができれば、議論の場をリードできます。

そして、このような感じでテーマを参加者に投げると、必然的に1〜2人の人だけが議論を独占することができなくなり、皆で智慧を出し合おうという空気感が生まれます。こうすれば、確実に場をリードすることが可能になります。

2. 議論の交通整理をする

実際に議論が始まった後は、「議論の交通整理」で価値を発揮してください。具体的には、それまでの議論の推移に耳を傾け、今まで皆が話したことと、まだ議論されていないことを一旦まとめることです。

図表4-17のように、議論されてきた話をまとめていくと、自然に「共通の意見」と「違った意見」に分かれてきます。そこで、途中で「今までの議論では、○○と△△に関しては、みんな

図表4-17　議論の中で、共通する部分を見つけよう

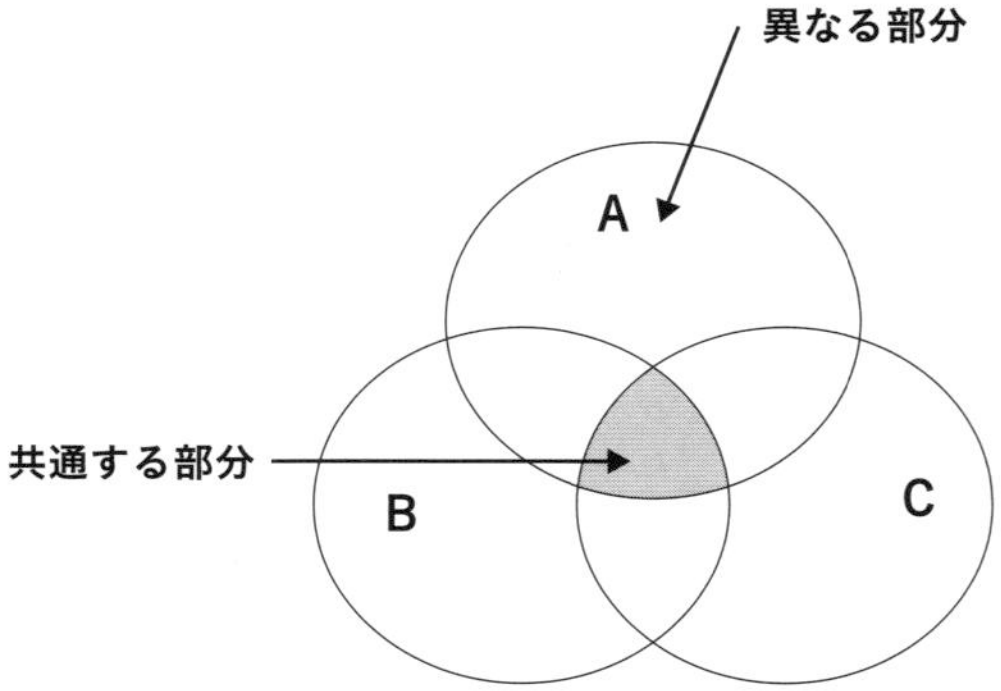

同意見ということでいいですね。ただし、まだ□□と××に関しては意見が違っているので、今度は、□□の考え方についてもう少し議論を深めませんか」といった形で中盤からの場をリードします。

また、意見が食い違っているときには、その違っている意見をうまくかみ合わせることにより、価値を発揮できます。人が述べる意見は、図表4-18のように、「事実」と「解釈」と「価値観」の3層構造になっており、意見が食い違っているのには、2つのパターンが考えられます。

1つは、事実に関しては同じですが、その「解釈」や大切だと考える「価値観」が違うパターン(図のA、B)。

2つ目は、本来、同じ階層（たとえば、事実⇕事実、解釈⇕解釈、価値観⇕価値観）で議論をすべきところ、ある人は事実について話しているのに、他の人が価値観について話している（図のC）パター

図表4-18　意見の3層構造

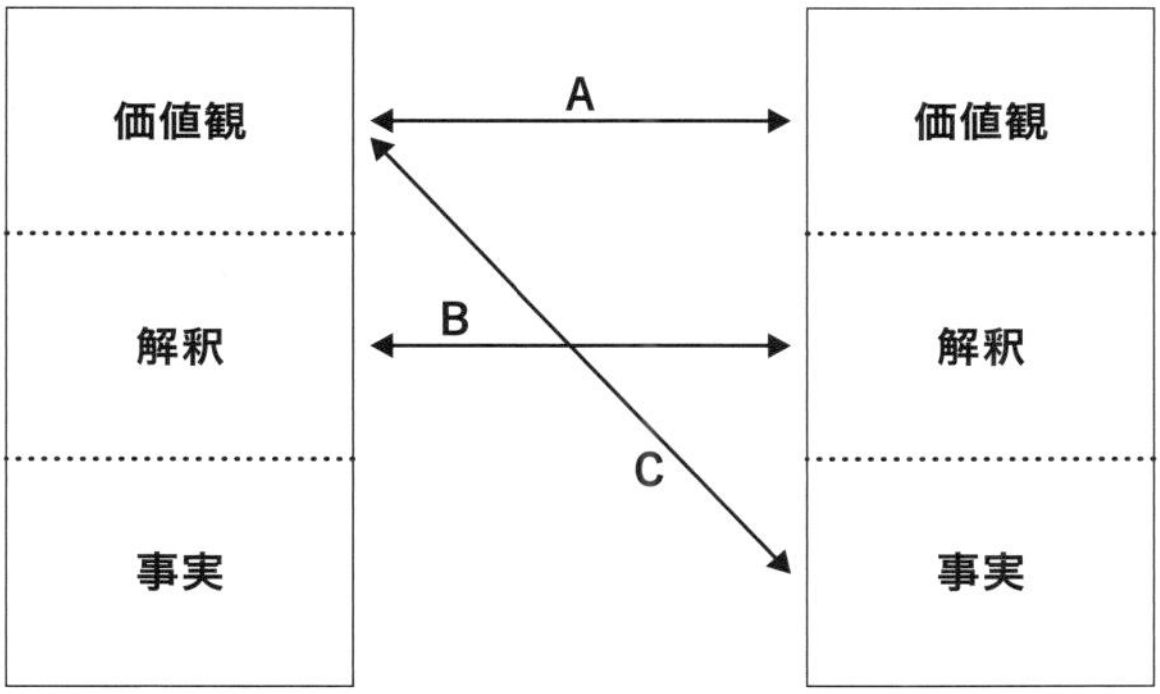

ンです。

このように、意見が食い違っている原因に着目してそれをかみ合わせていくと、中盤からでも価値を発揮できます。

3. 他者に質問する

他者に質問することで、価値を発揮することもできます。たとえば、自分の持論を一方的に展開する人がいた場合には、その人の発言を止めることが大切です。そうしないと、皆で納得する結論へと導けないからです。

その際のやり方は、その人にどうしてそう考えたのかを質問するという方法もありますが、もっといいのは、発言の少ない人に、「○○さんの発言についてどう思いますか？」と質問を投げかけることです。

また、議論を深める必要のある場合にも、積極的に「○○の点に関しては、××さんはどう考えますか？」と意見を求めることが大切です。

私がグループディスカッションの場を観察していて感じることは、社会人のグループディスカッションに比べて、学生の場合、意見を発信した人に対してほとんど質問が出ないことです。そのために総じて議論が拡散し、深い議論にはならないのです。

私は、こうした議論を「おばちゃんの会話」と形容しています。もっと、周囲の人の意見に対して質問して、議論を深めていくことが大切です（「話の聞き方」や「質問の方法」は、次の「リクルーター面談」の項で紹介します）。

面接官はグループディスカッションでどこを見ているか

ところで、グループディスカッションでは、面接官は「思考力」と「対人力」の両方を見ています。今説明したのは、「思考力」に関してでしたので、次に「対人力」の発揮の方法について説明します。

対人力は、第3章「表現力」でお伝えした部分と重複する部分もありますが、おさらいするつもりで読んでください。

対人力で大切なのは、まずＶｉｓｕａｌ（ビジュアル）です。つまり、「姿勢」と「顔」と「目」と「手」です。またＶｏｃａｌ（声）、つまり、「呼吸法」や「発声法」「声の表現」も「表現力」の大切な要素です。

グループディスカッションでは、発言内容だけではなく、「表現力」も問われていることを覚えておいてください。

最初は、ゆったりと腹式呼吸をしてリラックスすることが大切です。リラックスするもう１つの方法は、グループディスカッションの開始20分前には受験する会社に到着して、後から来た学生に自分から挨拶して、世間話をすることです。

実際に、グループディスカッションが始まったら、みんなの顔をきちんと見て、笑顔で元気に挨拶します。「挨拶」には「心を開く」効用があります。

議論中は顔を上げて、柔らかい笑顔で、１人ひとりの目をよく見てください。下を向いている人がいますが、それは絶対にしてはいけないことです。

グループディスカッション中に発言に気後れする人は、勇気を出して手を挙げ「ちょっと、いいですか」と話をする前に、間を作ってください。

また、グループディスカッションでは、説得力のある声で話すことも大切です。そのためには、抑揚や強調、間、緩急を意識し、同時に手を積極的に使うことが有効です。

Ｖｅｒｂａｌ（言葉）も大切ですので、「印象に残る単語や表現技法、強いコトバ」を使って説得力を高めましょう。

リクルーター面談

会社がリクルーター面談を行う理由

２０１６年卒業の採用活動から、経団連の倫理憲章が11年ぶりに大きく変更されたことに伴い、リクルーターを使った採用活動に力を入れ始める企業が増えていることは、各種報道により、すでにご存じのことかと思います。ここでは、リクルーター面談についての私の考えを説明していきたいと思います。

会社がリクルーター面談を実施する目的は、大きく３つあります。

1. 学生に自社に対する理解を深めてもらうこと。
2. その学生を採用対象とするかどうかを見極めること。
3. 採用対象となった学生に、応募への動機づけをすること。

リクルーター面談は表向き、採用選考とは直接関係ないことになっています。実際、純粋に「学生に自社に対する理解を深めてもらう」ために社員を派遣している会社も存在します。

この場合、面談が終わった後、リクルーターから連絡がなかったとしてもまったく問題ありません。自分で応募して、選考を通ればいいだけだからです。

2の目的を持った会社のリクルーター面談は、この面談自体が1次選考だと考えるべきです。このパターンの場合、合格者には、他のリクルーター面談や選考へのアプローチがあります。

3の目的の会社の場合、選考に合格した人に対して、他社に逃げないようにすることがリクルーター面談の目的です。2と同じように、合格者には他のリクルーター面談や選考への誘いがあります。

注意しなくてはいけないのが2のケースです。

リクルーターが面談した学生を採用対象とするか否かの見極めポイントは、一言で言うと「この学生と一緒に働いてみたいと思うかどうか」です。では、リクルーターが、どんな基準でそれを判断するか?

ベースとしての「仕事力」や「印象を含めた表現力」なども重要ですが、突き詰めて言うと「ツーウェイでコミュニケーションが円滑にとれるかどうか」につきます。

ツーウェイ・コミュニケーションの中身とは、「質問力」「傾聴力」「発信力」「表現力」と、その奥にある「考える力」です。

図表4-19を見てください。これは「表現力」を説明したときにご覧いただいたものとよく似ていますが、よく見ると微妙に違っています。違いは、表現力と共に、「質問力」と「傾聴力」

図表4-19　ツーウェイ・コミュニケーションの概念図

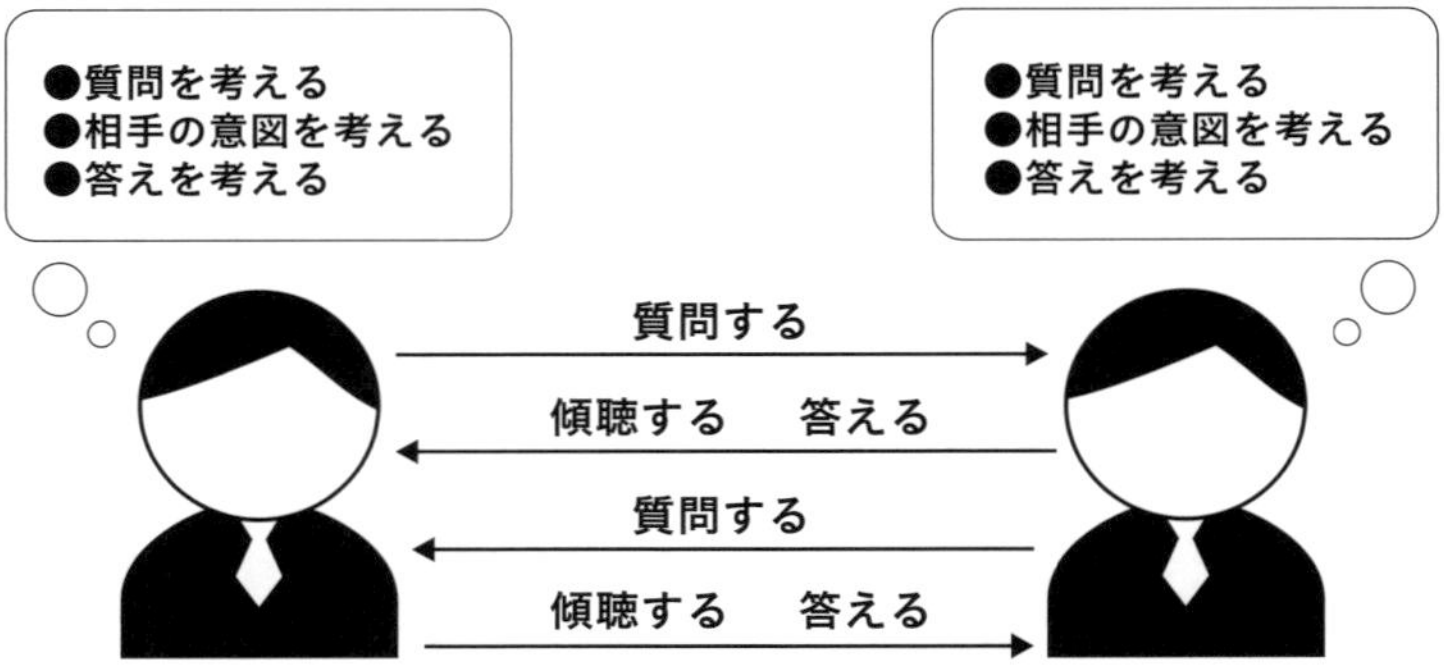

ツーウェイ・コミュニケーションでは、
このやりとりを楽しく、深くできることが大切

も問われているところです。

質問力とは

リクルーター面談の場合、「何でも聞きたいことを聞いてみて」と言われ、学生側から質問をするよう促されるケースが多々あります。

その際にリクルーターは皆さんが「どんな質問をするのか」に耳をそばだてています。学生の「質問力」を評価しようとしているのです。的を射た質問をするためには、もちろん事前の企業研究は欠かせません。その過程で、疑問に思ったことを自分なりに精査して、質問することが大切です。

さらにリクルーターに「自分と一緒に働きたい」と思ってもらうためには、お会いしたリクルーターの人となりに関心を寄せ、相手との親密な関係を築く必要があります。そのためには、リクルーターの経歴や今の会社に入社した理由などを聞き、自分との接点を見出したり、相手の仕事内容に関心を持つことが重要です。

また、自分から質問する場合には、「限定質問」「拡大質問」「関連質問」の3つを組み合わせる「質問のスキル」を身につけておく必要があります。

「限定質問」＝「はい」「いいえ」や、1つの「事実」について聞く質問で、答える側からすればすぐに答えが浮かぶ質問。

「拡大質問」＝事実の背景にある「価値観」や「想い」、「解釈」や「捉え方」についての質問。質問に答えるためには、相手が考える必要がある。

「関連質問」＝いきなり話題を変えないで、前の話題と関連する質問。話題が飛ばないので答えやすい質問。

それぞれの種類の質問をリクルーター面談の場面を使って例示すると、以下のようになります。

「先輩は、ご入社は何年ですか？」（限定質問）
「それじゃあ、どうして、御社に入社を決められたのですか？」（拡大質問）
「そうなんですか。もともとは、どういった業界を志望されていたのですか？」（関連質問）

傾聴力のスキル

スムーズな会話のためには、相手の話したことに対して、「傾聴」することが大切です。

傾聴の「聴」は、「耳と目と心」で聞くという意味です（傾聴力は、社会人基礎力の大切な要素）。きちんと聞いていることを相手に示すには、適切に反応することが大切です。

代表的な反応は、「うなずき」と「あいづち」です。「うなずき」は、無言で相手の話に対して頭を上下に動かすことで、どの人もある程度使っているスキルなので、細かい説明は不要でしょう。

一方の「あいづち」には少々テクニックが必要になります。そもそも、「あいづち」とは、会話中にしばしば挿入される間投詞のことで、聞き手が相手に関心を持ち、理解していることを示すものです。わかりやすく言えば、「へえっー」や「いいですね」「私もそう思います」「勉強になります」など、一言感想を入れるのがあいづちです。

先ほどの質問の例では、

「先輩は、ご入社は何年ですか？」
「×年だよ」
「あっ、そうですか、それじゃもう、ご入社して××年も経たれるのですね。それじゃあ、どうして、御社に入社を決められたのですか？」

「実は、……という理由があるからだよ」

「それって、僕もまったく同じです。それと、じゃあ、もともと、どういった業界を志望されていたのですか？」

「□□と△△業界だよ」

「あっ、そうですか、実は僕も……」


このように「質問をどんどんしてほしい」というリクルーターに対する対応は、「質問のスキル」と「傾聴のスキル」の両方を駆使することが大切です。

ただし、リクルーターによっては、「学生時代にどんなことに力を入れたの？」など、「一般面接」で聞くのと同じ質問や、中には「コンピテンシー面接」で聞かれるような質問をしてくる人もいます。おそらくリクルーターも人事からトレーニングを受けてそのような質問をしているので、この類の質問をしてくるリクルーターへの対応法は、後ほど「人事面接」の項で紹介します。

グループ面接

グループ面接とは

グループ面接は、通常面接官側が1～2名、学生が3～5名くらいで、30分程度の時間をかけて、採用選考の初期段階に行われます。

グループ面接を実施する企業の目標は、じっくりと時間をかけて面接する必要がない候補者をはじくことです。そのために、最初に聞かれる質問は定型的なものになります。

代表的な質問は、「自己紹介」「自己PR」「学生時代に力を入れたこと」「志望理由」です。「自己PR」と「学生時代に力を入れたこと」は「選考までに準備するスキル」で、紹介しましたので、ここでは「自己紹介」について述べます。

企業が「自己紹介」を求める理由は、学生の全体像をつかみたいということに加え、その後に質問する切り口を見つけたいからです。そのため、以下のように端的に自分の概略を伝えると、面接官にとってわかりやすいものになります。

「○○大学××学部の山田太郎です。それでは、自己紹介として学生時代に取り組んだ3点のことと、最後に一言自分の長所についてお伝えします。

まず、勉学では、○○ゼミに所属し、□□のテーマに取り組んできました。一番力を入れたサークル活動は、△△で、××の役割を果たしてきました。アルバイトでは、○○を2年間、△△を1年間、週に平均3日間やってきました。

そして、私の長所は……です。ちなみに、私は、周りの友人から……だと言われています」

こんな具合です。「ちなみに」では、自分を印象づけることを、比喩表現を使って1つ言えると相手の印象に残ります。

大切なことは、最初に「3つの」と言うことです。3は「魔法の3」と言われている程、力があります。しかも、最初に「3つの」と言うことで、面接官に、「これから3点を語ってくれるんだ」という聞く構えを作ってもらえます。

次に勉学、サークル（部活）、アルバイトでは、イメージが伝わりやすいキーワードを意識することです。そして、実はこの点がもっとも大切ですが、特にグループ面接では、「表現力」が問われます。3つのV、中でもVisual（ビジュアル）とVocal（声）が大切です。

グループ面接の3つのポイント

これらの基本を押さえた上で、他に行うべき3つのポイントを紹介します。

1．自分が話をしていないときには、他の人が話した内容に面接官がどんな反応を示したかを観察する。面接官は、自分が話す順番でない学生が、きちんと他の学生の話を聞いているかチェックしています。人が話しているときに、自分の世界に入っているのはＮＧです。人の話をうなずきながら聞くことが大切です。

2．「志望理由」が、他の人とかぶることがあります。そのときは、ためらわずに、「××さんと○○の点では同じですが、理由は少し違います。私自身は、△△にもっとも強くひかれたのが、御社への入社を希望する理由です」などと答えることが重要です。他の人と結論が同じであっても動揺することなく、理由で差別化を図ることが大切です。

3．話の後の質疑では、ＰＲＥＰ法を用いて簡潔に答えることです。もし、質問の趣旨がよく汲み取れなかったら、遠慮なく内容を確認してから答えること。そして、最後に「質問したいこと」を尋ねられたら、必ず積極的に挙手をして質問することが大切です。

人事面接（人事以外の面接官も含む）

図表4-20 STARフレーム

Situation	Target & Task	Action	Result	+ α
取り組んだテーマ	問題と課題	実際の行動	結果・成果	再現性
期間	目標・目的	実際の発言	影響を及ぼしたこと	議論
内容・難易度	任務	背景にある意図	周囲の反応	
状況・場面・シーン		チェック	学び	
役割・関係性・人数		対策		
what, when, who, where	what, why	what, how, why	what	what

人事面接は、会社によって手法が異なります。人数が学生1名に対し企業の人事担当者1名のケースもあれば、2対1のケースも、1対2のケースもあります。

また、所要時間も1人あたり20〜30分の会社もあれば、50分〜1時間かけるところもあり、会社によってさまざまです。

面接官との距離も、45センチメートルの机を2台挟んだ程度のところもあるかと思えば、3メートル程離れて座る場合もあります。

質問される内容も、さまざまなことを聞く一般面接もあれば、1つのテーマをじっくりと掘り下げるコンピテンシー面接の場合、また、一般面接とコンピテンシー面接の両方を組み合わせる場合など、企業によって異なります。

コンピテンシー面接

「コンピテンシー面接」については、序章でも説明しましたが、学生の皆さんには馴染みがないようですので、ここで改めて説明します。

コンピテンシー面接というのは、一言で言うと面接を受けている人が「どういう状況で」「何を課題だと考え」「解決に向けて何をし」「結果どうなったか」ということを聞いて、その際に適切な判断を下せていたか、または解決に向けてPDCAサイクルを正しく回し、「コンピテンシー・レベル4」の行動がとれていたかを評価するものです。そして、その際の面接官の頭の中に描かれているのが、ここで紹介する「STARフレーム」です（図表4-20）。

コンピテンシー面接で聞かれる質問のイメージをつかんでいただくため、質問例をいくつか紹介します。

①Situation

「過去1〜2年の間に、あなたが特に力を入れて取り組んだ中で、成果が上がったと思われる取り組みには、どんなものがありますか?」

「その中で、ご自身の置かれていた立場や、周りの皆さんとの関係について教えてください」

「あなたが取り組んだテーマを選定したときの状況や具体的なシーンを思い出してください」

「あなたは、そのテーマにどのぐらいの期間、取り組みましたか」

②Target & Task

「あなたがそれを行うにあたり、問題や課題と思われたことについてお話しください」

「あなたがその上で設定した目標についてお話しください」

「その中で、○○については、どのように理解したかをお話しください」

「あなたが、その目標を設定したときに考えたことを、優先順位も含めてお話しください」

「あなたが、その課題を解決したり目標を達成するために、自分に課した任務についてお話しください」

③Action

「そのテーマに取り組むにあたり、最初にあなたがしたのは、どんなことでしたか？」

「具体的にあなたは、いつ、どこで、誰と、どんなことから始めましたか？」

「次に何をしましたか？」

「それは、具体的にはどんなことですか？」

「他にどんなことをしましたか？　できれば、5W1Hを意識して具体的にお話しください」

「どうしてそうしたのか、その理由についてお聞かせください」

「その中で、あなたがした工夫には、どんなことがありましたか？」

「特に苦労した点についてお話しください」

「一番大変だったことは、どんなことですか？」

「その困難をあなたは、どのように解決しましたか？」

「その困難を解決するにあたり、あなたが具体的に行った行動についてお話しください」

「そのことをする中で、予定どおりいかなかったときにした行動について教えてください」

「結果を出すために新たに取り入れた対策や行動についてお話しください」

④Result

「その結果は、どうなりましたか？」

「それによって、あなたが周囲に与えたと感じられる影響力についてお話しください」

「どうしてその影響力を与えられたのかを、具体的な事実としてお話しください」

「その結果を出すにあたって、あなたが学んだことについてお聞かせください」

「その結果を振り返ってみて、本当はもっとこうすべきであったと考えたことをお話しください」

⑤＋α（議論をする）

コンピテンシー面接では、対象者の答えに対し、面接官が説明内容の細部に踏み込んで質問をしてきます。これは、面接を受けている人の答えの真偽を確かめたり、その人の思考の深さを探ったりするために、ＳＴＡＲのすべての段階で意図的に行われています。

中にはかなり鋭く突っ込まれ、答えに窮する人も少なくありません。

と、言われてもどんな風に突っ込まれるのかイメージがわかないと思いますので、具体的にコンピテンシー面接で聞かれそうな「突っ込み」質問の例を紹介しておきます。


「あなたは、〇〇についてそう認識されたのですが、××とは考えなかったのですか？」

「あなたは〇〇が課題だとおっしゃったのですが、本当は××のほうが真に解決する課題ではないのでしょうか？」

「その点は、〇〇に限らないのではないでしょうか？」

「他にお考えになったことはないのでしょうか？」

「たとえば、××をしてみようとは思われなかったのでしょうか？」

コンピテンシー面接のポイント

どうでしょうか？　結構、厳しいと感じませんでしたか？

しかし、多くの企業では実際にこのような厳しい面接が実施されていて、この関門をくぐり抜けないと内定を手にすることができないのも、歴然たる事実なのです。

そこで、今まで述べてきたことと重複を承知の上で、「コンピテンシー面接」対策として重要なことをまとめておきます。

①実際に、ＳＴＡＲフレームを意識した活動を行う。その際には、「難易度の高いこと」をTarget & Taskとして設定する。もし、面接直前になってこの重要性を認識した場合には、今までの学生生活で取り組んできたことをＳＴＡＲフレームに即して整理する。

②実際にＳＴＡＲフレームを意識した活動を行う際には、セルフマネジメント・サイクルとしてのＰＤＣＡサイクルを回す。具体的には、「ドラゴンノート」を紹介した際に説明したように記入を続ける。もし、面接直前にこの重要性を認識した場合には、今までの学生生活で取り組んできたことを思い出し、ＰＤＣＡサイクルに即して整理する。

③実際に「コンピテンシー面接」の場数を踏むこと。

一般面接

次に、多くの企業で実施されている一般面接について、具体的に質問例を紹介しながら解説します。

導入

「自己紹介をしてください」
「自己PRをしてください」

学生時代に力を入れたこと

「学生時代に一番力を入れた取り組みについてお話しください」
「学生時代に一番力を入れたことの具体的内容や、果たした役割をお話しください」
「その中で、あなたが経験した苦労や困難についてお話しください」
「それをどのようにして乗り越えたのかをお話しください」

「力を入れたことの中で、あなたが工夫したことを教えてください」
「力を入れたことによる成果や結果について教えてください」
「そうした活動を通して、あなたが学んだことや成長したと感じたことをお聞かせください」
「そうした学びを、入社後、どのように活かしていくかについてお話しください」
「2番目に力を入れたことについてお話しください」
「それ以外で力を入れたことについてお話しください」

勉学

「現在の大学（大学院）・学部・学科を選択した理由についてお話しください」
「ゼミや研究室を志望した理由についてお聞かせください」
「研究室やゼミでの取り組みについてお聞かせください」
「ゼミや研究室での役職、役割について教えてください」
「その役割を果たした具体的なエピソードを教えてください」
「ゼミや研究室の中で意見が対立したときには、どのように調整しましたか」
「ゼミや研究室の仲間からは、どのような人であると言われているか、教えてください」
「卒業研究について、テーマと共にテーマを決めた理由をお話しください」
「その中で、あなたが難しいと考えたことと、それをどのように乗り越えたかについて、お話しください」

「その経験の中から学んだ教訓や感想を教えてください」

「講義や授業に対してどのような姿勢で臨んだか、またその成果についてお話しください」

部活・サークル

「部活・サークルの内容と、その中で目標として掲げたことを教えてください」

「部活やサークルを選んだ理由について教えてください」

「部活やサークルでの役職や役割について教えてください」

「どのような苦労や困難があったのか、教えてください」

「それをどのように乗り越えたのか、教えてください」

「その経験の中から学んだ教訓や感想を教えてください」

「部活やサークル内で対立したことはありましたか？　あったならば、それをどう乗り越えたのか、教えてください」

「部活やサークルでの経験から得たことは、今の自分にどのように活きているかを、教えてください」

アルバイト（インターン）

「アルバイトの経験と、そのアルバイトを選んだ理由について教えてください」
「アルバイトでの自分の役割、立ち位置はどのようなものか、教えてください」
「困難だったことと、それをどのように乗り越えたのか、教えてください」
「自分なりに工夫したり、社員に提案したことの内容を教えてください」
「失敗経験について教えてください」
「社員の方と意見が合わなかったのはどんなことで、どのように乗り越えたか、教えてください」
「成功や失敗の経験から得たことは今の自分にどのように活きているか、教えてください」

ボランティア

「ボランティアの経験と、そのボランティアを選んだ理由について教えてください」
※ 以下、アルバイトと質問内容は同じ

自己分析

「小学校～中学校時代にあなたは、どんなことに力を入れましたか」
「高校時代にあなたが力を入れたことをお話しください」
「長所・短所についてお話しください」
「長所・短所と感じた具体的なケースや事例についてお話しください」
「短所をカバーするために心がけていることをお話しください」
「周りからどのような人だと言われるか、教えてください」
「なぜそう思われていると自分では考えるのか、教えてください」
「あなたが、これだけは誰にも負けないと思うことについてお話しください」
「自分が人と違うと思うところについて、教えてください」

対人関係・挫折・ストレス観

「気の合わない人とどう付き合うのか、教えてください」
「あなたが苦手と思うタイプの人と、その人に対する接し方を経験の中からお話しください」
「他人と意見が対立したとき、どう乗り越えたか、教えてください」

「フラストレーションを感じるときはどんなときですか。また、それにどう対処するか、教えてください」

「あなたがストレスを感じたことがあれば、そのときの状況と解消法について、教えてください」

「今まで言われて一番傷ついた悪口は何ですか」

志望動機・志望理由

「会社選択において重視することをお話しください」

「働くということを、どのように捉えていますか」

「志望業界と、その業界を志望した理由についてお答えください」

「当社の会社説明会やインターンシップに参加した感想をお聞かせください」

「当社の社員（OB・OG）にお会いいただいた経験がある場合は、その感想を教えてください」

「当社を志望する理由についてお聞かせください」

「競争相手である○○社や××社さんではなく、当社を志望する理由をお聞かせください」

「当社に入社後は、どんな仕事をしたいのか、お聞かせください」

「その理由を、あなたのこれまでの経験と重ね合わせてお話しください」

「夢についてお聞かせください」

「当社でのキャリアプランについてお聞かせください」

「当社以外で実際に選考を受けた、もしくは同時に受けている会社についてお話しください」

「上記の結果や、今後の予定についてお聞かせください」

「当社の志望順位についてお聞かせください」

「実際に当社から内定が出たら、入社しますか」

海外との関わり

「TOEICの点数があれば教えてください。また、その勉強法についても教えてください」

「海外での留学経験や、海外旅行の経験についてお話しください」

「日本人以外の方々との関わりについて教えてください」

「海外で働くことをどう思いますか」

趣味・特技・資格・教養

「趣味についてお話しください」
「その趣味についてどういうところが楽しいのか、教えてください」
「その趣味の中で目標としていることを教えてください」
「特技についてお話しください」
「その特技を習得するまでの過程について教えてください」
「その趣味や特技を身につけてよかったと思うことをお話しください」
「何か資格があれば、それを取得した理由とともにお話しください」
「最近読んだ本についてお話しください」
「好きな作家さんがいたら、その人を好きな理由とともにお話しください」

社会事情

「今日の新聞やニュースで気になったことをお話しください」
「最近、日本で気になったニュースについてお話しください」
「その問題について気になったり、興味を持った理由について教えてください」

「最近、世界で気になったニュースについてお話しください」
「気になったニュースに接したとき、それについて深く調べた経験があればお話しください」
「今後の日本の将来について考えたり、感じていることをお話しください」

おわりに

「当社に質問したいことがあれば、理由とともにお聞かせください」
「当社に伝えたいことがあれば、お話しください」

ここに例示した90の質問は、あくまでも採用試験の面接でよく聞かれる質問の一部です。本番の面接でどんな質問がされるかは、そのときの面接官によって変わります。そのため、例示した質問は、入り口の質問にすぎないと考えてください。

通常の面接では、質問に学生が答えた後、その答えに対して、「どうしてそう感じたのか、捉えたのか、もしくはそのように行動したのか」や、「他の捉え方や行動の可能性についてどう考えるのか」について質問されるので、そのつもりで準備をしておく必要があります。

一般面接のポイント

最後に、「一般面接」に合格するために必要な準備をまとめておきます。

①丹念に業界研究、企業研究を行う。また、会社説明会に参加したり、OB・OGからの情報収集活動を行う。それらの情報をもとに、なぜその業界や会社に入りたいのか、志望理由を明確にすることです。また、入社後にやりたい仕事や夢、キャリアのイメージを固めておくことも重要です。

②常日頃から、広くアンテナを張り、社会と共に生きること。また、日頃から人間性を高める生活を送ることも重要です。一般面接では特に「社会性」や「人間性」が問われます。

③最後に「一般面接」の場数を踏むことです。頭の中でできると思っていることと、実際にできることとの間には、大きな違いがあります。面接で高い評価を受けるためには、トレーニングを重ねることが大切です。

以上「コンピテンシー面接」と「一般面接」について紹介しましたが、実はこれらのほかに、企業が実施している面接には、別の面接が2つあります。

1つが、特に理工系の4年生や修士2年生を対象として行われる「技術面接」で、もう1つが外資系コンサルティング業界や、外資系コンサルティング業界出身の経営者や人事担当者が行う「ケース面接」です。

技術面接

技術面接は、通常、学生の志望職種に現在従事している現場の方が単独、もしくは人事部の担当者と組んで実施されます。いずれのケースでも、テーマは研究内容についてです。

技術面接では、「研究目的」「研究内容」「研究成果」「今後の研究」をパワーポイント5~10枚程度にあらかじめまとめて発表するケースと、口頭のみで行われるケースの2通りあります。

事前に資料をまとめたものを発表する場合は、1ページに、「1タイトル1メッセージ」として資料を作成します。発表時に大切なことは、準備した資料に目を落として読まないで、面接官の表情に注視し、自分が発表した内容を面接官が理解したかどうかを観察することです。もし、理解されていないことがわかったら、その時点で補足説明をするのも重要です。

面接官として配属予定の現場の皆さんが同席するといっても、必ずしも自分が研究したテーマについて深い知識や知見を持っているとはかぎりません。したがって、「専門用語」については、時としてわかりやすい例えで補完したり、言い換えることが必要です。

準備した資料は、あくまでも面接官にわかりやすく伝えるためのツールです。私も幾度となく修士生に対する技術面接トレーニングを行っていますが、ほとんどの学生は、準備した資料を一方的に読みがちになっています。また、プレゼンテーションでは、5分間や8分間といった時間があらかじめ指定されるケースが多いのですが、タイムコントロールに気を配らないケースも多く見られます。

技術面接のプレゼンテーション後は、質疑応答の時間が設けられています。実は、ここでの質問に的確に答えられるか否かが、技術面接の生命線です。

面接官が特に注意して見ているのは、研究に取り組んでいる過程で、「PDCAをどのように回したか、研究過程の中で遭遇した疑問や課題、困難をどのように乗り越えたのか」という点と、研究内容が応募企業（または志望職種）で役に立つかどうかという点です。

技術面接はコンピテンシー面接との類似点も多いので、技術面接でもコンピテンシー・レベルを常に意識することが重要です。

ケース面接

私は、ケース面接のスキルをアップさせるためのみに多大な時間と労力を使うことには、賛成していません。もっとも、ケース面接とは何かすら知らないで面接に臨むことも無謀です。ケース面接が行われそうな企業に応募するのであれば、ケース面接に関する教科書的書籍を数冊購入して、「例題」を自分なりに解くことが大切です。

外資系コンサルティング会社へ入社を希望する場合でも、今説明した程度の準備で臨み、もし面接を通過できなかった場合には、素直に「自分はこの仕事に向いていない」と考え、他業界や他の企業へと軸足を移すことが賢明だというのが、私の率直な意見です。

外資系コンサルティング会社へ入社する道は、中途採用でも新卒と同じか、もしくはそれ以上に開けています。そのため、どうしても外資系コンサルティング会社を希望する人は、一旦他業界で働いた後や、留学してMBAを習得後に再チャレンジすればいいのではないでしょうか。

一方、一般企業で、外資系コンサルティング会社出身の経営者や人事担当者が行うケース面接は、外資系コンサルティング会社で実際に行われているケース面接に比べると難易度は高くありません。こうした企業の場合には、ケース面接スキルよりも、コンピテンシー・レベルが重視されます。したがって、こちらも「教科書的書籍」を数冊読むことで、対策は十分です。

役員面接

人気企業では、権限委譲が進んでおり、役員面接を実施しない会社があることも事実ですが、まだまだ、最終面接は役員が担当するというケースが多くあります。

少し前までならば、「役員面接」まで行けば、ほぼ「顔合わせ」程度といった会社も少なくありませんでしたが、ここ数年、役員面接で半数以上が不合格と判定されるケースも増えています。つまり、役員面接だからと言って、安心は禁物です。そこで、「役員面接で問われていることは何か」についてお話しします。

役員面接では、以下の3つの質問が多くの企業で聞かれています。

1つ目は、困難なときも頑張れるか？　2つ目は、社会性があるか？　3つ目は、この会社や仕事が好きかどうかです。

「困難なときも頑張れるか」が問われるのは、経営者や役員が年配者であることと大いに関係があります。最近はベンチャー企業などで、非常に若い社長や役員を見ることも珍しくありませんが、歴史のある会社では、まだまだ年配者が経営層を独占しているのが現実です。しかも、学生の父親か、それ以上の年齢の人が大半です。

そういった年配の経営者たちは、会社や自分の仕事が順調なときも苦しいときも経験しています。そして、大概、取締役以上に昇進した人は、苦しいときに踏ん張って頑張った人なのです。だからこそ、苦しいときにも逃げないで、頑張れる人材を欲しているのです。

次に「社会性があるか」が問われるのは、経営者や取締役の人たちは、「苦しいときに頑張れたのは、お客様があってのおかげ」と骨身にしみて感じているため、社会やお客様の役に立ちたいと強く思っている人たちばかりだからです。

最後の「会社と仕事が好きか」が問われるのは、大方の経営者や取締役は、好きで事業や仕事をしている人が多いからです。会社や仕事が好きで好きでたまらないという人すらいます。「好きこそものの上手なれ」という言葉がありますが、実際、好きなものだと時間を忘れて夢中になれます。時間を忘れて夢中で仕事をしてくれる人材に、自分の会社に来てほしいというのが、この質問の真意です。

第5章

新卒採用基準⑤＋α

大学・大学院名

本章では、「仕事力」「表現力」「就活スキル」、そして「人間性」に加え、就活を勝ち抜くために不可欠な要素である「＋α」について説明していきます。

「＋α」というのは、「人間性」を高める上で役立つものでもあり、かつ高ければ高い程企業からいい評価を受けられる基準です。

人気企業は倍率100倍の難関

「＋α」の最初に「大学・大学院名」を持ってきたのは、多くの学生が、自分の通っている大学や大学院の名前を必要以上に気にしているからです。実際は、企業が採用の合否を決める要素としては、「大学・大学院名」はそれほど重要ではないにもかかわらずです。

就活コーチングをしている学生さんとの間で、在校大学名がしばしば話題にのぼります。たとえば、「私の大学は東大、東工大、一橋、早慶などの大学ではないので、人気企業への入社は難しいのでしょうか？」と心配する人もいれば、当の偏差値上位大学に通っている学生からも「私は人気企業に入社できるのでしょうか？」と聞かれることがあります。つまり、偏差値上位大学に通っている人も、そうでない人も、「自分は希望しているレベルの企業に入れるのでしょうか？」という質問をしてくるのです。

ただ、両者の質問の趣旨は若干異なっています。偏差値上位大学の学生でない前者は、大学・大学院名だけですでに人気企業への入社が制限されているのではないかと感じているのに対して、後者は、自分の実力で人気企業へ入社できるかを気にしているのです。

私は、この種の質問や疑問を聞かれたときには、すでに公表されているインタビュー記事や客観的なデータを紹介するようにしています。たとえば、人気企業にはどのくらいのプレエントリーがあって、実際どれだけエントリーされているか調べてみました。

まず、「多くの学生が入社したいと考える、知名度が高くて入社難易度が高いブランド企業200社」を人気企業と定義します。そのうちの17社の人事担当者がインタビューに応えているのを見つけました。各インタビューに公表されていた数字をまとめると……。

プレエントリー数の実際の数字を公表していた会社のうち、最大は8万人、本エントリーでは2万人でした。ある総合商社では、プレエントリー数が3万人、本エントリー数が1万3000人でした。

これらの数字から、人気企業の本エントリー数はおよそ1万人。採用者は100人くらいなので、倍率は100倍と大雑把に見積もることができます。

倍率100倍です！　100人に1人しか受からないのです！　この数字を見れば、いわゆる人気企業への入社が、大学受験の比ではなく難しいことは、誰の目にも明らかでしょう。

どんな学生も不安になってしまうのも無理のないことなのです。

どこの大学からも人気企業に入れる

さて、先ほどから「偏差値上位大学」という曖昧な言葉を使っていますが、具体的には東大をはじめとした旧帝大と一橋大、東工大、早稲田・慶應の11大学を指しています。大学のランクというのは、いろいろな尺度があるので、「偏差値上位大学」をこれら11大学に限定することには異論があるかもしれませんが、ここでは企業が新卒学生を熱心に採用したがっているという尺度で、これらの学校を「偏差値上位大学」としています。

さて、これら偏差値上位大学では、年間6万人強が卒業します（図表5－1）。そのうち民間企業就職率を50％とすると約3万名が民間企業に就職する計算になります。これは、全民間企業就職希望者42万3０００人の約7％です。

一方、リクルートワークス研究所の調査によると、従業員5０００人以上の企業の求人数は4万5８００人です（第31回リクルートワークス研究所「大卒求人倍率調査」）。

これらのデータから計算すると、従業員数5０００人以上の企業が仮に偏差値上位大学の民間就職希望者のすべてを採用したとしても、採用目標の65％しか採用できないことになります。つまり残りの1／3は、偏差値上位大学以外から採用しないと自社の採用目標は充足できないことになります。

実際に、２０１４年４月にあるメガバンクに入社した先輩に話を聞いたところ、採用者の出身大学の内訳は偏差値上位大学で５割、残り５割はその他の大学の学生でした。同じく総合商社に内定した人に話を聞いたところでは、偏差値上位大学で２／３、その他の大学で１／３でした。

これらのデータからは、人気企業では、偏差値上位大学から多くの学生を採用しているものの、それ以外の大学からも一定数の学生を採用しており、その数も一般に学生が考えている以上に多いことがわかります。

本書でも再三述べていますが、企業が求めているのは「入社後に成果を上げる人材」です。正直言って、仕事ができるできないと、出身大学はほとんど何も関係がありません。

仕事をする能力は、先に紹介した「社会人基礎力」です。この能力と大学入学時に問われる学力とは、重なるところがまったくないわけではありませんが、ほとんど別の能力です。ましてや、「好感度」のもととなる「表現力」は、学力とは関係ありません。

図表5-1　有名大学の在籍人数

	学部 1学年在籍	修士 1学年在籍	合計
旧帝大（7大学）	22,000	12,500	34,500
一橋大	1,000	350	1,350
東京工業大	1,000	650	1,650
早稲田大	11,000	4,500	15,500
慶應義塾大	7,000	1,500	8,500
合計	42,000	19,500	61,500

※民間企業への就職率を50％とすると、3万750人となる。

偏差値上位大学でも油断は禁物

さて、毎年の採用人数が数名~20名程度と少ないけれども、多くの学生が就職を希望する人気企業では、あまり多くの学生から応募してもらう必要がないため、偏差値上位大学+数校に絞り込んで採用活動をしていることも、実態としてありそうです（どの企業が特定大学・大学院の学生しか対象としていないかは、人事部だけの内部秘密ですから実態はわかりません）。

また、2016年卒の学生の採用に際しては、企業の採用広報と選考時期が後ろ倒しになったため、リクルーターを増員・復活させる企業が増加します。リクルーターは基本的に母校の学生に対してアプローチしてくるので、人気企業に先輩が多く勤めている偏差値上位大学の学生には、経団連倫理憲章で決めた8月1日以前にアプローチが開始される可能性が大いにあります。そうなれば、偏差値上位大学の学生が早くから企業の選考テーブルにつける可能性が高くなります。

しかし、早くからリクルーターと接触できたとしても、合格のジャッジがされるかどうかはまったくの別問題なので、ぬか喜びしないことが重要です。

あくまでも「企業は自社で成果を上げられる人」を求めていることを、再度認識していただきたいと思います。

国際性・英語力

TOEICはとても重要

国際性を客観的に評価する指標として、TOEICの点数は、高ければ高い程企業からは歓迎されます。

TOEICのテストが日本で初めて実施されたのは、1979年12月で、受験者数はわずかに3000人でした。現在では、1年にのべ230万人が受験しているので、隔世の感があります。

実際、グローバル化の波はとどまるところを知らず、企業も外国人と対等に渡り合うために、英語ができる人材を求める傾向にあるのは事実でしょう。実際に先輩から、TOEICで高い点数をとっておくと就職に有利だと言われたことのある学生も多いのではないかと思います。

経産省の調査では、海外進出企業の7割が「グローバル化を推進するための人材確保が課題」と感じており、政府は、2020年までに日本人留学生を12万人に倍増させる目標を掲げました。

経団連の新卒採用倫理憲章で、10年以上続いてきた新卒採用の広報開始や選考開始の時期を後

図表5-2　高まる主要300社の海外比率

海外生産比率の推移　（主要300社）　（%）

	2011年度	2012年度	2013年度見込	2016年度計画
化学	24.2	25	26.8	30.5
一般機械	24.3	25.2	26.5	28.7
電機・電子	45.2	43.3	44.9	47.6
自動車	33.4	39.4	42	47.4
平均	31.8	33.2	35.1	38.6

海外売上高比率の推移　（主要300社）

	2011年度	2012年度	2013年度見込
化学	30.1	31.1	33.6
一般機械	43.2	39.9	41
電機・電子	45.1	42.8	45.5
自動車	36	38.8	41.4
平均	38.6	38.2	40.4

（出所）国際協力銀行 業務企画室 調査課2013年11月

ろ倒しにしたのも、政府の「留学生を倍増させよう」という方針と無縁ではありません。

図表5-2を見てください。これは、日本を代表する4業種主要メーカーの、海外生産比率と海外売上高比率をまとめたものですが、両者ともその比率が年々高まっているのが一目瞭然です。全売上の40%がすでに海外で、海外生産や海外売上高比率が50%を超えるのは時間の問題と見られています。

今紹介したデータのみならず、グローバル化はいたるところで進展していて、現在の学生が一線で仕事をする時代には、海外で仕事をすることが当たり前になります。この大きな流れに乗るには、英語ができることはとても有利になります。

一方で、日本の人気企業の中でも、マスコミ、建設、不動産、鉄道、電力、ガスなどの業界では、主要な事業活動が日本国内に限定されていることも事実です。そのため、これらの業界では、英語力の高さは採用基準として、重きを置かれていません。また、海外展開を積極的にしている会社でも、「英語力は内定〜入社後に身につけてくれればいい」と考えている会社も少なからずあります。

企業は常に変化する

ただし、企業というものは、環境の変化に対応して柔軟に変化する側面があることを理解しておいてほしいと思います。

実際に私が新卒で入社したリクルートでは、２００４年に中国に進出した時点では、海外売上高は０円でしたが、現在では世界16の国と地域に９００拠点を持ち、２０２０年までには海外売上高比率を50％に高めようとしているとも聞いています。

日本は少子高齢化社会に拍車がかかり、人口は２０５０年には、現在の１億２７００万人から９０００万人へと３割も減少します。一方で、世界の人口は70億人から96億人へと逆に３割増えると予測されています。

こうしたことから、事業活動の舞台が現在ほぼ日本に限定されている企業でも、今後20〜30年の間には、国際展開に拍車をかける会社が出て来てもまったく不思議ではないのです。

そのため、英語力（具体的には、ＴＯＥＩＣの点数）はどんな企業を志望する方にとっても、高めておくことに越したことはありません。

読書量

面接を受けに来た学生が、日常的に読書をする習慣があるか否かは、話をすればすぐにわかります。そして、当然ですが、社会人は読書の習慣がある学生に対してよりよい印象を持ちます。

大学生協が、2013年の10〜11月に8930人の大学生を対象に調査をしたところ、学生の1日の平均読書時間は26・9分（文系32・0分・理系24・2分）でした。同じ方法で調査している2004年以降もっとも短く、本をまったく読まない学生も40・5％と、初めて4割を超えました。実に5人に2人です。学生の読書離れの背景としては、スマホの普及が大きいとのことです。

読書の効用

さて、ここでは読書の効用について考えてみたいと思います。

読書の効用は3点あります。まず、「知識が増える」ことです。現代は、ネットで調べるとさまざまなことがわかりますから、知識を増やすために本を読む効用は、ネットのない時代に比べたら相対的に減っている気がします。しかし、ネットの情報は、意外に詳しい内容まで掲載されていないことが多いように思います。また、物事を体系的に理解するためには、ネットの情報だけでは事足りません。こうした点を考えると「知識を増やす」ための方法として、読書にはまだまだネットにはない強みがあるのです。

次に、いろんな世界を見ることができることも、読書の効用だと考えます。最近テレビで見ましたが、ある地方の本屋さんが、読書履歴と1万円を送ると、店主がその人がまだ読んでいない本の中から、読んだらその人の世界が広がって面白いと思ってもらえそうな本を1万円分送ってくれるというサービスをやっているそうです。

このサービスが好評で、口コミでじわじわと利用者が増えているそうです。自分の世界を広げるという効用を本が担っていることを示す典型的な事例だと、テレビを見たときに思いました。実際、自分1人の世界だと物事を捉える視点が狭まってしまいがちですが、本を読むことによりさまざまな人の考えに触れることができるので、凝り固まった頭になるのを回避することができると思います。

最後に、「考える」ことも読書の効用だと考えています。自分の突き詰めたいテーマについて本を読むと、自分では考えてもいなかった視点が見つかります。また、作者や著者が何を伝えたいのかを考えることによって、自分の思考が深まります。

「すごい人」はみんな読書をしている

別の視点で、「読書」に関する私の経験を紹介します。私は、リクルート勤務時代に300人を超える中堅・ベンチャー企業の経営者と、採用や研修の仕事で、対面で何回もお会いしてきました。

その中には「この人はすごい!」と心底感心させられる経営者も少なくありませんでした。経歴や生まれ育った環境が異なる彼らに、唯一共通していたのが、全員が大変な読書家だということでした。

彼らは、誰かに言われて本を読んでいるわけではありません。彼らが本を手にとる理由は、本から得られることがそれだけ多いと経験上知っているからにほかなりません。

皆さんは、アルバイト情報を掲載するウェブサイト『ジョブセンス』を運営しているリブセンスという会社を聞いたことがありますか? この会社は東証1部に上場しているのですが、実は上場当時、創業社長である村上太一さんは、まだ25歳1カ月でした。これは、東証1部上場企業の史上最年少の記録です。

実はここだけの話、この村上社長とは、まだ彼が早稲田大学のインキュベーションルームにいた時代に何回かお会いしたことがあります。当時から、ただものではないと思っていたのですが、彼を心底「すごい」と思ったのは、帰りがけに「廣瀬さんが最近読まれた面白い本を紹介してください」と言われた瞬間でした。

そのとき、正直「この青年は化けるかも？」と思ったので、彼が後に最年少東証1部上場記録を作ったときは、逆に「さもありなん」と思ったものです。

少し横にそれましたが、このように、「読書」は計り知れない力を与えてくれるのです。実際に、世界のビジネスを牽引している経営者の多くも読書家です。

また、採用の選考の過程で、皆さんが読書から吸収した「教養」を面接官が察知したり、「感銘を受けた本は、どんなものですか？」と聞かれることもあります。

読書に関しては、最後に丸谷才一さんの『文章読本』（中公文庫）の1節を紹介します。

> 人は好んで才能を云々したがるけど、個人の才能は実のところ伝統を学ぶ学び方の才能にほかならない。

新聞・ニュースとの接触度

世の中のことを知れば知る程、世界が広がり、自分の歩むべき方向性や、やりたいことが見えやすくなります。

しかし、残念ながら私が日々就活コーチングで出会う学生は、意外なほど社会での重要な出来事やニュースに関して無関心な人が多いように感じます。人によっては、「今、日本で起きている出来事にはまるで関心がない」とまで言い切る人がいて、内心、驚かされることもあるくらいです。

新聞などのニュースメディアに対する価値観は人によって違いますが、企業は、常日頃からニュースに接触している人材を採用したいと考えます。

好き嫌いに関係なく、新聞やニュースには常に触れておくべきです。なぜなら、私たちが「社会的な存在」である以上、社会と共に歩む必要があり、そのための大切な情報源が新聞やニュースだからです。

もし、新聞やニュースに触れないとどうなるか？　社会の常識には疎くなるし、視野も狭くなります。

また、新聞やニュースは現在起きていることだけではなく、将来を予感させる情報も提供してくれます。それらに触れておかないのは、将来に向かって歩むための地図やコンパスを持たないのと同じこと。すぐに道に迷ってしまいます。

さらに、人は新しい情報に触れることで頭を使ったり、自分の行動を選択したりしますが、新聞やニュースに触れないと、その分考える頻度が少なくなり、行動の幅が狭くなります。

以上のように、新聞やニュースに日常的に触れておかないのは、百害あって一利なしです。

キャリアと新聞・ニュースの関係

序章で「キャリアデザインの3つの輪」を紹介したときに、「やるべきこと」をやると「やれる力」がつく。そうすれば「やりたいこと」が見えてきたり、実現できるようになると説明しました。

新聞の中でも、日本経済新聞にはさまざまな企業の情報が満載されていますので、この新聞を読んでいると、社会や日本をリードしている会社が今、何をやっているのかがわかります。

企業がどんなことに力を入れているのかを知れば、自分のやりたいことも見つかりやすくなります。「やりたいこと」は、時代や社会の中に鍵があるからです。

たとえば、本書を執筆していた3日間に、以下のニュースが紙面を飾っていました。

8月26日「三井物産、就業体験を復活　8年ぶり、来年2月に」双日は、受け入れ人数も3倍（9月、11月、1月）に」

8月27日　「三井住友銀行　インドネシアの低所得者6000万人に携帯電話で口座にアクセス（預金の預け入れ、引き出し、振込）可能」
8月28日　「富士通　プログラマー不要　一定の書式で入力すればプログラミングが不要に。これにより、ソフト開発費4割削減」

最初の記事は、総合商社に関心を持っている多くの学生には、直接的に影響します。この記事を読んで少し考えれば、競合のほかの総合商社や、総合商社と新卒採用で競争関係になる他業種の企業は、どういう行動をとるのかということも頭をよぎるはずです。

2番目の記事からは、「日本のメガバンクも、ここまでのサービスをインドネシアでするようになった。こうなると、お金の動きが活発になるから、経済成長に拍車がかかる。だとしたら、今までは進出をためらっていた小売業の進出も増えるかも」といった連想が働くことでしょう。

最後の記事を読んだ後は、「今後ソフトウェア産業で、プログラマー職の仕事の将来はどうなっていくのだろう。プログラマーの将来性はなくなるかも」と、これから社会やそこで働く人がどうなるんだろうとワクワクしたり、恐ろしくなったりします。

感謝の心

最後に「心」の領域から「感謝の心」を「＋α」として位置づけました。「感謝の心」は、企業で働き成功している皆さんがもっとも重視していることです。

私はリクルート勤務時代に、実にたくさんの経営者にお会いしました。その際に、「経営者として、一番大事にしていることを1つだけ挙げてください」と聞くのを習慣にしていました。すると、判で押したように「お客様に感謝すること」という答えが返ってきました。これは、ホントに本当のことです。

どの経営者も実は裏で示し合わせて、私をからかっているのではないかと疑念すら抱くほど、1人残らず同じ答えだったので、「この気持ちがない人は、経営者にはいないのではないか」というのが今の私の思いです。特に創業者はこの気持ちを強く抱いているようでした。

営業の仕事が長かった私ですが、個人的にもやはりお客様の存在は常にありがたいと思っていました。新規開拓営業をしていたときは、何件も何件も断られ続ける日々が続きます。そんなとき、会って話を聞いてもらえるお客様がいると、本当にありがたいと感じました。

自分自身そんな経験をしてきたので、一緒にチームを組んでいた部下には、「お客様に喜んでいただくために仕事をすること」と「お客様に対する感謝の気持ちを忘れないこと」の大切さを繰り返し伝えました。

時間がたち、メンバーの中で成長の度合いに少し差が出てきました。もともと能力の高いメンバーがいい仕事をしていたのですが、徐々にコツコツと努力した人が頭角を現してきました。

このコツコツと努力を継続する原動力となっていたのが、「お客様の期待に応えたい」という想いと、その奥にあるお客様への感謝の気持ちであったと思います。

自分のための努力は、「まあこれでいい」と思ってしまえばそれまでですが、人のためにやることには、際限がないからです。

私たちは日常生活でも感謝すべき人々に囲まれています。

今、日本では、平和が守られていますが、テレビをつければ中東での戦争や戦闘行為がもたらす悲惨な出来事が毎日のように放映されています。平和な環境で暮らせるのは、世界的に見ると決して当たり前ではないのです。

私たちが日本で安心して、快適に暮らしていられるのは、自衛隊、警察ほか多くの人の支えがあるからなのです。

毎日電車で会社に行けるのは、ＪＲ・私鉄など鉄道各社の皆さんが電車を安全に運行していてくれるおかげです。毎日、おいしい料理が食べられるのは、農作物を育ててくれた農家さん、魚をとってくれた漁師さん、届けてくれている運送会社の皆さん、売っていただいているスーパーやコンビニの皆さんのおかげです。

家で毎日楽しく快適に暮らせるのは、テレビに登場する芸能人、ミュージシャン、スポーツ選手、ニュースキャスターのおかげです。また、家を造ってくれたハウスメーカー、大工さん、家電を造ってくれた家電メーカー、売ってくれた量販店のおかげです。もちろん、家族のおかげもあります。そして、今まで育ててくれた両親、先生、先輩方のおかげです。毎日、友達と楽しく過ごせるのは、友達本人のほか、その友達自身を支えている人たちのおかげです。

このように、私たちはそれこそ1日だって、他の人やその人たちが作ってくれたものの助けなしでは生きていられません。ちょっと考えてみれば、人に対して常に感謝の気持ちを持つのは、むしろ当たり前のことなのです。

私の好きなテレビ番組に、毎週金曜日の夜9時からＢＳ11で放映されている「経済深々」という番組があります。経済ジャーナリストの財部誠一さんが、さまざまな経営者を呼んでインタビューする内容です。

この番組には、トヨタ自動車の社長や、三井住友銀行の頭取、ＪＴＢの会長など日本を代表する企業の経営者が、生で登場しています。

この番組を見ていると、出演している日本を代表する企業のトップから、社会やお客様、従業員に対する感謝の言葉が語られるのを目の当たりにすることができます。

「人の上に立つ人は、多くのお客様やパートナー、従業員に支えられて、事業や仕事をさせてもらっているという気持ちを強く抱いている。そのため感謝の心をとても大切にされているんだな」この番組を見ると、いつもこんな思いが湧き上がってきます。

最後に、多くの経営者に読み親しまれている清水英雄さんの『ありがとう』（ヒューマンウェア研究所）から、詩を2篇紹介します。

ありがとう

一杯のあったかいお茶にありがとう　やわらかな香りを漂わす沈丁花にありがとう　おいしい料理をありがとう　ホホをやさしくうつそよ風よ ありがとう　ドアーを開けてくれてありがとう　ありがとうと素直に言える豊かな心　ありがとう　ありがとうを素直に受け入れる豊かな心　ありがとう　ありがとうがはずむ一瞬は　いつまでも　心に残る永遠の一瞬いつでもどこでも　誰にでも　ありがとうと言える時　心が歌ってる　踊ってる　恋してるこうした素敵な一日が　今日も送れてみなさん　ありがとう　こんな広く豊かでステキになれる　わたしの心よ　ありがとう

一日に何回？　ありがとう

あなたは一日に何回　ありがとう　を言っているだろう　一度ゆっくりと考えてみたら少ない　少ない　ありがとうといっていない　どうしてなのか　一度ゆっくり考えてみようただ何となく過ごしているから　ただ何となく仕事をしてるから　ただ何となく生きているからかもしれない……　出会いを　出来事を　時間を　空間を　風景をしっかりと受け止めていくと　あなたにかかわるあらゆる存在が　光り輝き　存在感を増してくる　一日にあり

がとうを　何回言っているのだろう　一度数えながら一日を送ってみようよ　今まで見えなかったところが見えてきて　今まで感じなかったことに感じるようになってきて　今まで知らなかったことが分かってくるようになるって
あなたの一日がもっともっと素敵な　かけがえのない一日になるから……

繰り返しますが、多くの経営者が「感謝の心」を大切にしています。また、第1章で紹介した「他者軽視感」を低めるためにも、感謝の心は大切です。
ある企業の採用担当者が言っていました。「2人の候補者がいて、他の要素が甲乙つけ難かったら、最後は人間性で決める」。就活を勝ち抜く人間性の鍵が、感謝の気持ちを持っているか否かなのだと思います。

第6章

山田君と新卒採用基準の全体像

いよいよ最終章へとやってきました。しめくくりに、まだ本格的に就活をスタートさせていない皆さんの参考に、「山田君」という先輩が就活に取り組んだ様子を紹介していきたいと思います。

山田君は、初年度の就活ではうまくいかずに、2年目に再度就活にチャレンジして、見事内定を勝ち取った学生です。

皆さんの参考事例として「山田君」を紹介するのには、3つの理由があります。

1つ目は、山田君が、普通の真面目な学生だったこと。学生時代に特に誇れる「すごい取り組み」をしていたわけでもなく、目立った実績もない、どこにでもいそうな普通の学生さんでした。つまり、本書を手にしてくださっている皆さんよりも企業受けする取り組みが少ない状態からのスタートだったので、参考にできるポイントがたくさんあると考えたからです。

2つ目の理由は、山田君が初年度の就活で、彼なりに真面目に取り組んだにもかかわらず失敗したことです。就活の体験談では、成功体験が語られることは多いのですが、失敗体験がシェアされることはあまりありません。しかし、失敗から学ぶべきこともたくさんあります。皆さんには、山田君の失敗を反面教師として、多くのことを汲み取ってほしいと思います。

最後の理由が、山田君が2年目の就活で、「まっとうな努力」の末、就活に成功したことです。何が就活における「まっとうな努力」なのか、ぜひ皆さんの参考にしていただければ幸いだと思ったからです。

初年度の就活を振り返る

私が山田君と初めて会ったのは、2013年7月のある暑い夏の日でした。早速、聞かせてもらった山田君のプロフィールは、以下のようなものでした。

山田君のプロフィール

東京都江東区出身。22歳。江東区立の中学校を経て、都内の公立高校へ進学。現役では大学受験に失敗したため、代ゼミに通い、1浪してMH大学文学部に入学。

中学時代の部活は卓球部。ただし、あまり熱心ではなく、大会への参加経験はない。高校時代でも卓球部に入部。同学年の男子は6名だったために、団体戦に出場。しかし、毎年1回戦で敗退。

大学では、日本の中世の文学を研究するゼミに所属。ゼミは、毎週1回。推薦図書や文献をレポート3枚にまとめて1人が発表し、そのあと質疑応答と教授から解説してもらうという形態。ゼミ全体では15人が所属。山田君は特に役職には就いていなかった。ゼミでの課題は、自分の発表の番のときは一生懸命レポートにまとめるものの、それ以外は教授の推薦図書や文献をさらっと読む程度。授業には1年から真面目に出席していたが、大学の成績は中の下とふるわなかった。

サークルは、演劇サークルに所属し、小道具の制作を担当。ただし、2年目の冬からは行かなくなる。

アルバイトは、自宅から近いゲームセンターで、大学のあるときは週2～3日、夏休みなどの長期休暇中は、週5日勤務。遅刻や無断欠勤はすることなく、真面目に勤めていた。もともとそのアルバイトを選んだ理由は、家の近くにあることと、楽そうだと思ったから。

趣味は特になし。自宅でテレビやビデオを見たり、ゲームをしたり、音楽を聴くことが楽しみ。中学時代にギターを買ってもらうが、1週間で飽きて放置。特に好きな芸能人やミュージシャンはいない。

親しい友達は、ゼミの友達3人。友達の家にたまに遊びに行って、飲んだり、ゲームをしたりすることが楽しみ。

クラス委員や部活動のリーダーを経験したことは、今までに1度もない。友人の評価は、「真面目で、おだやかないいやつ。優しい性格。自分から話しかけることはあまりないものの、聞いたことにはちゃんと答えてくれるし、誘われると気安く付き合ってくれる」というもの。

本人も、「人と争うことはしたくない。周りとの関係を大切にしている」と思っている。

とまぁ、こんな人物です。正直言って、「ごくごく普通の控えめな大学生」というのが、山田君のプロフィールを聞いた私の正直な印象でした。

山田君の初年度の就活

さて、そんな山田君の初年度の就活がどんな感じだったのか。時間の経過に沿って紹介します。

山田君が最初に就活を意識したのは、大学3年の春休みのことでした。山田君は、人と競争するのは嫌なので、安定したところに就職したいと思っていました。

親戚に市役所に勤めている人がいたことと、ご両親のすすめもあり、将来は市役所の職員になろうと、公務員になるための資格学校に3年生の春から通い始めました。しかし、専攻が文学だったので、法律や経済の授業はまるでチンプンカンプン。まったく頭に入らなかったそうです。ただ予備校の授業料が先払いだったことと、英語と一般教養だけで受けられる市役所もあることを知って、予備校通いは続けました。また、TOEICの勉強も始め、合計3回受験して、最高760点をとりました。

3年生の12月に入り、ナビサイトがオープンしました。山田君は「市役所の試験は後からでも間に合う」と考え、とりあえず民間企業にもエントリーすることにしました。

選んだのは、もともと知っていて、安定していそうなメーカーやサービス業界の会社50社でした。ところが、10社程度しかエントリーシートが通過しなかったので、その後もう少し入りやすそうな会社にエントリーを増やしました。

実際に説明会に参加したのは30社程で、選考が始まって20社の面接を受けるものの、そのほとんどが1次面接で落ちてしまいました。

中盤からは営業職を避け、志望業界をソフトウェア業界に絞って会社説明会に参加し、10社の面接を受けたものの、2社以外はすべて1次面接で落ちました。2次に進んだ2社も敗退。もともと志望していた市役所は、2カ所受けるものの1次試験で敗退し、山田君の1年目の就活は失敗に終わってしまったのです。

私は山田君に、初年度の就活についてどう感じていたかを聞いてみました。

廣　瀬　まずは昨年の就活を振り返ってみよう！　昨年は山田君の就活は1社も内定をとれなかったと言っていたけど、何がダメで、何ができていたと思う？

山田君　そうですね。まず、「自己分析」がうまくできなかったと思います。それから「自己PR」もあんまり自信なかったです。だから、エントリーシートもうまく通らなかったし……。それから、特に「グループディスカッション」や「集団面接」は苦手でした。

僕は、あまり話すことが得意じゃないから。1対1の面接なら、相手の質問にはある程度答えられたのですが……。もっとも、最終的に面接まで行けた会社でも全部落ちたので、「面接全般」が苦手なんだと思います。特に、年配の人との面接は苦手でした。結構、突っ込まれて答えられなかったし、中には、圧迫面接もありましたから……。

でも、「WEBテスト」や「テストセンターでの試験」はできました。もともと、公務員になるための勉強をしていましたから。問題集も3冊ぐらいやりましたし。
それと、会社説明会やOB訪問は30社ぐらいは行ったので、「志望理由」はちゃんと言えたほうだと思います。就職活動は人生を決めることだと思って、一生懸命ノートをとっていましたし、そのノートを何回も見直しましたから。
もっとも、志望理由は聞かれなかったところも結構ありましたが……。

もう少し、聞いてみました。

廣　瀬　先ほど、よかったことに関しては、具体的にやったことを挙げてくれたけど、ダメだったことについても、何をやったのか教えて。

山田君　まず、「自己分析」については、生協で「就活本」を3冊買いました。どの本にも書いてあったので、自分の小学校時代から大学時代まで取り組んできたことを書き出しました。だけど、実際に自分が頑張ったことと言えば、1浪したときの受験勉強ぐらいしかなかったので……。やっていて辛かったですし、これで本当に「自己分析」になるのかと思っていました。
あと、周りの友達に僕のことをどう思うかも聞きました。これも本に「他者分析」が大事って書いてあったので。

結局、「長所」は、「積極的で粘り強いこと」にしました。積極性や粘り強いことは、本当ではないのですが、これしか浮かばなくて……。「短所」は、実は困りました。本当は、リーダーシップがないことや、嫌なことは途中で投げ出すほうなのですが、そうも言えないので……。だから、結局短所は、「優柔不断」にしました。友達からもそう言われましたし、自分もまあ、それがいいと思ったからです。

山田君の1年目のエントリーシートの自己PRを紹介します。

私は大学在学中、常に積極的に行動することを大切にしていました。私はゲームセンターの接客のアルバイトに力を入れて取り組んでいたのですが、そこでは、手が空いたら即座に、次にやるべきことを自分から見つけ、何か別の作業をしている状況でお客様に声をかけられたほかのスタッフを見かけることがあれば、自分から代わって対応するなど、お店の円滑な運営に貢献できるような行動を心がけていました。他にも、ゲームの遊び方がわからず困っているお客様がいれば、自ら駆け寄り説明をし、マナーの悪いお客様を見かければ、他のお客様にご迷惑がかかる前に注意させていただくなど、極力店長から指示される前にそれらのことを実行するようにしていました。

「苦手だった」と言っていた、グループディスカッションや面接について詳しく聞いてみました。

山田君 実は、グループディスカッションはとても苦手でした。正直、あまり自分の意見が言えなくて、黙って聞いているほうが多かったです。大概は1人か2人、元気で、積極的に発言する人がいて、僕はそういう人に促されて、自分の意見を言う程度でした。一応、役割を決めるグループディスカッションでは、書記やタイムキーパーもやって、ちゃんと参加できていたと思います。うまくはいかなかったものの、グループディスカッションに臨む前には、ゼミのメンバーと3回練習しました。

集団面接対策として、最初の「自己紹介」や「自己PR」「学生時代に頑張ったこと」は何回も家で練習したので、ある程度は答えられました。また、質疑応答に関しても、「こう聞かれれば、こう答えよう」って、自分なりに対策を立てて臨みました。

しかし、実際は、僕より元気でうまく言えている人が多かったです。面接の本番では、予想外の質問をされるとあがってしまって……。それと他の人には質問されるのですが、僕には質問されないことがありました。実は、はじめの頃、これが一番きつかったです。後半の集団面接では慣れてきたので、それなりに合格できるようにはなりました。

個人面接対策も集団面接のときと同じように「自己紹介」や「自己PR」を何回も家で練習しましたし、「こう聞かれれば、こう答えよう」と、自分なりに対策を立てました。大学の「模擬面接」も3回ぐらい行きました。しかし、実際の面接では、定型の質問に答えた後に聞かれた質問にうまく答えられなかったです。

根ほり葉ほり、たとえば「学生時代に頑張ったこと」を聞かれた後に、「ふーん。それで、そのときはどんなことを考えたの？」とか、「具体的に何をしたの？」とか、「そのときの状況を詳しく教えて」と聞かれると、言葉が詰まってしまいました。

また、「一番困難だったことは？」という質問も嫌でしたね。本当は、アルバイトで洗浄したコインを運ぶのが一番大変だったのですが、そんなことを言ってもダメだと思っていましたから、「ゲーム機って結構新しい機種が入ってくるから、その知識をつけることが一番大変でした」と言ってごまかしていました。結局この質問に答えられる程のことをやってなかったのが、敗因だと今では思っています。


ここまで山田君から聞いた話から、山田君の「やったこと」を、「うまくいったこと」と「うまくいかなかったこと」に分けて整理してみます（図表6−1）。

山田君の1年目の就活の話を聞いた後の私の感想は、以下のとおりでした。
①山田君は、彼なりに一生懸命、やったほうがいいと言われていることには素直に真面目に取り組んだようです。
②しかし、傾向と対策ばかりやっていて、せっかくの努力が無駄になっていました。企業の「新卒採用基準」を理解しないまま就活に取り組み、小手先の対策では歯が立たないことを理解

していなかったようです。

③そもそも、山田君は、これまで自信を持って人に語れる生き方をしてこなかった。また、学生時代も人に語れる程中身のある生活をしてこなかったようです。そのために、「自己肯定感」が低く、社会で活躍する上で必要な「仕事力」（社会人基礎力）が養われていませんでした。中でも、「前に踏み出す力」が弱く感じられました。

④体中から「弱々しい印象」が漂っている印象が強く残りました。そのため、面接官からは、数秒で見切られています。「表現力」の中でも、Ｖｉｓｕａｌ（ビジュアル）とＶｏｃａｌ（声）の大切さを理解していないし、それらのスキルが身についていないようです。

図表6-1 山田君の就活のまとめ

	テーマ		実際の対策
●うまくいかなかった	自己分析	⇔	就活本を3冊購入し読んだ。 過去の自分を書き出して振り返った。
	自己PR	⇔	友達から話しを聞いて「他者分析」を行った。
	ES	⇔	マニュアルを参考にして何回も書き直した。 友人にも見てもらった。
	GD	⇔	ゼミ仲間と3回練習した。 本番で、場数を踏んで練習した。
	集団面接	⇔	自宅で定番テーマに答えられるよう練習した。 質問には、想定問答を行った。
	個人面接	⇔	キャリアセンターの模擬面接を受けた。 本番で、場数を踏んで練習した。
●うまくいった	筆記試験	⇔	公務員試験の勉強をしていた。 問題集を3冊やった。
	志望理由	⇔	会社説明会・OB訪問を熱心に行った。 ノートをとり、後で見直した。

#「人間性」「仕事力」を高める

山田君の自己分析

山田君には、人間の「自信」の根拠となっている「人間性」と「社会人基礎力」について話しました。次いで、人間性を捉える上で欠かせない、「自己肯定感」と「他者軽視感」を詳しく説明し、自己分析を行ってもらいました。

山田君の分析結果は、図表6-2のとおりです。

山田君の「自己肯定感」は20点とかなり低い数字になりました。一方、「他者軽視感」に関しては標準的だったので、彼は明らかに「萎縮型」だと判断しました。

次に、「仕事力」について「社会人基礎力」を説明し、山田君に自己チェックをしてもらいました（図表6-3）。

山田君の自己採点では、「主体性」「働きかけ力」「発信力」が5段階で1。また、「実行力」「課題発見力」「創造力」「柔軟性」「ストレスコントロール力」は2でした。

合計得点は26点／60点となり、山田君の「社会人基礎力」はかなり低いことがわかりました。

図表6-2 山田君の「人間性」得点

①人間性

			あてはまらない	ややあてはまらない	どちらとも言えない	ややあてはまる	あてはまる
自己肯定感	自分を肯定し、大切に思える感情	少なくとも人並みには、価値のある人間である	1	2	③	4	5
		いろいろな良い素質を持っている	1	②	3	4	5
		敗北者だと思うことがよくある	5	4	3	②	1
		物事を人並みには、うまくやれる	1	2	③	4	5
		自分には、自慢できるところがあまりない	5	4	3	2	①
		自分に対して肯定的である	1	②	3	4	5
		だいたいにおいて、自分に満足している	1	②	3	4	5
		もっと自分自身を尊敬できるようになりたい	5	4	3	2	①
		自分はまったくダメな人間だと思うことがある	5	4	3	②	1
		何かにつけて、自分は役立たない人間だと思う	5	4	3	②	1
他者軽視感	他者を軽視する感情	自分の周りには気の利かない人が多い	5	4	③	2	1
		他の人の仕事を見ていると、手際が悪いと感じる	5	④	3	2	1
		話し合いの場で、無意味な発言をする人が多い	5	4	③	2	1
		智識や教養がないのに偉そうにしている人が多い	5	4	3	2	①
		他の人に対して、何故こんな簡単なことがわからないだろうと感じる	5	④	3	2	1
		自分の代わりに大切な役目を任せられる有能な人は、私の周りに少ない	5	4	③	2	1
		他の人を見て「ダメな人だ」と思うことが多い	5	4	③	2	1
		私の意見が聞き入れられなかったとき、相手の理解力が足りないと感じる	5	④	3	2	1
		今の世の中を動かしている人の多くは、たいした人間ではない	5	④	3	2	1
		世の中には、常識のない人が多すぎる	5	4	③	2	1
			①合計点÷2			26	点

図表6-3 山田君の「仕事力」得点

②仕事力

			あてはまらない	ややあてはまらない	どちらとも言えない	ややあてはまる	あてはまる
前に踏み出す力	主体性	物事に進んで取り組む力がある	①	2	3	4	5
	働きかけ力	他人に働きかけ巻き込む力がある	①	2	3	4	5
	実行力	目標を設定し確実に行動する力がある	1	②	3	4	5
考え抜く力	課題発見力	現状を分析し、目的や課題を明らかにする力がある	1	②	3	4	5
	計画力	課題の解決に向けたプロセスを明らかにし準備する力がある	1	2	③	4	5
	創造力	新しい価値を生み出す力がある	1	②	3	4	5
チームで働く力	発信力	自分の意見をわかりやすく伝える力がある	①	2	3	4	5
	傾聴力	相手の意見を丁寧に聴く力がある	1	2	③	4	5
	柔軟性	意見の違いや立場の違いを理解する力がある	1	②	3	4	5
	状況把握力	自分と周囲の人々や物事との関係性を理解する力がある	1	2	③	4	5
	規律性	社会のルールや人との約束を守る力がある	1	2	3	④	5
	ストレスコントロール力	ストレスの発生源に対応する力がある	1	②	3	4	5
			合計点			26	点
			②平均点（合計点÷12）			2.2	点

この結果を踏まえ、私は山田君に質問を続けました。

廣　瀬　チェックして、特に「前に踏み出す力」が低く出たけど、これについてはどう思う？

山田君　そうですね。僕は、今までそもそも主体的に行動してこなかったたし、人に働きかけることに対して苦手意識があります。また、何よりも集団の中で、「高い目標」を設定して、それを達成するために全体をリードするという経験をまったくしていないのです。そのへんが低い数字になって表われてしまったのではないかと思います。だから、来年の就活時期までには、何とかこの課題をクリアする必要があると思います。

山田君の自己プロジェクト

山田君には、「自己肯定感」を高めたり、「仕事力」の中でも特に「前に踏み出す力」を身につけるためには、「高い目標に向かって、何かをやり遂げる」中で、ＰＤＣＡサイクルを回す必要性を伝えました。また「仕事力」をつけるため、これまで私がコーチングしてきた人たちは、自ら「自己プロジェクト」を立ち上げ、今までやってきたことを改善するために取り組んだり、新規に新しいことを始め、効果が出ていることを伝えました。

山田君は私の話を聞いて、何をテーマに「自己プロジェクト」を立ち上げるべきかを考えました。

ゼミは、すでに4年生になっていたのと、もともと受け身で参加していたために教授から高い評価を得られてはいなかったので、自己プロジェクトの対象から外しました。

サークル活動も、すでにサークルに行かなくなってから時間が経過している上、自分で人を集めて、何か新しいサークルをやりたいという意欲もわかなかったので、これも対象外に。

ボランティアは、興味がなくはないものの、今から参加して、自分がリーダーシップを発揮できるようには到底なれないと判断し、対象から外しました。

このように消去法でテーマを考えた結果、結局、残ったのはアルバイトでした。しかし、今までやってきたゲームセンターでのアルバイトでは、「高い目標にチャレンジする」という経験が積みにくそうなので、新規にアルバイトを探すことにしました。

その後、3週間程かけて山田君はアルバイトを決めてきました。

山田君が選んだのは、地域の飲食店や洋服店、リラクゼーション施設などの情報を有料で掲載し、お店の集客を支援する情報サイトの営業職の仕事でした。彼はここに週に2〜3日通い、1日10〜30店のお店に飛び込み営業することにしたのです。

山田君によると、最初の1カ月間は、会社で商品知識を学ぶための勉強会に参加したり、先輩に同行し営業の仕事を教えてもらったようです。

その後の2カ月間は、1人で飛び込み営業に出かけて、お店に伺い、店主や店長に対して集客強化のニーズがあるか否かを聞き出し、ニーズがあることがわかると、後日社員に同行してもらい、詳しい商品やサービスの説明をし、契約をするという日々を送りました。

山田君はその2カ月間に、1日1件以上の社員同行のアポイントを獲得することができたそうです。その後の4カ月間は1人で営業活動を行い、月に10日という限られた出勤日数ながら、月平均3件の加盟店を作れるようになったのだそうです。

この実績は、当初会社が山田君に期待していた以上だったため、1人で営業を始めた1カ月後には、新人アルバイトの教育担当も行うことにもなりました。

また、アルバイト先の会社は、地域のイベントに積極的に協賛したり、支援する活動をしていたので、山田君も、地域のお祭りや商店街のイベントをボランティアとして支援しました。その結果、地域の商店主の皆さんに重宝される存在にもなれたのだそうです。

このアルバイトは、8月から始めて、翌年の2月まで続けました。

私は山田君に、自己プロジェクトを開始するにあたり、PDCAサイクルを回す上で「スケジュール管理」や「自己管理」が大切であると伝えました。

当時の山田君のスケジュール表は、1カ月のアポイントを見開き2ページのカレンダーに書き込むタイプのものでしたが、それでは、1日の自分の時間の使い方を記入できないので、見開き2ページで、2週間分の予定がわかり、かつ1日の時間軸が書き込まれているものに変えてもらいました。もちろん、第2章で紹介したドラゴンノートも渡し、活用してもらいました。

山田君はアルバイトをしている間も、2週間に1度くらいの頻度で、私のところにコーチングを受けに通ってきていました。最初は、飛び込み営業の方法や、お客さんからのニーズの引き出し方、提案や成約の方法をコーチングしました。

このように、山田君は新しいアルバイトに懸命に取り組んだ結果、今までには経験したことのないほど、多様な人と出会いました。また、高い目標を掲げてそれを達成するという経験を積むことができました。

この経験を通じて、1年目の就活で失敗した山田君に決定的に欠けていた「前に踏み出す力」が相当に鍛えられました。そして、この新規開拓アルバイトの経験談が、面接の際の「学生時代に力を入れたこと」のメインテーマとなったことは言うまでもありません。

「表現力」「就活スキル」「+α」を高める

山田君の「表現力」トレーニング

山田君の営業のアルバイトが、ある程度軌道に乗ってきた頃に、もう1つの課題である「表現力」強化についてのコーチングを開始しました。

新規営業に力を入れていた山田君の表現力は、それだけでも以前より向上していましたが、まだまだ、足りないところが目についたからです。また、表現力が高まれば営業の成果にも直結すると考えました。

最初に、こんな話を山田君にしました。

廣　瀬　ドラマや舞台に登場する俳優さんたちは、プライベートでも映画やテレビで見るのと同じだと思う？　違うよね。俳優さんたちは出演する番組に合わせて、いろんな顔を使い分けている。つまり、振る舞いやセリフはシナリオや台本に合わせて、俳優さんはそれを演じているわけでしょ。一生懸命に稽古をして。

我々は、そういう俳優さんたちの演技を見て、感心したり「いいなぁ！」って思ったりする。ありのままの本人か、どういう人かは関係ないよね。

ディズニーの『アナと雪の女王』では、「ありのままで」という主題歌が話題になったけど、曲のタイトルとは裏腹に、それを歌ってる歌手は一生懸命練習しているし、多くの人々のサポートや努力があったからこそ、大ヒットしたんじゃない？

就活の面接も同じで、練習して演技しなくてはいけないんだよ。この場合の演技力というのは、「表現力」のこと。表現力が欠けたまま就活に臨んでしまうと、最初から相手にされない可能性が高いし、逆に表現力がついてくると、面接が楽しくなるんだよ。

ここまで話をして、山田君には、表現力のVｏｃａｌ（声）で紹介したリストに自己チェックをしてもらいました。山田君がチェックをつけたのは、図表6‐4のレ点の箇所です。

そのときのやりとりを再現します。

廣　瀬　チェックしてどう思った？

山田君　そうですね。僕の場合、「よくない項目」にたくさんチェックがつきました。「いいほう」でチェックがついたのは、「優しい」だけです。

それと、何よりも驚いたのは、「いいほう」のチェックリストに、今まで「性格」に分類されるものだと思っていたものがいくつか含まれていたことです。「声」のチェックリストに入っていたのは驚きでした。

廣　瀬　山田君に限らず、多くの人は、性格と声を一緒にしている人が多いんだ。特に、「明るい」「元気がある」「温かみがある」「安定感がある」「パワーがある」「優しい」というのは、実は声の特徴だけど、何となく多くの人は性格だと思っているんだ。「弱々しい」や「暗い」なんかもね。だけど、それが「声の特徴」だと考えれば、それって変えられると思わない？

次に、山田君に表現力の自己分析表をチェックしてもらいました。結果は、以下のとおりでした（図表6-5）。

山田君が1をつけたのは、Ｖｉｓｕａｌ（ビジュアル）の「手」だけでしたが、2をつけたのは、Ｖｉｓｕａｌ（ビジュアル）の「姿勢」と「目」、Ｖｏｃａｌ（声）の「呼吸」と「スピード」、Ｖｅｒｂａｌ（言葉）の4項目すべてでした。

そこで、まずは、Ｖｉｓｕａｌ（ビジュアル）とＶｏｃａｌ（声）の正しいあり方とトレーニング方法を教えました。Ｖｅｒｂａｌ（言葉）は後々でも短期間で身につくからです。

また、山田君には、図表6-6のトラッキングシートを3週間継続してつけてもらいました。トラッキングノートとは、自分のやったことを追跡するための記録シートです。

つけ方は、左欄に日付、上欄には、毎日行うトレーニング方法を記入します。そして、できた日には○をつけるだけです。やらなかった日があっても×をつけることはしません。自分自身を否定しているような気分になるからです。

このノートへの記入を継続すると、「自己肯定感」や「実行力」のアップにつながるので、最

図表6-4 山田君の「声のクセ」チェックリスト

☑小さい	☑弱々しい	☑語尾が消える	☑こもる	□早口
☑暗い	☑固い印象	□かん高い	☑張りがない	☑ボソボソ声
□ガラガラ声	□かすれている	☑一本調子	□舌っ足らず	□言葉を噛む
□よく通る	□張りがある	□安定感がある	□明るい	□元気がある
□心地よい	□温かみがある	□聞き取りやすい	□落ち着いている	□艶がある
□ハキハキしている	□リズミカル	□響きがある	□パワーがある	☑優しい

図表6-5 山田君の「表現力」チェックリスト

③表現力			あてはまらない	ややあてはまらない	どちらとも言えない	ややあてはまる	あてはまる
Visual ビジュアル	姿勢	自信やエネルギーを相手に感じさせる姿勢がとれる力がある	1	(2)	3	4	5
	顔	自分から笑顔を発信する力　場に合わせた表情をする力がある	1	2	(3)	4	5
	目	目の動きで自分の意思を相手に伝える力がある	1	(2)	3	4	5
	手	手を使って、話を補完したりエネルギーを込める力がある	(1)	2	3	4	5
Vocal 声	呼吸	深い呼吸をすることにより温かみの伝わる声が出せる力がある	1	(2)	3	4	5
	スピード	安心感の伝わるスピードで話す力、効果的に間をとる力がある	1	(2)	3	4	5
	抑揚	声の高低や強弱を意識的に使い分ける力がある	1	2	(3)	4	5
Verbal 言葉	単語	相手にイメージが湧く単語を意図的に選択して使える力がある	1	(2)	3	4	5
	表現技法	相手が「わかりやすい」と実感できる言葉（数値等）を使える力がある	1	(2)	3	4	5
	強いコトバ	相手に、強い印象を与える表現技法（ギャップ法等）を使える力がある	1	(2)	3	4	5
	パーソナル・ストーリー	相手が感情移入できるよう自分のエピソードを語れる力がある	1	(2)	3	4	5
			合計点			23	点
			③平均点（合計点÷11）			2.1	点

図表6-6 トラッキングノート

頻度		目力 1分 2回	キューパッ！ 15秒 2回	ユーミー 1分 2回	腹式呼吸 3分 2回	滑舌 3分 2回
11月4日	月					
11月5日	火					
11月6日	水					
11月7日	木					
11月8日	金					
11月9日	土					
11月10日	日					

初の3週間は毎日つけてもらいました。また、その後もコーチングの度に見せてもらうようにしました。

その後、もともと素直な山田君は、目力トレーニング、キューパッ！とユーミー体操、腹式呼吸、滑舌トレーニングをおよそ10分間かけて、21日間継続して取り組みました。その後の3カ月間も、トラッキングノートを継続しました。それにより、腹式呼吸が普通の状態の呼吸となり、姿勢もよくなり、すくっと座れるようになりました。

また、人と話をするときには、意図的に笑顔を作ることを心がけ、アイコントロールと手を意識して使うようになりました。話すスピードや抑揚をコントロールし、間をとるようになったので、「えーっと」は消えましたし、語尾が下がるようになりました。

滑舌がよくなり、話にメリハリが出てきて、落ち着きと力強さを感じさせるようになりました。そして、何よりも、明るい印象になり、3カ月前に比べて、各段に話すことが上達しました。

山田君の「就活スキル」「＋α」トレーニング

こうして、11月下旬を迎えました。12月1日からオープンするナビサイトにどの会社をプレエントリーするかを決める時期です。

私は、「就活スキル」で紹介したように、まず、業界選定の必要性を伝えました。最終的に山田君の「業界検討シート」は、図表6-7のようになりました。

山田君は、「形のあるものに興味」があり、消費者相手ではなく、官公庁や企業をお客様にし、お客様のニーズを聞き出し、それに合った提案を行うことに魅力を感じました。しかも、提案の際には、社内の皆さんとチームを組んで協力して行う仕事に魅力を感じました。

『業界地図』を一緒に見て、第1志望をゼネコン、第2志望をゼネコン周辺のマリコンや道路会社、第3志望を自動車部品業界、第4志望を電子部品業界にしました。決め手は、営業のアルバイトをする中で、自分の強みは「人の話をきちんと聴くこと」＝「傾聴力」にあることと、人の話を聞くのが楽しいことだと改めて実感したからです。

山田君は、上記業界の主要企業に総合電機3社を加えて、50社にプレエントリーしました。総合電機3社も、山田君の軸には合っていました。

12月に入ると、2つの自己チェックをしてもらいました。1つは、「就活スキル」で、もう1つは、主として「習慣」に関するものです。山田君の就活スキルチェックは、図表6-8のとおりです。

図表6-7　山田君の志望業界選択シート

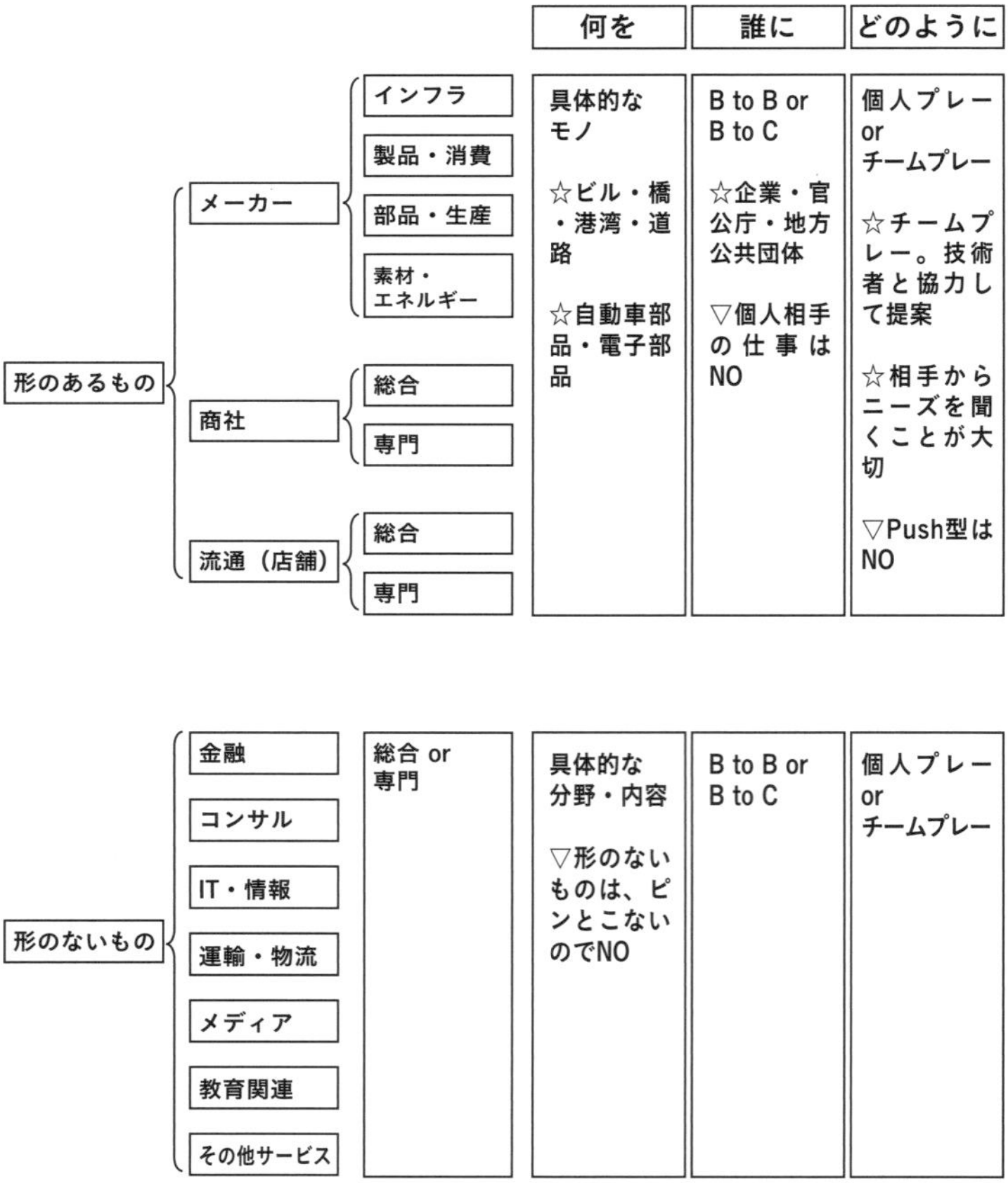

図表6-8　山田君の「就活スキル」得点

④就活スキル

			あてはまらない	ややあてはまらない	どちらとも言えない	ややあてはまる	あてはまる
事前準備スキル	自己分析スキル	自己分析を何度も修正、発展させることができる	1	(2)	3	4	5
	自己PRスキル	PREP、STARを利用して、自己PRをまとめることができる	1	2	(3)	4	5
	志望業界選定スキル	やりたい事業と仕事を意識し、業界を選定することができる	1	(2)	3	4	5
	志望企業選定スキル	自分の価値観に基づき、企業にエントリーすることができる	1	(2)	3	4	5
	会社OB・OG訪問スキル	会社訪問やOB・OG訪問の目標を達成することができる	1	2	(3)	4	5
	行動管理スキル	就活でPDCAを回すことができる	1	2	(3)	4	5
選考合格スキル	ES記入スキル	「事実」や「素材」を元に、自分の考えを的確に表現できる	1	(2)	3	4	5
	筆記試験スキル	「能力面」「性格面」の特徴を理解して的確に解答できる	1	2	3	(4)	5
	GDスキル	出題テーマやメンバーに関わらず、価値を発揮できる	(1)	2	3	4	5
	一般的面接スキル	どのような質問に対しても的確に自己表現できる	1	(2)	3	4	5
	コンピテンシー面接スキル	コンピテンシーレベル3～5の具体的行動を伝えることができる	(1)	2	3	4	5
	役員面接スキル	役員が気にする3点を理解した上で自己表現できる	(1)	2	3	4	5
			合計点			26	点
			④平均点（合計点÷12）			2.2	点

図表6-9　山田君の「＋α」得点

⑤＋α

	大学・大学院名	旧帝・早慶＝5　マーチ=4　日東駒専=3　その他2 or 1　大学は例	1	2	3	(4)	5
	国際性　英語力	TOEIC 800以上=5 ～ 700=4 ～ 600=3 ～ 500=2　未受験=1	1	2	3	(4)	5
	読書量	月に4冊以上=5　3冊=4　2冊=3　1冊=2　それ以下=1	(1)	2	3	4	5
	新聞・ニュースとの接触度	毎日30分以上=5 毎日=3　ほとんど接しない=1 4と2は中間	1	(2)	3	4	5
	感謝の心	強くある=5　普通にある=3 ほとんどなし=1　4と2はその中間	1	(2)	3	4	5
			⑤合計点			13	点

山田君が新規開拓のアルバイトで1人で営業をするようになってから、すでに1カ月が経過していました。以前よりも確実に「仕事力」はアップしているものの、昨年の失敗を引きずり、「就活スキル」全体は自信がありませんでした。そこで、「就活スキルは、年明けからコーチングを開始するので安心してほしい」と伝え、納得してもらいました。

また、年明けから新年がスタートするにあたり、もう1つ「習慣に関する自己チェック」をしてもらいました。その結果は、図表6-9のとおりです。

山田君には、「本」を読む習慣がありませんでした。また、新聞も読んでいませんでした。世の中のニュースは、テレビで知るぐらいですが、もともとテレビではバラエティやドラマばかり見ていて、ニュースはほとんど見ていませんでした。また、人に対して感謝する気持ちもさほど大きくは持っていませんでした。そこで、それらの習慣や姿勢を変える重要性を話しました。また、アルバイトの中で、山田君がどのように感じているかについても話を聴きました。

その結果、山田君は年明けより『日本経済新聞』を定期購読し始め、本は私が推薦する書籍を読むようになりました。

また、一人っ子で個室があり、ご家族とのコミュニケーションがあまりなかったため、まずは、ご両親に朝と寝る前に挨拶するようにさとし、もっと日頃から積極的にご両親と話をすることの大切さを伝えました。

こうして、すべての自己チェックが完了したため、改めて、山田君には、「新卒採用基準の全体像」と「自己分析の結果と入社希望企業との関係」について話しました。

新卒採用基準の全体像

新卒採用基準

企業の求める「新卒採用基準」、すなわち、「人間性」「仕事力」「表現力」「就活スキル」「＋α」をチェックしたものを1枚にまとめます。

そして、自己の現在の「水準」をチェックし、最終的に自分の水準（レベル）を点数化したものが、「自己分析表」です。以下に、山田君が今までにチェックしたものを組み合わせて再現します（図表6-10）。

基準の関連性

「人間性」は就活や人が集団の中で生きていくためのベースになるものであるために、独立して点数化しました。

「仕事力」「表現力」「就活スキル」は、それぞれに関連しているために、掛け算で算出します。たとえば、一般に体育会運動部の主将は、就活を熱心にしなくても、企業の受けがよく、就活には苦労しません。理由は、部活の中で「仕事力」が養われているからです。また、コミュニケーション力が高い人は、就活スキルにさほど力を入れなくても就活に成功しやすいものです。

図表6-10　山田君の「新卒採用基準」得点（1年目）

新卒採用基準　自己分析表

★以下の設問に対して、①②③⑤は現在の自分を、④は4年か修士2年の4 ～ 7月時点を想定してチェックしてください。

①人間性

			あてはまらない	ややあてはまらない	どちらとも言えない	ややあてはまる	あてはまる
自己肯定感	自分を肯定し、大切に思える感情	少なくとも人並みには、価値のある人間である	1	2	③	4	5
		いろいろな良い素質を持っている	1	②	3	4	5
		敗北者だと思うことがよくある	5	4	3	②	1
		物事を人並みには、うまくやれる	1	2	③	4	5
		自分には、自慢できるところがあまりない	5	4	3	2	①
		自分に対して肯定的である	1	②	3	4	5
		だいたいにおいて、自分に満足している	1	②	3	4	5
		もっと自分自身を尊敬できるようになりたい	5	4	3	2	①
		自分はまったくダメな人間だと思うことがある	5	4	3	②	1
		何かにつけて、自分は役立たない人間だと思う	5	4	3	②	1
他者軽視感	他者を軽視する感情	自分の周りには気の利かない人が多い	5	4	③	2	1
		他の人の仕事を見ていると、手際が悪いと感じる	5	④	3	2	1
		話し合いの場で、無意味な発言をする人が多い	5	4	③	2	1
		智識や教養がないのに偉そうにしている人が多い	5	4	3	2	①
		他の人に対して、何故こんな簡単なことがわからないだろうと感じる	5	④	3	2	1
		自分の代わりに大切な役目を任せられる有能な人は、私の周りに少ない	5	4	③	2	1
		他の人を見て「ダメな人だ」と思うことが多い	5	4	③	2	1
		私の意見が聞き入れられなかったとき、相手の理解力が足りないと感じる	5	④	3	2	1
		今の世の中を動かしている人の多くは、たいした人間ではない	5	④	3	2	1
		世の中には、常識のない人が多すぎる	5	4	③	2	1
			①合計点÷2				26 点

②仕事力

			あてはまらない	ややあてはまらない	どちらとも言えない	ややあてはまる	あてはまる
前に踏み出す力	主体性	物事に進んで取り組む力がある	①	2	3	4	5
	働きかけ力	他人に働きかけ巻き込む力がある	①	2	3	4	5
	実行力	目標を設定し確実に行動する力がある	1	②	3	4	5
考え抜く力	課題発見力	現状を分析し、目的や課題を明らかにする力がある	1	②	3	4	5
	計画力	課題の解決に向けたプロセスを明らかにし準備する力がある	1	2	③	4	5
	創造力	新しい価値を生み出す力がある	1	②	3	4	5
チームで働く力	発信力	自分の意見をわかりやすく伝える力がある	①	2	3	4	5
	傾聴力	相手の意見を丁寧に聴く力がある	1	2	③	4	5
	柔軟性	意見の違いや立場の違いを理解する力がある	1	②	3	4	5
	状況把握力	自分と周囲の人々や物事との関係性を理解する力がある	1	2	③	4	5
	規律性	社会のルールや人との約束を守る力がある	1	2	3	④	5
	ストレスコントロール力	ストレスの発生源に対応する力がある	1	②	3	4	5
			合計点				26 点
			②平均点（合計点÷12）				2.2 点

③表現力

			あてはまらない	ややあてはまらない	どちらとも言えない	ややあてはまる	あてはまる
Visual ビジュアル	姿勢	自信やエネルギーを相手に感じさせる姿勢がとれる力がある	1	②	3	4	5
	顔	自分から笑顔を発信する力　場に合わせた表情をする力がある	1	2	③	4	5
	目	目の動きで自分の意思を相手に伝える力がある	1	②	3	4	5
	手	手を使って、話を補完したりエネルギーを込める力がある	①	2	3	4	5
Vocal 声	呼吸	深い呼吸をすることにより温かみの伝わる声が出せる力がある	1	②	3	4	5
	スピード	安心感の伝わるスピードで話す力、効果的に間をとる力がある	1	②	3	4	5
	抑揚	声の高低や強弱を意識的に使い分ける力がある	1	2	③	4	5
Verbal 言葉	単語	相手にイメージが湧く単語を意図的に選択して使える力がある	1	②	3	4	5
	表現技法	相手が「わかりやすい」と実感できる言葉（数値等）を使える力がある	1	②	3	4	5
	強いコトバ	相手に、強い印象を与える表現技法（ギャップ法等）を使える力がある	1	②	3	4	5
	パーソナル・ストーリー	相手が感情移入できるよう自分のエピソードを語れる力がある	1	②	3	4	5
			合計点				23 点
			③平均点（合計点÷11）				2.1 点

④就活スキル

			あてはまらない	ややあてはまらない	どちらとも言えない	ややあてはまる	あてはまる
事前準備スキル	自己分析スキル	自己分析を何度も修正、発展させることができる	1	②	3	4	5
	自己PRスキル	PREP、STARを利用して、自己PRをまとめることができる	1	2	③	4	5
	志望業界選定スキル	やりたい事業と仕事を意識し、業界を選定することができる	1	②	3	4	5
	志望企業選定スキル	自分の価値観に基づき、企業にエントリーすることができる	1	②	3	4	5
	会社OB・OG訪問スキル	会社訪問やOB・OG訪問の目標を達成することができる	1	2	③	4	5
	行動管理スキル	就活でPDCAを回すことができる	1	2	③	4	5
選考合格スキル	ES記入スキル	「事実」や「素材」を元に、自分の考えを的確に表現できる	1	②	3	4	5
	筆記試験スキル	「能力面」「性格面」の特徴を理解して的確に解答できる	1	2	3	④	5
	GDスキル	出題テーマやメンバーに関わらず、価値を発揮できる	①	2	3	4	5
	一般的面接スキル	どのような質問に対しても的確に自己表現できる	1	②	3	4	5
	コンピテンシー面接スキル	コンピテンシーレベル3 ～ 5の具体的行動を伝えることができる	①	2	3	4	5
	役員面接スキル	役員が気にする3点を理解した上で自己表現できる	①	2	3	4	5
			合計点				26 点
			④平均点（合計点÷12）				2.2 点

⑤+α

	大学・大学院名	旧帝・早慶=5　マーチ=4　日東駒専=3　その他2 or 1　大学は例	1	2	3	④	5
	国際性　英語力	TOEIC 800以上=5 ～ 700=4 ～ 600=3 ～ 500=2　未受験=1	1	2	3	④	5
	読書量	月に4冊以上=5　3冊=4　2冊=3　1冊=2　それ以下=1	①	2	3	4	5
	新聞・ニュースとの接触度	毎日30分以上=5　毎日=3　ほとんど接しない=1　4と2は中間	1	②	3	4	5
	感謝の心	強くある=5　普通にある=3　ほとんどなし=1　4と2はその中間	1	②	3	4	5
			⑤合計点				13 点

総得点（①+②×③×④+⑤）	49点

すでに、「表現力」が養われているからです。「就活スキル」の中核をなす「コンピテンシー面接」に合格するためには、「仕事力」の向上を目指して学生生活の充実を図る必要があります。

このように、3つの力（スキル）は関連性が大きいものです。

習慣を中心とした「＋α」は、「人間性」との関連性が高いものの、他の4つとは独立しているために、個別に加えることとしました。

項目のウェイトづけ

「人間性」が25％、人間性と関連が深い「＋α」が12・5％、「仕事力」「表現力」「就活スキル」を62・5％としました。理由は、「人間性・＋α」と「能力」を分けた場合に、どちらも大切ですが、面接の合否は企業から「仕事で成果を上げられる人」を採用したいという観点で判断されるため、「能力」要素が「人間性・＋α」要素よりも高いからです。

得点化

全体を200点満点としました。小・中・高・大学のテストは通常100点満点ですが、そうしたテストの最終決戦が就職試験だと考え、「2倍は大切である」というメッセージを込めています。

こうして完成させたのが、以下の公式です。

「新卒採用基準」＝「人間性」＋「仕事力」×「表現力」×「就活スキル」＋「α」

数値化した際の各項目の満点は、

「人間性」（50点）＋「仕事力」×「表現力」×「就活スキル」（125点）＋「α」（25点）＝200点

「仕事力」×「表現力」×「就活スキル」は、各能力の満点が5点になるように、平均の値を算出します。

志望企業群への「入社可能性」がわかる

次に、ここで算出した「自己分析の得点」と、志望企業群への「入社可能性」について紹介します。

図表6-11を見てください。これは、2014年に実施された「第31回リクルートワークス研究所　大卒求人倍率調査」で明らかにされた、従業員規模別求人倍率です。

従業員5000人以上の企業へ入社できる学生は、約4万6000人です。この数字は、42万3000人という民間就職希望学生数（大学・大学院生）のおよそ1割にあたります。従業員5000人超の企業の大多数は東証一部上場（1800社）か、それに準ずる企業です。

この調査結果からは、従業員規模によって、求人倍率が異なっており、従業員数が多い企業ほ

図表6-11　従業員規模別求人倍率

従業員数	5,000人以上	4,999～1,000	999～300	300人未満
求人総数	45,800	115,500	142,000	379,200
民間企業就職希望者数	83,000	137,100	119,200	83,900
求人倍率	0.55	0.84	1.19	4.52

（出所）「第31回リクルートワークス　大卒求人倍率調査」

図表6-12　得点と入社可能企業の目安

得点	ランク	割合（推定）	人数（43万人中）	入社可能企業の目安
171～200点	特S	0.2%	1,000人	最難関企業
126～170点	S	5%	21,500人	人気企業（200社）
101～125点	A	10%	43,000人	東証一部上場企業
76～100点	B	35%	150,000人	1,000人超企業
51～75点	C	25%	108,000人	300人超企業
15～50点	D	25%	108,000人	300人未満企業or内定なし

ど、入社難易度が高いことを表しています（これは、あくまでも全体の傾向です。たとえば、コンサルティング会社や投資銀行、メディア系企業など、従業員数が少なくても入社難易度が高い会社は当然あります）。

そこで、一般論として、東証一部上場企業に入れるランクを特S、S、Aランク、従業員数1000～4999人の企業に入れるランクをBランク、300～999人の企業に入れるランクをCランク、その他300人未満企業or内定なしをDランクと規定しました（図表6-12）。

その上で、志望企業群から内定を獲得するためには、人気企業200社への入社希望者は126点以上を獲得しSランクを、東証一部上場企業への入社希望者は101点以上を獲得しAランクを、従業員1000人超企業への入社希望者は76点以上を獲得しBランクを目指すこととになります。

山田君の場合、当時の自己分析は49点でDランクでした。しかし、山田君は2度目の就活では安定している東証一部上場企業で、しかも知名度がある会社を志望していました。

そこで私は、希望している企業群に入社するためには、最低101点を獲得し、Aランク入りする必要があることを伝えました。

山田君は、多少自信なさげでしたが、「具体的な目標ができたために努力しがいがあるし、勇気がわいてきました」と言ってくれました。

ちなみに、私は企業規模の大きな会社や人気企業への入社をお勧めしているわけではありません。志望企業を決めるのは、あくまでも個人の価値観です。また、実際に知名度がなかったり、企業規模が小さくても素晴らしい企業がたくさんあります。

山田君の2度目の就活

志望企業に内定するまで

年が明けると、エントリーシートの受付と会社説明会が開催され始めました。
2度目の就活となる山田君がエントリーシートに記入した「自己ＰＲ」を掲載します。

私の長所は、柔軟性と傾聴力があることです。地域活性化を目的としたボランティア活動に参加する中で、周りの状況に合わせて柔軟に対応することを求められる場面が多々ありました。私は常に自分がとるべき行動を素早く判断し、そのときに求められている役割を果たすことで、周囲の皆さんの活動をサポートしてきました。また、店舗のＰＲをする情報サイトの新規開拓営業では、毎月３件の目標達成のためには、自分の話したい内容を伝えるだけではなく、相手の話をしっかりと聴くことが重要だと思い、それを励行しました。

同時に私は、常に相手の話の中からその人が求めていることを探り、それに対して素早く対応することで、信頼を獲得することに努めてきました。そうしたこともあり、営業目標を確実に達成しただけでなく、多くのお客様を気軽に訪問し、交流できる関係を築けました。こうした結果が作れたのは、私の長所である柔軟性と傾聴力の賜だと思っています。

2年目の就活では、エントリーシートの通過率が各段に高まりました。

その後、山田君は、エントリーシートを提出する傍ら、およそ30社の会社説明会に参加しました。会社説明会では、事前の予習を入念に行いましたので、昨年と違って、説明会の席上、挙手をして質問ができるようになりました。

OB訪問は7社実施しました。


コーチングでは、一般的な「自己紹介」「自己PR」「学生時代に頑張ったこと」「長所・短所」を2回ほど練習した後は、「コンピテンシー面接」に焦点を合わせて、何度も模擬面接を行いました。

はじめの頃の山田君は、戸惑い、しどろもどろの場面が多々ありましたが、回数を重ねるうちに、答える内容が深化しました。自分が経験してきた内容を話すだけだったのですが、実際には、経験が浅かったこともあり、私が突っ込んだ質問をするとうまく答えることができないことが多々ありました。そこで、ケーススタディとして「もし、その場合に、こういうことに遭遇していたら、どうしていたか」など、もう一度自分が同じ状況に置かれたら「何を考えるべきであったか」などについても答えられるように練習を行いました。

このようなトレーニングを通して、山田君の考える力が向上したのではないかと思っています。また、それまで山田君は適切な表現技法を使えていなかったので、同じことを言っても、たとえば比喩表現や引用法を使ったらどうなるのかを一緒に考えながらトレーニングを行いました。

グループディスカッションは、それまでのグループ講座で4回実施していたので、この段階では特に行いませんでした。

2月下旬を迎え、準大手企業や中堅企業の選考が開始されました。4月1日に、いきなり本命企業の選考をスタートするのでは緊張してうまくいかないことも想定されたので、山田君には、5社程、早期に受験することをすすめました。

結果として、もともと志望していた建設業のある東証一部上場企業から、あっさりと内定をもらうことができ、山田君も自分の実力が向上していることに手応えを感じたようです。

3月下旬になると、5社の企業でリクルーター面接を受けました。1〜2度の面談の後に、先方からの連絡が来なくなった会社もありましたが、4月以降、他の人とは違った優先的な選考ルートに乗れる会社も出てきました。

最終的に、山田君は4月中旬までに他の2社からも内定を獲得し、そのうち1社への入社を連休前に固め、就職活動を終えました。

私自身、山田君のコーチングができて、本当によかったと思っています。本命企業からの内定を獲得しただけではなく、社会に出てから必要な考え方と一定の能力を身につけてくれたという

図表6-13　山田君の「新卒採用基準」得点（2年目）

新卒採用基準　自己分析表

★以下の設問に対して、①②③⑤は現在の自分を、④は4年か修士2年の4～7月時点を想定してチェックしてください。

（表中の丸囲みの数字は、チェックされた回答を示す）

①人間性

			あてはまらない	ややあてはまらない	どちらとも言えない	ややあてはまる	あてはまる
自己肯定感	自分を肯定し、大切に思える感情	少なくとも人並みには、価値のある人間である	1	2	3	④	5
		いろいろな良い素質を持っている	1	2	3	④	5
		敗北者だと思うことがよくある	⑤	4	3	2	1
		物事を人並みには、うまくやれる	1	2	3	④	5
		自分には、自慢できるところがあまりない	⑤	4	3	2	1
		自分に対して肯定的である	1	2	3	④	5
		だいたいにおいて、自分に満足している	1	2	3	④	5
		もっと自分自身を尊敬できるようになりたい	5	4	③	2	1
		自分はまったくダメな人間だと思うことがある	5	④	3	2	1
		何かにつけて、自分は役立たない人間だと思う	5	④	3	2	1
他者軽視感	他者を軽視する感情	自分の周りには気の利かない人が多い	5	④	3	2	1
		他の人の仕事を見ていると、手際が悪いと感じる	⑤	4	3	2	1
		話し合いの場で、無意味な発言をする人が多い	5	④	3	2	1
		智識や教養がないのに偉そうにしている人が多い	5	4	③	2	1
		他の人に対して、何故こんな簡単なことがわからないだろうと感じる	5	④	3	2	1
		自分の代わりに大切な役目を任せられる有能な人は、私の周りに少ない	5	④	3	2	1
		他の人を見て「ダメな人だ」と思うことが多い	⑤	4	3	2	1
		私の意見が聞き入れられなかったとき、相手の理解力が足りないと感じる	⑤	4	3	2	1
		今の世の中を動かしている人の多くは、たいした人間ではない	5	④	3	2	1
		世の中には、常識のない人が多すぎる	5	④	3	2	1
			①合計点÷2			42	点

②仕事力

			あてはまらない	ややあてはまらない	どちらとも言えない	ややあてはまる	あてはまる
前に踏み出す力	主体性	物事に進んで取り組む力がある	1	2	3	④	5
	働きかけ力	他人に働きかけ巻き込む力がある	1	2	③	4	5
	実行力	目標を設定し確実に行動する力がある	1	2	3	④	5
考え抜く力	課題発見力	現状を分析し、目的や課題を明らかにする力がある	1	2	3	④	5
	計画力	課題の解決に向けたプロセスを明らかにし準備する力がある	1	2	3	④	5
	創造力	新しい価値を生み出す力がある	1	2	③	4	5
チームで働く力	発信力	自分の意見をわかりやすく伝える力がある	1	2	3	④	5
	傾聴力	相手の意見を丁寧に聴く力がある	1	2	3	4	⑤
	柔軟性	意見の違いや立場の違いを理解する力がある	1	2	3	4	⑤
	状況把握力	自分と周囲の人々や物事との関係性を理解する力がある	1	2	3	④	5
	規律性	社会のルールや人との約束を守る力がある	1	2	3	④	5
	ストレスコントロール力	ストレスの発生源に対応する力がある	1	2	③	4	5
			合計点			47	点
			②平均点（合計点÷12）			3.9	点

③表現力

			あてはまらない	ややあてはまらない	どちらとも言えない	ややあてはまる	あてはまる
Visual ビジュアル	姿勢	自信やエネルギーを相手に感じさせる姿勢がとれる力がある	1	2	3	④	5
	顔	自分から笑顔を発信する力　場に合わせた表情をする力がある	1	2	3	4	⑤
	目	目の動きで自分の意思を相手に伝える力がある	1	2	③	4	5
	手	手を使って、話を補完したりエネルギーを込める力がある	1	2	3	④	5
Vocal 声	呼吸	深い呼吸をすることにより温かみの伝わる声が出せる力がある	1	2	3	④	5
	スピード	安心感の伝わるスピードで話す力、効果的に間をとる力がある	1	2	3	④	5
	抑揚	声の高低や強弱を意識的に使い分ける力がある	1	2	③	4	5
Verbal 言葉	単語	相手にイメージが湧く単語を意図的に選択して使える力がある	1	2	3	④	5
	表現技法	相手が「わかりやすい」と実感できる言葉（数値等）を使える力がある	1	2	3	④	5
	強いコトバ	相手に、強い印象を与える表現技法（ギャップ法等）を使える力がある	1	2	③	4	5
	パーソナル・ストーリー	相手が感情移入できるよう自分のエピソードを語れる力がある	1	2	3	④	5
			合計点			42	点
			③平均点（合計点÷11）			3.8	点

④就活スキル

			あてはまらない	ややあてはまらない	どちらとも言えない	ややあてはまる	あてはまる
事前準備スキル	自己分析スキル	自己分析を何度も修正、発展させることができる	1	2	3	④	5
	自己PRスキル	PREP、STARを利用して、自己PRをまとめることができる	1	2	3	④	5
	志望業界選定スキル	やりたい事業と仕事を意識し、業界を選定することができる	1	2	3	④	5
	志望企業選定スキル	自分の価値観に基づき、企業にエントリーすることができる	1	2	3	④	5
	会社OB・OG訪問スキル	会社訪問やOB・OG訪問の目標を達成することができる	1	2	③	4	5
	行動管理スキル	就活でPDCAを回すことができる	1	2	3	④	5
選考合格スキル	ES記入スキル	「事実」や「素材」を元に、自分の考えを的確に表現できる	1	2	3	④	5
	筆記試験スキル	「能力面」「性格面」の特徴を理解して的確に解答できる	1	2	3	④	5
	GDスキル	出題テーマやメンバーに関わらず、価値を発揮できる	1	2	3	④	5
	一般的面接スキル	どのような質問に対しても的確に自己表現できる	1	2	3	④	5
	コンピテンシー面接スキル	コンピテンシーレベル3～5の具体的行動を伝えることができる	1	2	3	④	5
	役員面接スキル	役員が気にする3点を理解した上で自己表現できる	1	2	3	4	⑤
			合計点			48	点
			④平均点（合計点÷12）			4.0	点

⑤+α

			あてはまらない	ややあてはまらない	どちらとも言えない	ややあてはまる	あてはまる
	大学・大学院名	旧帝・早慶=5　マーチ=4　日東駒専=3　その他2 or 1　大学は例	1	2	3	④	5
	国際性　英語力	TOEIC 800以上=5 ～ 700=4 ～ 600=3 ～ 500=2　未受験=1	1	2	3	④	5
	読書量	月に4冊以上=5　3冊=4　2冊=3　1冊=2　それ以下=1	1	2	③	4	5
	新聞・ニュースとの接触度	毎日30分以上=5　毎日=3　ほとんど接しない=1　4と2は中間	1	2	3	④	5
	感謝の心	強くある=5　普通にある=3　ほとんどなし=1　4と2はその中間	1	2	3	4	⑤
			⑤合計点			20	点
			総得点（①+②×③×④+⑤）			121	点

実感を持って、山田君の就活サポートを終えることができたからです。

山田君の自己分析の得点は、当初は49点／200でした。そして、2年目の就活では121点／200を獲得しました。

この変化は、ひとえに山田君が「新卒採用基準」を理解して、「まっとうな努力」をした成果です。その結果、山田君は、上場企業3社、中でも当初は考えてもいなかった業界内の主力企業からの内定を獲得しました。山田君にチェックしてもらった最終の「新卒採用基準・自己分析表」は図表6-13のとおりです。

山田君の感想

最後に、山田君に、振り返っての感想を聞いてみました。

山田君　そうですね。まず、僕は今まで、積極性が足りないといろんな人から言われていましたが、その原因が「自己肯定感」の低さにあったなんてまったく考えたこともありませんでした。そして、「自己肯定感」を高め、「仕事力」を伸ばせたのは、やっぱり、「自己プロジェクト」で取り組んだ地域情報サイトの新規開拓営業が大きかったと思います。

最初は辛かったけど、コツが呑み込めてきてからは、割と順調だったし、何と言っても自分のお客様ができたのはとても嬉しかったです。それに、お祭りや地域のイベントでも重宝されるようになりました。本当にお客様のおかげです。思い切って新しいことにチャレンジしてよかったです。

それと、6人で取り組んだ「グループ講座」も僕の「仕事力」を伸ばしてくれたと思います。もともと、「課題発見力」や「発信力」、「前に踏み出す力」が弱かったのですが、グループワークの中で、論理立てて話すことを学んだり、メンバーから刺激を受けられたのがよかったです。

「表現力」が伸びたのは、個人コーチングの中で、繰り返し指摘され、自分でも練習したことですね。それと考え方が変わったからです。僕は「明るい」や「エネルギッシュ」というのは、自分の性格だから変わらないものだと思っていました。なので、ポイントは表情や目力、手の使い方と、声を決める呼吸にあるなんて思ってもいませんでした。これに気づいたことは、本当に大きかったと思います。実際に今年の面接では、「堂々としているね」と言われたこともありましたが、僕がこのように変われるなんて思ってもいませんでした。また、友達の僕の見方も随分変わったと思います。

「就活スキル」では、エントリーシートは原理原則を理解できたことがよかったです。それから何と言っても「入りたい業界や、やりたい仕事」が見つかったのは大きかったです。やっぱり、自分のやりたいことがわかると力が自然に出てきましたから。それから、志望企業についてコーチと1社1社でディスカッションをして、その企業のことがよくわかったこともよかったです。会社説明会やＯＢ訪問も今年は身を入れていましたが、30社も行くとやっぱり忘れてしまっていたので、直前に受ける会社を念頭に置いたディスカッションや模擬面接をしたのは、大きな自信につながりました。

最後に習慣ですが、一番変わったのは、読書と感謝することです。読書は、はじめはコーチにすすめられた本をとりあえず読んだだけだったのですが、コーチとの話の中でその内容を深めることができたり、繰り返し大切なエッセンスについて教えてもらったので、単に読むだけではなく、読んだことを実践したり、自分なりに考えるようになったことが大きいと思います。おかげで、ビジネスに関する本は面白いと思えるようになり、就活が終わった今でも、継続して読んでいます。

それから、感謝の心についても、本当にいろんな人に感謝するようになりました。特に両親については、今までは、やってくれて当たり前ぐらいにしか思っていなかったのですが、「ありがとう」って自然に言えるようになりました。面接でうまくいったのも、僕のこの姿勢が評価されたからだと思っています。

まだまだと思うのは、「働きかけ力」「創造力」「自己コントロール力」です。これは、就活が終わって、また地域情報サイトの人から来てほしいと言われているので、アルバイトの中でもっと磨いていきたいと思っています。

おわりに

「就活コーチ」を始めてまだ間もない頃の話です。

大手企業が採用活動を終えようとしていた頃、K大に通う田中さんという女子学生が、就活コーチに相談に来ました。

就活がうまくいかず、これからどうしたらいいかを相談に来たのです。

私は彼女に、周りの友人たちの就活の状況を質問してみました。

すると田中さんは、「私と同じゼミには15人所属していますが、うち10人は名前を聞けば誰でも知っている大手企業に内定しました。うまくいってないのは、私を含めて5人です」と答えました。

なるほど、それは心中おだやかじゃないだろうと考えながら、私は彼女に「ところで、決まっている人と決まっていない人との違いって何?」と聴いてみました。

しばらく考えた後の彼女の答えは、「そうですね。もう決まっている人はどちらかというと、遊んでいてゼミ活動も割といい加減だったのですが、要領のいい人たちが多いです。決まってない人は、逆に、真面目でコツコツ取り組む人たちです(田中さんは真面目に勉強し、大学の成績はA評価が30以上であった)」というものでした。

おわりに

私のところに尋ねてきてくれる学生さんは、皆さん真面目でいい人ばかりです。そんな真面目でいい人たちが、就活でうまくいかないのは、何かがおかしい。真面目な人が、損をする就活を何とかしたい。田中さんの話を聞きながら、こんな思いを強くしたのを昨日のことのようにはっきりと覚えています。

それでは、なぜ、大学で勉学に真面目に取り組んできた田中さんや田中さんと親しいグループの人たちが、就活ではうまくいかなかったのか？

社会学者の古市憲寿さんの『だから日本はズレている』（新潮新書）という著書の中に「『就活カースト』からは逃れられない」という文章があるので、ここで紹介します。

就活の結果によって彼らの友人関係のヒエラルキーが再構築されてしまう、という話だ。

コースケ君（仮名）とハル君（仮名）は、同じ研究会に所属し、いつも一緒に活動するくらい仲の良い二人だった。周りからの評価も、二人にそこまで差はなかった。

しかし就活が始まった頃から、その関係は徐々に変わっていった。コースケ君は、持ち前の計算高さを活かして、就活を順調に進めていく。説明会で仲間を作り、ＯＢ・ＯＧとも仲良くなり、大手投資銀行などいくつかの内定を難なく得る。「就活中は、毎日楽しかった」とまで言い切る。

一方でハル君の就活はなかなかうまくはいかなかった。たくさんの企業を受けてはみるものの、内定まではいかない。研究会に来るときも、いつしか元気がなくなっていた。そして

周りからの評価も少しずつ変わっていく。「あいつはもっと出来る奴だと思ったんだけど、就職も決まらないのか」と。（中略）
　コースケ君のように、みんながうらやむ「いい企業」に入れれば、「彼はやっぱりすごかった」と評価される。しかしハル君のように就職がうまくいかなかった場合は「所詮あいつは、その程度だったんだ」と思われてしまうのだ。（中略）
　就活というのは、自分を売り込むという最も簡単な営業の一つだ（引用者注：私は、もっとも難しい営業だと思っている）。自分さえも売り込めない人が、誰かが作ったモノを売り込めるかは怪しい。何かを「売り込む」というのは、もはや文系や理系を問わず必要とされているスキルである。
　就活を楽しめる人は、たぶん入社後も働くことを楽しめる。そして就活が大変だった人は、たぶん働いてからも大変だ。日本で生きるかぎり、就活カーストの呪縛から逃れるのは、難しい。

　古市さんも指摘しているとおり、就活でうまくいかなかった田中さんや田中さんの親しい友達と、就活でうまくいった人たちとの大きな違いは、「自分を売り込むスキル」が身についていたか否か、と「就活を楽しむこと」ができたか否かにあります。さらに言うと、「社会で仕事をする力」や、「コミュニケーション力を含めた表現力」を身につけているかどうかが鍵となります。

おわりに

では、就活でうまくいかないと、その後人生にどのような影響があるのでしょうか?

就職先は、その後の人生のベースを決めるものです。個人にとって大切な仕事のやりがいやキャリアは元より、収入のベースを決めるものとなります。

新卒で入社した企業に定年まで働くとすれば、どの企業に入社するかによって生涯賃金で1〜3億円の違いが生まれます。これだけの差が生じるとなれば、充実したプライベートな生活が送れるかどうかも、子供にいい教育や環境を用意できるかどうかも、入社した会社によって決まります。転職にも影響する仕事のスキルや人間関係も、最初に入った会社でベースができます。

企業側にも目を向けてみます。

これは、リクルートやリンクアンドモチベーション社で、企業の採用支援や人材育成に30年携わってきた私の実感なのですが、企業の人事担当者は、採用や育成に、応募者や教育対象者の数倍のパワーをかけています。

正直言って、これまで採用担当者よりも熱心に、いろいろ考えている学生を1人も見たことがありません。また、教育担当者よりも熱心にスキルアップや成長を考えている社員を見たこともありません。

学生を1人採用するために会社が投資している金額は、人件費を含めると200万〜500万円と言われています。100人を採用する有名企業の採用経費はざっと3億円です。

企業の経営資源は人・もの・金・情報であり、人がものを生み出し、お金を稼ぎ、情報を作り出しています。また、企業は社会やお客様に貢献することを第一義としながらも、熾烈な競争に晒されています。人材獲得も企業にすれば、熾烈な競争のうちの1つにほかなりません。

私はこれまで1000人を超える学生に就活コーチをしてきました。「どうしたら、長所を引き出せるか」「そもそも、その学生の課題は何で、どうしたら解決できるのか?」「どうしたら、希望の会社に入社できるようになるのか?」「そもそも、その人にとって一番いい会社や仕事とは何か?」など、さまざまなことを考え、1人ひとりと向き合いながら対話を重ねてきました。

そうした中で、見えてきたことがあります。それは、一言で言うと「採用する企業側」と「受ける学生側」の間に、大きなミスマッチがあることです。

田中さんや、田中さんのご友人が就活でうまくいかなかった理由が、まさにここにあります。残念なことに田中さんは、企業がどんな人材を求めているかを知らされずにこれまで育ってきました。また、企業が求める力やスキルを高めることもしてきませんでした。

悲しいことに、真面目で物事にコツコツ取り組むタイプの人ほど、この罠に陥りがちです。

だとすれば、企業が採用活動で実際に行っていることや学生に求めていることを正確に伝え、企業の求める行動をとったり、企業の求める人になるための考え方と、具体的な方法を多くの学生の皆さんに伝えたい。これが、本書に取り組んだ理由です。

「新卒採用基準」を理解し、それに照らして今の自分を正しく認識し、自分の力やスキルを高める歩みを、具体的に始めていただきたいと思います。

おわりに

「新卒採用基準・自己分析表」は、「就活コーチ」のHPからダウンロードできます。本書の読者には、自己分析のツールとして、ご活用いただきたいと思います。

本書の内容は理解したけれど、1人では不安と感じられるかもしれません。就活がなかなかうまくいかないと悩むときがあれば、私がいつでも相談に乗ります。ホームページには、本書を手にしていただいた方専用の「就活相談」コーナーを設けています。私まで、直接ご連絡をください。

本書は、多くの皆さんの支えによって、出版することができました。

まずは、山田君をはじめとする歴代の「就活コーチ」受講者の皆さん。皆さんとの1対1の対話の中で、私自身が大きな気づきをいただきましたし、磨かれました。

リード・コミュニケーションズ社長の千代鶴直愛さんは、出版の世界へとお誘いいただき、本を書く上でのアドバスをいただきました。経済ジャーナリストの財部誠一さん、研修・コーチ仲間の田中和彦さんには、本を執筆する上での基本スタンスを教えていただきました。ありがとうございます。

名古屋大学名誉教授で中部大学教授の速水敏彦先生、トライアンフ執行役員の高田敏宏氏、スマイルボイスカウンセラーの倉島麻帆さん、富士通株式会社の梅津未央さん、友人の元リクルートの3人は、お忙しい中取材にご協力いただきました。ありがとうございます。

参考文献に掲載させていただいた著書からは、本書をまとめ上げる上で欠かせない大切なことを教えていただきましたし、本書で引用させていただきました。
そして、この本を手にとっていただいた方に感謝します。
ありがとうございます。

就活コーチ　廣瀬泰幸

【参考文献】

速水敏彦『他人を見下す若者たち』(講談社現代新書)
速水敏彦編著『仮想的有能感の心理学』(北大路書房)
伊賀泰代『採用基準』(ダイヤモンド社)
川上真史、齋藤亮三『コンピテンシー面接マニュアル』(弘文堂)
経済産業省『社会人基礎力育成の手引き』(河合塾)
マーティン・ニューマン『パーソナル・インパクト』(ソル・メディア)
倉島麻帆『10000人の声と人生を変えた1分間〈笑顔〉発声法』(日本実業出版社)
成田万寿美『一瞬で心をつかむ“笑声力”』(PHP研究所)
佐々木圭一『伝え方が9割』(ダイヤモンド社)
鈴木秀子『9つの性格』(PHP研究所)
曽和利光『就活「後ろ倒し」の衝撃』(東洋経済新報社)
小笹芳央『モチベーション・リーダーシップ』(PHPビジネス新書)
岸英光『エンパワーメント・コミュニケーション』(あさ出版)
丸谷才一『文章読本』(中公文庫)
古市憲寿『だから日本はズレている』(新潮新書)
清水英雄『ありがとう』(ヒューマンウェア研究所)

【著者紹介】
廣瀬泰幸（ひろせ　やすゆき）
岐阜県生まれ。慶應義塾大学法学部政治学科卒業後、リクルートに入社。15年間の勤務の中で、大手一流企業からベンチャー企業まで1000社を超える企業の採用と人材育成を支援。その後、一部上場企業の人事部責任者として年間500人の採用と人材育成を行う。2003年、有限会社ヒロウェイ設立。主にリンクアンドモチベーション社の講師として、大企業に勤務する1万人を超える社員に教育研修を実施。2010年、株式会社オールウェイズ設立。以降、1000人を超える学生に就活コーチングを実施。

新卒採用基準
面接官はここを見ている

2015年 2月19日　第1刷発行
2019年 5月 7日　第5刷発行

著　者――廣瀬泰幸
発行者――駒橋憲一
発行所――東洋経済新報社
〒103-8345　東京都中央区日本橋本石町 1-2-1
電話＝東洋経済コールセンター 03(5605)7021
https://toyokeizai.net/

装　丁…………吉住郷司
DTP…………朝日メディアインターナショナル
印刷・製本……廣済堂
編集協力………王地　築
編集担当………桑原哲也

ISBN 978-4-492-22351-2